普通高等教育“十二五”规划教材

体育与健康

朱宗海 冯庆雨 尤 振 主编

兵器工业出版社

内容简介

本书是根据国务院批准颁布实施的《学校体育工作条例》和教育部《全国普通高等学校体育课程教学指导纲要》的精神以及教育部、国家体育总局新颁布的《国家学生体质健康标准》实施办法的基本要求，结合近年学校体育与健康教育的实际情况编写的。全书共分三篇十九章，一~五章为体育理论，包括体育与健康基本知识、体育锻炼、大学生体质健康标准、运动性病症及运动损伤、运动处方；六~十六章为技能实践，包括田径、乒乓球、羽毛球、足球、篮球、排球、网球、游泳、健美操、武术、轮滑等运动；十七~十九章为娱乐健身，包括体育舞蹈、康体娱乐、空竹运动等内容。本书图文并茂、生动形象地向学生介绍了体育与健康的理论知识，以达到进一步增进学生身心健康和提高体育文化素养的目的。

本书可作为本专科院校的体育课程教材，也适合作为热爱运动的社会人士的健康读本。

图书在版编目（CIP）数据

体育与健康 / 朱宗海，冯庆雨，尤振主编. -- 北京：兵器工业出版社，2015.2

ISBN 978-7-5181-0083-5

Ⅰ. ①体… Ⅱ. ①朱… ②冯… ③尤… Ⅲ. ①体育－高等学校－教材②健康教育－高等学校－教材 Ⅳ. ①G807.4②G647.9

中国版本图书馆 CIP 数据核字(2015)第 017561 号

出版发行：兵器工业出版社	责任编辑：陈红梅　杨俊晓
发行电话：010-68962596，68962591	封面设计：赵俊红
邮　　编：100089	责任校对：郭　芳
社　　址：北京市海淀区车道沟 10 号	责任印制：王京华
经　　销：各地新华书店	开　　本：787×1092　1/16
印　　刷：冯兰庄兴源印刷厂印制	印　　张：16
版　　次：2023 年 2 月第 1 版第 2 次印刷	字　　数：410 千字
印　　数：3001 - 6000	定　　价：48.00 元

前 言

本书是根据国务院批准颁布实施的《学校体育工作条例》和教育部《全国普通高等学校体育课程教学指导纲要》的精神以及教育部、国家体育总局新颁布的《国家学生体质健康标准》实施办法的基本要求，结合近年学校体育与健康教育的实际情况编写的。本书贯彻“健康第一”、“终身体育”的指导思想，在更新观念的前提下，注意体育与健康的有机结合，使学生在加强身体锻炼的同时，学习一些体育保健知识和健康教育知识，使体育教学内容既有技能实践的学习，又有健康锻炼的基础理论和健康生活的娱乐健身体育。本书可为大学生体育课程学习和自我身体锻炼提供科学的指导，同时也可为推进大学生素质教育奠定一定的理论基础。

本书具有以下几个鲜明的特点：

1. 全新理念。本书在编写过程中始终贯穿“以人为本”的教育理念和“健康第一”的教育思想，注重培养学生的正确健康观念和科学锻炼方法，使大学生养成日常体育锻炼的习惯，并树立终身锻炼的思想。

2. 体系性强。本书围绕体育与健康两个核心，融合了健康常识、高校体育、体育的作用，体育锻炼的原则、内容、方法及计划，以及运动性疾病和运动损伤等理论知识和运动实践，强调理论与实践相结合。

3. 实用性强。本书在讲解田径、篮球、足球、排球和乒乓球等运动时，不仅讲解了每种运动的基本技术，还讲解了每种运动的基本战术或套路，使其具有更强的可操作性。

4. 图示丰富。本书在讲解运动实践时，配备了大量的图示，便于读者更好地理解书中所讲知识点，提高阅读速度、节省阅读时间。

本书由河南工业职业技术学院朱宗海、冯庆雨、尤振担任主编；由河南工业职业技术学院李秋实、张铁星、张磊、涂金龙担任副主编；河南工业职业技术学院王运军、程寅盾，南阳理工学院刘凤梅，南阳医学高等专科学校张辉，河南洛阳经济学校王国勋也参与了本书的编写工作。全书由朱宗海、冯庆雨、尤振统稿。具体分工如下：朱宗海编写第一、二、六章；冯庆雨编写第十三、十五章；尤振编写第十七、十八章；涂金龙编写第七、十二章；张磊编写第十、十一章；李秋实编写第八、九章；张铁星编写第三、十四章；王运军编写第五章；程寅盾编写第十九章；刘凤梅编写第四章第一节；张辉编写第四章第二节；王国勋编写第十六章。另外，在编写过程中参阅和引用了相关学者的教材和文献资料，在此向其表示衷心的感谢。本书相关资料可扫封底二维码或登录 www.bjzzwh.com 获得。

由于时间紧迫，编写仓促，书中难免有错漏之处，敬请各位专家、读者批评指正。

编　者

本书编委会

主　　编：朱宗海　冯庆雨　尤　振

副 主 编：李秋实　张铁星　张　磊　涂金龙

参编人员：王运军　程寅盾　刘凤梅　张　辉　王国勋

目　录

第一章　体育与健康基本知识

健康是人类生存发展最基本的要求之一，也是创造社会物质文明和精神文明的基础。古往今来，健康是美好生命的象征、幸福的保证，是人类一直共同追求的目标。

第一节　体育与健康的常识

近年来，不少学者对“体育”的概念提出了一些解释，但比较趋于一致的解释为：体育是以身体活动为媒介，以谋求个体身心健康、全面发展为直接目的，并以培养完善的社会公民为终极目标的一种社会文化现象或教育过程。体育的这一定义既说明了它的本质属性，又指出了它的归属范畴，同时也把自身从与其邻近或相似的社会现象中区别出来。但是，体育的概念并非是一成不变的，随着社会的发展和进步，人们对体育的认识也在进一步深化。

从学校的教育方面来讲，体育与德育、智育、美育相配合，已成为教育的有机组成部分。它是有目的、有组织、有计划地促进身体全面发展，增强体质，促进身心健康，传授锻炼身体的知识技能与方法，培养道德品质和坚强意志的一个教育过程。

一、健康的基本知识

（一）四维健康观念

世界卫生组织（WHO）在1989年提出健康应包括躯体健康、心理健康、社会适应能力健康和道德健康，这就是所谓的四维健康观念，如图1-1所示。

图1-1　四维健康观念

这种观念将人们对健康的认识提高到一个崭新的高度，并为世界各国学者广泛接受。四维健康观的具体内涵如下：

（1）躯体健康。一般指人体生理的健康，即人体躯体的形态、结构和功能正常，并具有生活自理能力。

（2）心理健康。这是指能正确认识自己和周围的环境和事物，表现为人格完整、自我感觉良好、情绪稳定、积极向上和有较好的自控能力。

（3）社会适应能力健康。这是指一个人的心理活动和行为能适应复杂的环境变化，并被他人理解和接受。

（4）道德健康。这是指能明辨是非，能按照社会规范准则来约束自己的言行，愿意为社会做贡献。

（二）影响健康的四大因素

一个健康人的身体机能及其工作环境都处在一个相对平衡的状态，如果这种平衡被破坏，就会影响到人的健康。根据健康的整体观念，现代医学将影响健康的因素归结为四类：先天遗传因素、生活环境因素、医疗卫生服务因素，以及生活方式和运动因素。

1．先天遗传因素

每个人的健康都或多或少地受到遗传和进化的影响或制约，众多疾病的发生都有一定遗传因素的作用。

近期的研究进展表明，遗传倾向不仅在普遍认为的先天性缺陷或遗传性疾病中起着重要作用，而且在后天的常见病，例如冠心病、高血压、糖尿病、某些癌症和常见的精神障碍中也起着重要作用。遗传因素可能会使这些疾病提前发生。例如，老年性痴呆最常见的阿尔茨海默氏症，就是在家族中遗传的。

2．生活环境因素

生活环境因素可分为物理性的（如环境气候和空气污染等）和社会性的（如社会、家庭、工作环境、人际关系和经济收入等），它们都可从不同角度影响健康。

自然环境是人体生存的基础，包括天然形成的水、空气、土壤和阳光等生存系统。良好的自然环境对人体健康有着促进的作用。如果自然环境恶劣，营养匮乏，卫生条件差，则会导致传染病和地方疾病的流行。因此，作为大学生更要加强环保意识，爱护一草一木，为营造良好的自然生态环境作出自己的贡献。

社会性的环境因素在人类健康和疾病方面也起着重要的作用。广义的社会性的环境因素主要包括心理状态、社会状态、文化状态、种族和职业环境等方面。过去几十年，人们的研究重点都集中在饮食、体育锻炼、生活方式和行为对健康的影响，而忽视了社会条件对人类健康的影响。大量研究表明，经济状况低下和缺乏社会支持会导致疾病；营养不良、卫生条件较差、失业、工作压力和缺医少药会影响身体的健康。

3．医疗卫生服务因素

医疗卫生服务的提供与利用对人的健康有着至关重要的作用。医疗卫生服务是卫生医疗机构和专业人员为了达到预防疾病、促进健康的目的，运用卫生医疗手段向个人、群体和社会提供必要服务的过程。医疗卫生服务的范围、内容与质量直接关系到人的生、老、病、死，以及由此产生的一系列健康问题。

4．行为与生活方式因素

生活方式是指在一定环境条件下所形成的生活意识和生活行为习惯的统称。它包括人的“衣、食、住、行”，以及工作、生活、娱乐和社交等活动方式。生活方式对健康影响

很大，并具有潜袭性、累积性和广泛性的特点。

国内外大量研究表明，不良的生活方式和有害健康的行为习惯已经成为危害人们健康，导致疾病的主要原因。如吸烟、酗酒、缺乏锻炼、不良饮食习惯是致使人群高血压、冠心病、糖尿病等“现代生活方式病”的患病率不断增高的危险因素。

（三）衡量人体健康的十条标准

为了便于普及健康知识，世界卫生组织提出了衡量人体健康的十条标准。对照这些标准，我们就可大致了解自己的健康状况。

（1）精力充沛，能从容应付日常生活和工作；

（2）处事乐观，态度积极，乐于承担责任；

（3）善于休息，睡眠质量好；

（4）应变能力强，能适应各种环境的各种变化；

（5）对一般感冒等传染性疾病具有一定的抵抗力；

（6）体型匀称，体重适当，身体各部分比例协调；

（7）眼睛明亮，思维反应敏捷；

（8）牙齿清洁，无损伤，无病痛，齿龈无出血；

（9）头发光泽，无头屑；

（10）走路轻松，肌肉、皮肤富有弹性。

据报道，按上述 10 条健康标准评价，只有 15%的人达到健康要求，15%的人有疾病，大部分人都介于健康和疾病之间的亚健康状态。

（四）亚健康

亚健康是近年来提出的新概念。亚健康状态是介于健康和疾病之间的一种状态，又叫“第三种状态”或“灰色状态”，是指机体在内外环境不良刺激下引起心理、生理发生异常变化，但尚未达到明显病理反应的状态。

从生理学角度讲，亚健康状态是指人体各器官功能稳定性失调，但没有引起器质性损伤，医学检查时各项生理、生化指标均无明显异常，医生也无法作出明确诊断。在这种状态下，人体机能和免疫功能已经有所下降，容易患病。但是，如能及时调控，可恢复健康状态。

另外，由于亚健康状态是由于机体组织结构退化（老化）及生理功能减退所致。因此，目前也将人体衰老表现列入亚健康状态的一种类型。亚健康在临床常被诊断为疲劳综合症、内分泌失调、神经衰弱、更年期综合征等。它在生理上的表现为：疲劳、乏力、活动时气短、出汗和腰酸腿疼等；它在心理上的具体表现为：精神不振、情绪低落、反应迟钝、注意力不集中、记忆力减退、烦躁、焦虑和易惊等。

通常，造成亚健康的原因主要有以下几个方面：

（1）人的自然衰老。人体成熟以后，大约从 30 岁就开始衰老。到了一定程度，人体器官即开始老化，此时人体虽然没有病变，但已经不完全健康了，这种状态也属于亚健康状态。

（2）过度疲劳造成的精力和体力透支。随着生活和工作节奏的加快，各种竞争日益激烈，使得人们用脑过度，身心长期处于超负荷紧张状态，因而造成机体身心疲劳、精力不足和注意力不集中等。长期下去，必然会造成人体内脏功能过度损耗、机能下降，从而出现亚健康状态。

（3）人体生物周期中的低潮时期。即使一个健康的人，在某一特定时期也可能处于亚健康状态。人的体力、精力、情绪都有一定的生物规律，有高潮也有低潮。在低潮时，人体也会处于亚健康状态。

（4）现代身心疾病。目前，世界各国公布的导致人类死亡的前三种病因几乎都是心、脑血管疾病和肿瘤。在这些疾病发病之前的长时期里，机体也可能处于亚健康状态。

二、体育与健康的关系

人生最宝贵的是健康，人人都希望有一个健康的身体，以便更好地为社会服务。然而，健康的身体又受到各种因素的影响，其中以体育运动和健康的关系最为密切。正像法国思想家伏尔泰说的："生命在于运动。"我国也有句俗语："健身之道，运动为妙。"可见体育运动是增进身体健康的重要措施。

体育是通过身体运动的方式进行的，要求人体直接参与活动，这是体育的本质特点之一，该特点决定了体育有促进健康的功能。随着社会进步，体力劳动逐渐减少，脑力劳动越来越多，人们余暇时间也在慢慢增多，丰富多彩、健康文明的体育活动不仅可以使人们在繁忙的劳动之后获得积极性的休息，而且还可以陶冶情操、愉悦身心，培养高尚的品格。

第二节　高等院校体育教育

科学证明，体育锻炼是进行自我心理调节和增强体质的有效手段之一。高等院校学生经常处于紧张的学习状态，如果适当地参加一些体育锻炼，不仅能起到积极的休息作用，而且还能使自己的身心得到良好的调节。

一、高等院校体育教育的目标

高等院校体育教育应以增强学生体质，提高身体健康水平、心理健康水平和社会适应能力为目标，其具体包括如下几点：

（1）全面锻炼学生身体，培养学生的健康体魄，促进身体的正常发育；提高学生的生理机能，增强对自然和社会的适应能力，以及对疾病的抵抗力；促进学生身心健康，以增强对挫折的承受力。

（2）让学生学习并掌握体育和健康的基础知识，学会锻炼身体的技能与方法，掌握部分体育项目的基本技术，并能运用所学知识进行自我调控、自我检测和自我评价。

（3）对学生进行爱国主义和集体主义教育，培养其积极乐观、顽强拼搏和团队合作意识，使其能正确对待个人和集体的成功与失败；树立现代体育意识，把健康与学习、生活和自身发展等联系起来，提高对体育的兴趣和对体育比赛的欣赏能力，养成积极参加体育锻炼的习惯。

二、高等院校体育教育应具备的理念

高等院校体育教育应具备的理念有两个：一是树立健康第一的思想，二是与素质教育接轨。

（一）树立健康第一的思想

健康一直是人们最关心的基本需要，同时也是一个民族或国家整体素质与社会文明的重要标志。《中共中央国务院关于深化教育改革，全面推进素质教育的决定》指出："健康体魄是青少年为祖国和人民服务的基本前提，是中华民族旺盛生命力的体现。学校教育要树立健康第一的指导思想，切实加强体育工作。"教育是立国之本，是提高整体国民素质的根本所在，学校体育作为教育的重要组成部分，在增进学生身心健康、提高学生综合素质方面具有不可替代的作用。体育教学内容应选择具有广泛性、可行性和趣味性等特点且适于群体锻炼的体育项目。

（二）与素质教育接轨

素质教育是当今中国教育改革与发展的主流。所谓素质教育是指以提高人的素质作为重要内容和目标的教育。素质教育有三点基本含义：

（1）要面向全体。实施素质教育是提高整个民族素质的基础，故必须面向全体学生。

（2）要全面发展。素质教育是在教育方针指导下，从学生身心发展的不同特点出发，因地、因校制宜，着眼于教育教学全过程与各个环节，运用多种方式着力培养学生学习的主动性和创造精神，促进学生在德、智、体、美等方面的发展。

（3）主动发展。素质教育提倡"让学生主动发展"，尊重学生的主体地位。教师应全面观察分析每个学生的特点，善于发现和开发每个学生的特长和潜力，从而做到因材施教，给学生创造一个自主的发展空间，使他们的个性得到充分和自由的发展。

三、高等院校体育课程设置

《中华人民共和国体育法》规定，学校必须开设体育课，并且要将体育列为考核学生学业成绩的科目。目前，各高等院校都开设了体育理论课和体育实践课，其各自内容和目标如下：

（1）体育理论课。体育理论课的目的是使学生掌握必要的健康知识和体育基础知识，树立正确的体育观，并掌握科学锻炼身体的方法。

（2）体育实践课。体育实践课是通过提供体育锻炼所需运动场地与设施，以身体练习为基本手段，以教师为主导，以学生为主体的专门教学过程。通过体育实践教学，将使学生系统地掌握体育教学大纲中所规定的体育基本技术和技能，从而增强学生的健康水平和体质，促进学生的身心全面发展。

此外，目前高等院校体育课的组织形式主要有以下几种。

（1）普通体育课。普通体育课在教学内容上具有基础性，教学要求上具有普遍性，主要是完成体育教学大纲中的主要任务。普通体育课有严格的学时规定和学籍管理约束，凡身体健康无残疾的学生都必须按规定要求通过考试标准。

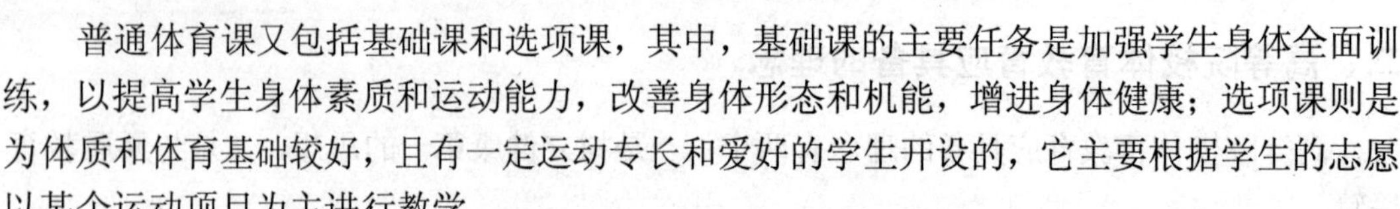

普通体育课又包括基础课和选项课，其中，基础课的主要任务是加强学生身体全面训练，以提高学生身体素质和运动能力，改善身体形态和机能，增进身体健康；选项课则是为体质和体育基础较好，且有一定运动专长和爱好的学生开设的，它主要根据学生的志愿以某个运动项目为主进行教学。

（2）体育选修课。体育选修课与其他选项课类似，是指学生根据个人兴趣和爱好选修某一运动项目，进行专门训练，不断提高专项技术水平和能力的课程。

（3）体育保健课。体育保健课专为个别身体异常和病、弱学生开设，其目的在于增强学生体质，帮助恢复健康，调节生理机能和矫正某些身体缺陷。

（4）季节课。季节课指充分利用当地条件，有针对性地发展学生在某些项目上的能力。如夏季的游泳课，北方冬季的滑冰课和滑雪课等。

第二章　体育锻炼

体育锻炼是指人们根据需要自我选择，运用各种体育手段，并结合自然力和卫生措施，以发展身体、增进健康、增强体质、调节精神、丰富文化生活和支配余暇时间为目的的体育活动。日常生活中有很多的锻炼机会，积极参加体育锻炼有助于身体健康。

第一节　体育锻炼基本知识

一、体育锻炼的种类

体育锻炼的种类很多，根据不同的锻炼目的和要求，主要分为以下几类。

（一）健身运动

健身运动是指一般的健康者为增进健康、增强体质而从事的体育锻炼。它包括走、跑、跳、投掷、太极拳、游泳、舞蹈、体操及各种球类活动等。其目的是使身体正常发育，各部分协调发展，身体素质得以提高。

（二）格斗性体育

格斗性体育是指为掌握和运用格斗的攻防技术（包括军事技术）而从事的体育锻炼。格斗性体育有擒拿、散打、短兵、拳击、刺杀、射击等。这类活动既能强身，又能自卫。

（三）娱乐性体育

娱乐性体育是指为了调节精神、丰富文化生活而进行的体育活动。娱乐性体育主要是活动性游戏，如滚铁环、踢毽子、钓鱼、郊游、爬山、打台球等。这类活动既锻炼身体，又陶冶情操。

（四）健美运动

健美运动是指为了人体的健美而进行的体育锻炼。健美运动主要有举重、哑铃操、技巧、韵律操等。这类活动不仅可以增进健康，还可以培养审美能力和身体的表现力。

（五）医疗康复体育

医疗康复体育又称体育疗法，其适用对象主要是体弱多病者。医疗康复体育的主要内容有散步、慢跑、太极拳、气功及各类保健操等。目的是祛病健身和恢复机体功能。这类活动一般应在医生的指导下进行。

二、如何选择体育锻炼

选择体育锻炼内容时，必须从个人的年龄、性别、健康状况、体质状况和兴趣爱好等实际情况出发，并遵循实效性、季节性和全面性原则，在内容上也要注意科学的组合，只有这样才能达到最佳的效果。常见体育运动对身体功能的价值如表 2-1 所示。

表 2-1　各项运动功能表

内容 项目	部位				能力					
	上肢	腰背	腰腹	下肢	敏捷性	爆发力	持久性	柔韧性	平衡性	协调性
徒手体操	中	中	中	中	中	中	中	大	大	大
器械体操	大	大	大	中	大	大	小	大	大	大
长跑	中	中	中	大	小	小	大	小	小	小
快速跑	中	中	中	大	小	大	小	小	小	中
跳跃	中	大	中	大	中	大	小	大	中	中
投掷	大	大	中	大	中	大	小	中	中	中
举重	大	大	大	大	小	大	小	中	中	小
武术	大	大	大	大	大	中	中	大	大	大
网球	大	中	中	大	大	大	中	小	中	中
排球	中	中	小	大	大	大	中	小	中	中
乒乓球	中	中	中	大	大	中	中	小	中	大
羽毛球	中	中	中	中	大	中	大	小	中	中
篮球	小	小	中	大	大	大	大	小	中	中
手球	大	中	中	大	大	大	大	小	大	大
足球	小	小	小	大	大	大	大	小	中	大
棒球	中	中	中	中	中	中	中	小	中	中
高尔夫球	大	小	中	中	小	中	小	小	小	小
登山	小	中	中	大	小	小	大	小	小	小
徒步旅行	小	中	中	大	小	小	大	小	小	小
散步	小	小	小	中	小	小	中	小	小	小
太极拳	中	小	小	中	中	小	中	中	中	大

第二节　体育锻炼的原则和方法

生命在于运动，运动要讲究科学，按照运动固有的规律，遵循一定的原则，才能达到健身锻炼的目的，获得最佳的效果。体育锻炼的原则，是身体锻炼基本规律的反映，也是参加者安排锻炼计划，选择锻炼内容，运动锻炼方法要遵循的原则。

一、体育锻炼的原则

运动要讲究科学，只有按照运动固有的规律进行锻炼，才能达到强身健体的目的。体育锻炼的原则是运动基本规律的反映，也是参加者选择锻炼内容，选择锻炼方法，安排锻炼计划应遵循的原则。因此，参加体育锻炼时，我们应坚持以下几条原则。

（一）循序渐进原则

体育锻炼的循序渐进，是指在学习体育技能和安排运动量时，要由小到大、由易到难、由简到繁，逐渐进行。一些体育爱好者在开始进行体育锻炼时，兴趣很高，活动量也很大，但坚持了几天，就失去锻炼热情。产生这种现象的原因之一就是没有遵守循序渐进原则。由于开始阶段活动量大，机体无法很快适应，疲劳反应过大，锻炼者受不了“苦”而放弃体育锻炼，所以应了解锻炼效果的产生并非一蹴而就，而是呈螺旋上升之态。因此在安排运动负荷时应注意由小到大逐步提高，其原则是：提高—适应—再提高—再适应。

（二）自觉性原则

自觉性原则，是指体育锻炼者有明确的健身目标，充分认识体育锻炼的价值，自觉积极地参加体育锻炼活动。因此，体育锻炼是一个锻炼者克服自身惰性、磨炼意志的过程。锻炼者只有将被动转化为主动，才能超越肉体的不适乃至痛苦，身心愉快地投入到体育锻炼当中。要想收到体育锻炼的预期效果，必须以主动积极的态度，自觉地坚持锻炼才行。

（三）经常性原则

经常性原则，是指应坚持长期地、不间断地进行体育锻炼。体育锻炼是一个厚积薄发的过程，锻炼者只有经常参加体育活动，才能获得明显的锻炼效果。即使某些锻炼短时间内也能对身体机能产生一定的影响，但是一旦停止体育锻炼，这种良好影响也会很快消失。

（四）全面性原则

全面性原则，是指体育锻炼者必须追求身心全面和谐发展，使身体的形态、机能和身心素质等方面得到协调发展。因为人体是一个统一的整体，各部位既相互联系又相互制约。若忽略整体的全面性，势必导致身体的片面发展，进而造成某些部位、器官系统、身心素质和技能的薄弱，反而影响体质的增强和水平的提高。例如，某些专项运动员，其训练活动侧重于和本项目相关的身体部分，结果常常导致身体其他部位的薄弱。运动员身体机能不平衡，极易出现各种伤病。所以我们应重视全面性原则。

（五）安全性原则

安全性原则，是指在从事任何形式的体育锻炼时，都应注意安全，尽可能避免因锻炼本身造成的运动损伤和伤害事故。这就要求体育锻炼计划安排合理，符合运动规律和人体发展规律，尤其要从个人实际情况出发。务必将安全放在体育锻炼的重要位置，否则体育锻炼与健身的目的背道而驰。

二、体育锻炼的方法

随着社会的发展，体育锻炼已成为当代人不可忽视的内容，国内外体育界也十分重视体育锻炼的研究。通过了解各种锻炼方法，大家根据自身素质，运用各种身体练习和自然因素来锻炼身体。具体来说，体育锻炼的方法包括各种身体锻炼，如步行、跑步、游泳和体操等。

本节结合各种锻炼法对身体作用的原理进行阐述，以便同学们在制定锻炼计划时有理可依，并科学安排体育锻炼，最大程度地实现锻炼的目的。

（一）提高身体素质的方法

这里介绍的是最基本和常用的练习方法。它能有效地提高身体素质和人体活动能力，促进机体功能，增强体质。身体素质练习包括：力量、速度、耐力和灵敏性的练习，其中力量、速度、耐力尤为重要。

1．发展力量的因素和方法

在力量训练活动中，应注意以下三个因素：

（1）负荷。这里的负荷是指肌肉在单位时间内（肌肉收缩前后）能够承受的重量，而最大负荷是肌肉在单位时间内能够承受的最大重量，通常以只能重复一次的重量为最大负荷。实践证明，开始练习时以最大负荷的 60%～70%进行，随着练习水平的提高，负荷量应逐渐增加。

（2）动作速度。锻炼者在进行力量训练时，应做到动作还原阶段的速度比主动用力阶段的速度慢一半。以引体向上为例，如果手臂弯曲的动作用 1s，伸展还原动作就要用 2s，这样可以使一次力量练习得到两次肌肉锻炼。

（3）训练间隔。训练间隔是指每次训练的间隔时间。实践证明，开始训练时以隔日训练为好，隔日训练的力量增长为 77%，而每日进行力量训练增长只有 47%；且每次练习间隔以 3～5min 为宜。发展力量的方法包括投掷重物、举重、引体向上、双臂屈伸、俯卧撑、跳跃、负重下蹲和负重跳等。

2．发展速度的因素和方法

在体育锻炼中，速度多涉及跑步这一运动，而影响跑步速度的因素为：步频和步长。所以提高速度应从这两个方面入手。

（1）步频。步频是跑动过程中单位时间内两腿摆动的次数。从根本上讲，步频取决于运动中枢兴奋与抑制的转换速度，转换速度加快，则步频相应增加，在每步跨度不变的情况下，速度就会提高。就运动素质发展敏感期而言，11～13 岁是发展步频的最佳时期。提高步频的方法有高抬腿跑、原地高频率跑和加速跑等。

（2）步长。步长是指在跑动过程中两腿之间的跨度，可以通过对髋关节柔韧性和腿部力量的训练，来扩大关节活动幅度和锻炼腿部韧带、肌腱和肌肉等软组织的伸展性，以达到增加步长的目的。增加步长的方法包括小步跑、跨步跑、后踢跑、折返跑和斜坡跑等。

3．发展耐力的因素及方法

耐力是衡量身体能在较长时间的运动状态下而不产生疲劳的一个指标。在进行训练时，应注意以下几个因素：

（1）心、血管的负荷量。心、血管负荷量简单来讲是指心脏、血管在收缩前后所遇到的阻力或负荷。耐力练习首先应提高心、血管的机能，在一定程度上增加心、血管系统的负荷和持续时间。在参加体育锻炼时应使负荷量达到心、血管系统最大功能的70%，并要求至少持续5min。

（2）运动的间隔时间。这里的间隔时间是指每次负荷之间的间歇时间，一般是以脉搏频率恢复到120～130次/min，再进行下次负荷练习为宜（通常需要3～4min）。

（3）动作速率。一般来说，进行中速运动或者是匀速跑步而脉搏保持在150次/min的训练对耐力的增长较为有效。发展耐力的方法包括有氧训练、无氧训练和有氧无氧混合训练。有氧训练包括匀速持续跑、越野跑、变速跑和间歇跑（机体处于不完全恢复状态下反复练习）等；无氧训练包括间歇快跑和逐渐缩短间歇时间跑等；有氧无氧混合训练包括短距离重复跑、持续接力、定时跑和中长距离跑等。个人可根据自身情况选择合适的训练方法。

4．发展灵敏的因素和方法

身体灵敏度和以下三个因素密切相关：

（1）神经系统。神经系统的反应速度是人体灵敏与否的根本所在，可以通过信号刺激的训练提高大脑皮层的反应能力。训练方法可为一些活动性游戏，例如，根据特定信号改变动作方向，对快速运动目标作出迅速反应等。短跑运动员反复练习蹲踞式起跑也是一种练习反应速度的好办法。

（2）肌肉力量。肌肉力量是决定人体灵敏度的物质力量，强大的肌肉力量可使动作迅速、灵敏。关于肌肉力量的训练方法前面已有介绍，这里不再赘述。

（3）运动技能的掌握。熟练的运动技能是将人体的灵敏度发挥到淋漓尽致的助推器，它能够消除动作的紧张和僵硬，达到动作灵敏、协调、精确和省力。发展灵敏素质应采用多种方法练习，如体操、技巧、各种球类活动、游戏以及一些专门的辅助性练习。技能掌握得愈多、愈熟练，动作就愈灵敏。

（二）利用自然因素的锻炼方法

自然是人类赖以生存的环境，“物竞天择，优胜劣汰”这一自然规律的支配，迫使人类经历了艰难的进化过程。但另一方面，人类也从大自然汲取生存的养分。实际上，自然界包括着许多对人体健康十分有益的因素，人们可以利用各种自然条件进行锻炼，进一步提高对外界的适应能力，增进健康和增强体质。

1．日光、空气、水对锻炼身体的作用

日光、空气和水等自然条件对人体能产生积极作用的原理：由于机体对外界环境具有极强的敏感性和适应性，变化了的环境作用于机体，大脑皮层立刻进行调节，从而保持机体与环境在新条件下的平衡。新的刺激又形成新的反射，从而进一步提高机体的适应能力。

2．冷水浴

冷水浴是利用自然因素对身体进行锻炼的方法之一，它能提高机体对寒冷刺激的适应能力，对于预防感冒和多种其他疾病大有裨益。冷水浴水温通常为15～20℃，但以身体能够适应为宜。冷水浴锻炼宜从夏秋开始，每周至少练习两次以上，时间以早晨为好。需要指出的是，剧烈运动后及饭后不要马上进行冷水浴，同时还要注意自我感觉，如出现身体不适则暂停冷水浴锻炼。

（三）跑步锻炼法

跑步是一项古老的运动，它是人类最基本的生存形态之一。作为一项运动，跑步对人类健康起着不可替代的作用。开始练习跑步的体弱者，可先进行短距离慢跑。从 50m 开始，逐渐增至 100m、200m，甚至更多，速度一般为 30～40s 跑 100m。体力稍好者可进行长跑，距离从 1000m 开始，适应后再逐步增加距离，一般可增至 3000～5000m，速度为 6～8min 跑完 1000m。跑步最好早晨进行，运动量要根据跑时每分钟最高脉搏数来掌握。

第三节　体育锻炼的作用

现代科学研究证明，体育锻炼对人体器官系统的影响有双向效应：一方面，要肯定科学体育锻炼对人体器官系统能产生良好影响；另一方面，如果体育锻炼违背了客观规律，也会有害健康。缺少科学性的盲目锻炼，对人体的健康促进作用很小，甚至还可能使锻炼者产生损伤、疲劳等症状，严重损伤身体机能。因此，我们必须在科学原理指导下进行有规律的运动。

一、体育锻炼的生理作用

人体由神经系统、循环系统、呼吸系统、运动系统、消化系统、排泄系统、生殖系统、内分泌和感觉器官等组成。体育活动是由人体各器官系统协调配合所完成，同时，体育锻炼又对各器官系统产生良好影响。但是，如果体育锻炼方法错误，反而会有害健康，甚至还可能产生身体损伤、疲劳等症状。

（一）体育锻炼对神经系统的作用

通过经常参加体育锻炼，将对人体神经系统产生良好的影响，具体表现在如下三点：

（1）经常参加体育锻炼可以改善和提高神经系统的反应能力，使人的思维敏捷，身体运动更准确、协调。

（2）经常参加体育锻炼能有效地消除脑细胞的疲劳，提高学习和工作效率。

（3）适当的体育锻炼还能调节中枢神经，对睡眠具有很大的帮助。

（二）体育锻炼对循环系统的作用

经常参加体育锻炼，可促进人体的心血管系统结构发达，身体机能增强，从而提高学习和工作效率。坚持锻炼的人，心血管系统的改善主要表现在以下几个方面。

（1）运动使心脏增大。经常参加运动的人，心肌比一般人的心肌粗壮，心脏的重量和容量都有增大，其中，心容量可达 1015～1027mL。北京运动医学研究所曾经调查过我国 300 名运动员的心脏面积，发现 108 名运动员心脏面积增大，有 173 名运动员心脏横径

增大。这是因为在运动时，人的血液循环旺盛、心跳加快，而且心肌舒张充分，容纳流回心脏的血量也增多，心脏便会被拉长，于是心肌收缩力便能增强。与此同时，心脏还会产生大量的新毛细血管，这又有助于增加心肌血液的供应。

（2）运动使心搏徐缓有力。通过经常锻炼，能改进人体的心脏营养性神经，心肌的物质代谢，使得心肌的收缩蛋白质增多，特别是肌红蛋白增多，进而使心肌纤维增粗、增大，心壁增厚，从而使人体的心搏徐缓有力。一般情况下，普通成年人在安静时的脉搏为70次/min左右，而经常参加体育锻炼的人在安静时的脉搏为60次/min左右。另外，人们把运动引起的心肌增厚叫运动性心肌增厚，也有人叫做运动员的心脏。

（3）运动能增大心脏每搏的血液输出量。对于经常参加锻炼的人，由于心动徐缓，舒展期延长，心脏便有更多的血液补充。因此，每搏输出的血液量比一般人要多。一般人每搏输出量为50～70mL，而经常锻炼的人可达100mL左右。

（三）体育锻炼对呼吸系统的作用

经常参加体育锻炼可以改善呼吸系统的机能，因为在锻炼过程中，肌肉剧烈运动要消耗大量的氧气和养料，因此，呼吸系统必须强有力地工作。长此以往，呼吸系统的机能便得到了改善。另外，由于经常参加体育锻炼的学生提高了肺的容气量，因此，这些学生的呼吸次数比一般学生少，而呼吸深度却比一般学生的要大。一般学生的呼吸深度为300～400mL，而参加锻炼的学生可达500～600mL。

锻炼时进行合理的呼吸，有利于保持体内环境的基本恒定，提高锻炼效果，以及充分发挥人体的机能。但是，由于体育锻炼的种类繁多，呼吸方法也不应千篇一律，下面列出了一些典型的呼吸方法。

（1）减少呼吸道阻力。正常人安静时经由呼吸道实现通气。可在剧烈运动时，为减少呼吸道阻力，人们常采用以口代鼻，或口鼻并用的呼吸方法。但在严寒季节里进行运动，开口不应过大，尽可能使吸入空气经由口腔加温，再通过咽喉和气管进入肺。

（2）节制呼吸频率，加大呼吸深度，提高肺泡通气量。运动时，可通过增加呼吸频率和呼吸深度两种方法来改善呼吸效果。由于呼吸道是约为150mL的无效腔，运动时无效腔容量可因呼吸加强而被动扩展为400～600～1000mL。若呼吸频率太快，呼吸深度太浅，则吸入气迂回无效腔的量增加，而实际进入肺泡腔的量相对减少。

（3）呼吸方法应适应技术动作变换的需要。进行周期性运动时，宜采用富有节奏性的呼吸。例如，长跑时宜采取2～4个单步一吸，2～4个单步一呼的方法。

（4）合理运用憋气。在深或浅的吸气之后，紧闭声门，尽力作呼气运动，称为憋气。憋气动作有利有弊，采取以下的方法进行憋气较为有利：憋气前的吸气不要太深；深吸气后的憋气可微启声门，当呼气肌强劲收缩压迫胸腔时，让呼吸道中少许气体有节制地从声门挤出，即发出“嗨”声呼气；憋气应用于决胜的关键时刻，如跑步时的最后冲刺，杠铃举过头顶，摔跤时制服对手的一刹那。

任何人在剧烈运动时，由于肌肉要消耗大量的氧气，所以会出现暂时供氧不足或缺氧现象。我们把这现象叫运动时欠下的“氧债”。对于经常参加体育锻炼的人来说，由于他的呼吸机能和血液循环机能比较高，因此，运动时欠下的“氧债”较少，因而运动过程能持续较长时间，运动结束后恢复得也比较快。

（四）体育锻炼对运动系统的作用

积极参加体育锻炼可以促进身体的长高，同时，还会使锻炼者肌肉发达。例如，体操运动员的上肢和胸背肌肉、跑跳运动员的腿部肌肉都很结实粗壮，无需用力收缩就能看到明显的轮廓。

二、体育锻炼的心理调节

随着现代社会的发展，生活节奏日益加快，竞争日益激烈，现代人的情绪经常处于紧张状态。因此，心理健康问题日益成为现代人关注的重要内容之一。

体育锻炼对人们心理健康的促进是多方面的，例如，有助于发展人的智力、培养良好的情绪体验和建立和谐的人际关系等。

（一）体育锻炼有助于发展智力

正常的智力是正确感知和认识世界的前提，是心理健康的基础。经常参加体育锻炼，不仅使锻炼者的注意力、记忆力、反应、思维和想象力等得以提高和改善，还可以让人情绪稳定、性格开朗，而这些因素对人的智力具有促进作用。

体育锻炼在一定程度上还可消除疲劳，提高学习效率。疲劳是一种综合性症状，它与人的生理和心理因素有关。人在学习过程中，大脑皮层的相关区域处于高度兴奋状态，但随着学习时间的延长，人会感觉疲劳，进而导致学习效率下降。而通过参加体育锻炼，会使与学习有关的神经中枢得到休息，从而消除脑力劳动所产生的疲劳，进而提高学习效率。

（二）体育锻炼有助于形成和谐的人际关系

现代社会生活节奏的加快使人们越来越趋向封闭的状态，从而造成人与人之间感情交流缺乏，人际关系渐渐疏远。体育锻炼则可以打破这种封闭，让不同职业、年龄、文化素质的人聚集在运动场上，进行平等、友好、和谐的交往，使人们互相之间产生信任感，从而有效进行情感和信息的交流。

（三）体育锻炼有助于促进坚强品质的形成

意志品质是指一个人的果断性、坚忍性、自制力、主动性及独立性等。意志品质既是在克服困难的过程中表现出来的，也是在克服困难的过程中培养出来的。参加体育锻炼就是不断克服主观和客观上的各种困难，如懒惰、胆怯、疲劳、损伤以及气候条件等，从而培养大学生果断和坚忍等优秀的意志品质。

（四）体育锻炼有助于培养良好的情绪体验

情绪状态的调控能力是衡量体育锻炼对心理健康影响的最主要的指标。个体在复杂多变的社会环境中，常常会产生紧张、压抑、忧虑等不良情绪反应，体育锻炼可以使个体从烦恼和痛苦中摆脱出来。

体育锻炼之所以能够调节情绪，是因为体育锻炼的参与者能体验到运动带来的愉快感

觉。心理学家认为，适度负荷的体育锻炼能够促进人体释放一种多肽物质——内啡肽，它能使人们获得愉快、兴奋的情绪体验。因此参加体育锻炼，尤其是参加那些自己喜爱和擅长的体育锻炼，可以使人从中得到乐趣，振奋精神，从而产生良好的情绪状态。

（五）体育锻炼使自我概念更为清楚

自我概念是个体主观上对自己的身体、思想和情感等的整体评价，它是由许许多多的自我认识所组成的。例如，我是什么人、我主张什么、我喜欢什么、我不喜欢什么等，包括社会方面的自我概念和身体方面的自我概念等。其中，身体方面的自我概念包括身体表象和身体自尊。身体表象是指头脑中形成的身体图像，身体自尊则主要包括一个人对自身运动能力、身体外貌（吸引力）、身体抵抗能力和健康状况的评价。

坚持体育锻炼可使人体格强壮、精力充沛，因此，体育锻炼对于改善人的身体表象和身体自尊至关重要。

（六）体育锻炼有助于消除心理病疾

社会竞争的日益激烈和生活压力的加大会使人产生焦虑、忧愁、烦恼和悲观等不良情绪，这些不良的心理障碍会影响人的情感、意志和良好人际关系的建立，容易形成不健康心理。适当的体育锻炼能使有心理障碍的个体获得心理满足，产生积极的成就感，从而增强自信心，摆脱焦虑、忧愁和悲观等消极因素，并消除心理障碍。

综上所知，体育锻炼不仅可以有效地促进智力的发展、培养良好的情绪体验、形成和谐的人际关系、促进坚强品质的形成，而且能增进心理健康，有效防止心理疾病的产生。因此，合理的体育锻炼是不可缺少的。

三、体育锻炼有助于适应社会

每个人都在社会中扮演着各种各样的角色，每个人都不能脱离社会而独立生活。要生活就必须要与人相处，在与形形色色的人相处的过程中，每个人都会表现出不同的社会适应能力，与别人相处得好就意味着适应能力强，相反就意味着适应能力差。适应能力差的人对其身心健康都会产生消极的影响，并容易产生心理疾病和生理疾病。而体育锻炼以其自身的特点，对提高人的社会适应能力有着积极的影响。

（一）体育锻炼对社会价值观的培养

（1）体育锻炼可以促进人们和平相处。人们渴望和平，追求安定，只有社会安定了，才能有经济的发展、人民群众的安居乐业。体育体现出来的虽然是竞争，但它是建立在统一规则基础上的公平竞争，是建立在友好气氛上的互相交流与切磋。因此，体育可以培养人们的和平观念，体育还可以规范人们的和平行为，在潜移默化中使人们养成和平的价值取向。

（2）体育锻炼最能体现出付出与收获的关系。体育锻炼在付出与收获上的因果关系，最能直接地使人们领悟到成功的喜悦是源于平时的奋斗，辉煌的成就由汗水铸造。因此，通过体育锻炼可以培养人们拼搏进取的人生观。

（3）体育锻炼可以培养人们尊重知识、尊重人才的观念。任何一项体育比赛都不仅仅是速度的角逐、力量的抗衡，更是战术的对抗、技术的较量、知识与力量的交融。因此，人们从体育比赛中领悟到，要想在激烈的竞争中立于不败之地，必须尊重知识、尊重人才。

（4）体育锻炼处处体现着自由和平等。从体育所包含的内容和要求来说，它不分肤色、种族、贫富、贵贱、信仰和性别，每个人都可以参与，它构建了一个使每个人都乐于接受的平等参与模式。在这种平等的意识里，人的尊严和权利得到真正的发展。

（二）体育锻炼可以培养适应社会需要的竞争意识和竞争手段

所谓竞争是指为了自己的利益而与人争胜。随着社会的发展，各行各业的竞争都日趋激烈。面对如此激烈的竞争，为了求生存、求发展，必须培养自己的竞争意识，使自己具有一定的竞争能力，只有这样才能立于不败之地。

（1）体育竞争是以实力取胜。体育竞争最讲现实、不论资历，只有那些经过严格锻炼，能够吃苦耐劳，勇于拼搏，并且具备良好的身体和心理素质、运动技能的人才能获胜。

（2）体育竞争最体现公平性。所有体育竞争都是在严格的规则约束下进行的，因此，体育竞争最讲法制，而不徇私情。

（3）体育的竞争最能培养参与者遭遇挫折和失败时的抗压能力。大到奥运会，小到单位或学校的运动会，体育运动无一不是以追求胜利为目的，每个人或团队的比赛结果只能是胜利或失败。因此，体育竞争的残酷性表现在获胜只能是暂时的，而失败却是经常的。挫折—奋斗—成功—再挫折—再奋斗—再成功……描绘了体育竞争的内在规律。所以，体育可以使参与者在比赛中建立竞争意识，又可以使每一位参与者领略胜利的喜悦和失败的痛苦，培养着人们享受成功或承受失败的适应性。

（三）体育锻炼促进协作意识和协作能力的形成

（1）体育锻炼对协作意识的影响。协作意识是体育意识的基本内容之一，协作即协同配合、齐心协力。集体的力量是巨大的，而集体力量的形成和保持，则取决于每一个成员是不是具有强烈的协作意识和群体精神。

（2）体育锻炼能够促进协作能力的提高。能力的高低是现代社会衡量人才质量的一项基本要求。其中，协作能力的高低是一个人事业能否成功的基本能力之一。在目前各学科明显呈现既高度分化，又相互渗透；既高度综合，又纵横交错的新态势下，很多科学研究越来越向学科交叉的方向发展。因此，要求每一个参与者都必须具备良好的与他人协作的能力。

体育锻炼以其特殊的交往方式，培养着每一位锻炼者的协同配合的能力和豁达坦荡的心胸。

（四）体育锻炼可以培养良好的人际关系能力

一位哲人说过，人生的美好是人情的美好，人生的丰富是人际关系的丰富。无论你是在享受美好人情的温馨和甜蜜，还是在抱怨人际冲突的烦恼和愤怒，你都不会怀疑，人不能不与别人交往。

（1）在进行体育锻炼时，由于大家要和老师、同学沟通，因此，体育锻炼可以提高人的沟通能力。

（2）身体语言是沟通的有效方式之一，我们可以从不同的身体姿态所代表的含义中去理解对方的寓意，也可以通过身体语言向对方表达自己内心真实的感情。通过体育锻炼可以增强大家对身体语言的理解和使用能力。

（五）体育锻炼可以形成社会需要的个性并胜任社会的需要

体育不仅能影响人体的生理属性和心理属性，还能作为社会教化手段来促进人们个性的形成与发展。

（1）体育锻炼所固有的特性直接影响着人们形成适应社会需要的个性。体育锻炼需要有体力、智力、情感和行为的参与，同时还要求人们具备一定的技能，并且要求人们在每次锻炼中必须接近和突破自己的极限。正因如此，使得每位锻炼者在锻炼过程中有机会发现自己个性中的优秀部分，又能找到自己的不足之处，然后可根据自己的实际情况制定相应的解决办法，进而可扬长避短。

体育锻炼还需要人们能够吃苦耐劳、拼搏进取和遵守运动规则等，因此，体育锻炼还可以培养人们积极乐观的生活态度和在工作、生活中约束自己的行为。

（2）体育锻炼是培养人们胜任社会角色的有效途径。通过体育锻炼，可培养人们在以后的工作和生活中胜任自己的角色。例如，上足球课时，每个人要么担任前锋、中锋或后卫，要么担任守门员。无论作为什么角色，都有相应的权利和义务，也就决定了他的行为。因此，所有权利、义务和行为的总和便构成了角色。

通过体育角色的学习，可以使练习者懂得社会角色是与人们的某种社会地位、身份相一致的一整套权利、义务规范与行为模式。也可以使练习者体会到经过个人努力是可以成功扮演各种社会角色的，从而认识到人的主观努力是改变社会地位的重要途径。

四、体育锻炼能防治一些常见的疾病

经常参加体育锻炼，将有助于预防和辅助治疗脂肪肝、糖尿病、神经症、哮喘和肥胖症等病症。

（一）体育锻炼对脂肪肝的防治

脂肪肝会影响人体消化功能和肝脏正常代谢功能，如不加以控制，严重者会导致肝硬化。脂肪肝是指由各种原因引起的脂肪异常大量地在肝脏内蓄积，是一种常见的临床病症。脂肪肝的发病与多种因素有关，如常食荤食或高热量食品、缺少运动、滥用药物和饮酒过量等，都会导致脂肪肝的发生。

脂肪肝常见症状为食欲减退、恶心呕吐、喘气、有疲乏感、腹胀、右上腹或肝区有疼痛感，部分患者血清转氨酶增高（GPT＞30u/l）、便秘或便稀、肝脾肿大，但也有 25%以上患者无任何临床症状。发现自己有上述临床症状，或有肥胖的趋势，应及时前往医院就诊，并进行肝脏 B 超检查，血脂及肝功能检验，以便早诊断、早发现和早治疗。

脂肪肝患者除了应戒除烟酒外，还应控制饮食，应多吃含蛋白质、维生素等较多的食品，如豆类、蔬菜、水果、山楂、海带和胡萝卜等，少食动物内脏、肥肉和蛋黄等。

脂肪肝患者以肥胖型较多，因此，应适当增加体育活动，例如，可选择太极拳、慢跑、游泳、自行车、乒乓球、排球和网球等中小强度的有氧运动，一周3～5次，每次20～40min。但是，对于肝功能损害者，则要适当限制运动。

（二）体育锻炼与糖尿病的防治

糖尿病是由于胰岛素相对或绝对不足，引起糖脂肪和蛋白质等物质代谢紊乱所致的一种内分泌与代谢疾病。由于葡萄糖是人体主要的能量来源，并且通过胰岛素来调控体内血糖的含量。如果胰岛素供应不足，血糖就会升高，从而导致糖尿病的发生。持续的高血糖会损害全身大小血管，特别是会引发心脏、肾脏和神经系统并发症，严重者会导致生命危险，糖尿病的分类如表2-2所示。

表2-2　糖尿病的分类

I型糖尿病	II型糖尿病
多发于30岁以下的年轻人	多发于成年人、肥胖者
多食、多饮、多尿、体重下降	可能症状不明显
病情较严重	病情相对较轻
需终生补充胰岛素	无需补充胰岛素

糖尿病的典型症状是“三多”（多尿、多饮和多食）“一少”（体瘦或体重下降），次要症状为全身瘙痒、四肢酸麻、疲乏、腰背痛和月经失调等。老年人可以发生很多并发症。

糖尿病患者的治疗主要有三个途径：控制饮食，加强运动，辅以药物治疗。其中，应鼓励I型糖尿病患者参加适当的运动，以改善其心血管功能和心理状态，提高生活质量，但须让病人了解运动可能导致潜在并发症，因此，需要在运动时加强监控，注意安全，并且运动最好在餐后1～2h内进行。

II型糖尿病患者参加运动能有效控制血糖水平，如患者无心血管、肾脏和神经系统并发症，可以参加强度较大的有氧运动，建议运动强度为最大摄氧量的50%～70%，或同百分比的最大心律。每天运动20～40min，每周至少3～4次，运动前后要注意进行低强度的热身运动和整理运动。

所有糖尿病患者都要注意定期进行全身检查和血糖测定，并且根据医生的意见制定运动方案和调整运动量。另外，病情不稳定时应暂停运动。

（三）体育锻炼与神经症的防治

神经症的症状复杂多样，有的头痛、失眠、记忆力减退；有的则有心悸、胸闷、恐怖感等。其特点是症状的出现、变化与精神因素有关。例如，有的胃肠神经官能症患者，每当情绪紧张时出现腹泻。

神经症患者应积极参加各种体育活动，运动时大脑运动中枢兴奋，从而使原先的“兴奋点”得到休息与抑制，转移患者的注意力，改善患者的情绪。运动后，由于患者的机体发生疲劳，从而有助于改善患者的睡眠状态。患者在进行体育活动时要注意如下几点：

（1）患者应根据个人的体质和病情调整运动强度，以不过度疲劳及运动后情绪进一步低落为原则。

（2）患者可以根据个人爱好与习惯选择运动项目，并且最好参加集体性运动项目，如篮球、排球、足球、游泳、健身操等。运动时以中、小强度为主，每周 3～5 次，每次 30～50min。

（3）参加体育活动应持之以恒，不能急功近利。

（四）体育锻炼与哮喘的防治

哮喘的正式名称为支气管哮喘，是由多种细胞特别是肥大细胞、嗜酸性粒细胞和 T 淋巴细胞参与的慢性气道炎症。在易感者中，此种炎症可引起反复发作的喘息、气促、胸闷或咳嗽等症状，多在夜间或凌晨发生。

此类症状常伴有广泛而多变的呼气流速受限，但可部分自然缓解或经治疗缓解。另外，此种症状还伴有气道对多种刺激因子的反应性增高。哮喘患者应积极参加体育锻炼，从而增大肺活量，增强体质与体能，提高免疫能力，减少发病次数。参加体育活动时应注意如下几点：

（1）运动前应先进行准备活动，逐渐加大运动量，剧烈活动 3～5min 后，应休息 3～5min 再进行活动，避免诱发运动性哮喘。

（2）在寒冷气候下，应尽量用鼻吸气，避免冷空气直接进入气管，诱发哮喘。

（3）运动时请随身携带哮喘气雾剂，如喘乐宁等，以防哮喘发作。

（五）体育锻炼对肥胖症的防治

1．肥胖症的成因

肥胖症的成因主要有如下几个：

（1）嗜好肥甜油腻食物，暴饮暴食，有大量摄食高脂肪和高热量的饮食习惯。

（2）遗传因素，父母均为肥胖者的孩子肥胖发生率为父母均是标准体重者的 5～6 倍。

（3）缺少运动，摄入量大于消耗量。

2．肥胖症的防治

要防治肥胖症，应注意以下几点：

（1）尽量选择低能量食物，食物以清淡为主，少喝可乐等糖性饮料。

（2）适当增加每天的运动量，使能量得以消耗。运动时以耐力练习为主，例如，可选择慢跑、游泳、自行车、健身操和球类运动等有氧运动。

（3）控制饮食和运动相结合，是减肥治疗中最为积极理想的方案，病情严重者可以在医生的指导下，适当辅以药物治疗。

（4）必须养成长期锻炼的习惯，以防体重反弹。锻炼时要注重对心肺功能的锻炼。

（5）注重对减肥速度的控制，并非越快越好，快速减肥将对身体产生不良影响，专家建议每周减脂在 0.5kg 以内为最佳。

第三章 大学生体质健康标准

大学生体质健康评价是高等学校体育工作的重要环节，也是学校教育评价体系重要组成部分。建立全面、科学的学生体质健康的评价体系，可使学生自身、家长、学校、社会等各方面及时了解学生的身体健康状况，从而促使学生调整自己的学习和锻炼目标，并为学校和教育管理部门制定和调整体育教育政策提供科学的依据。

第一节 体质概述

体质是在遗传性和获得性基础上表现出来的人体形态结构、生理功能和心理因素综合的、相对稳定的特征。

遗传是人的体质形成的重要因素，影响着体质的强弱与发展。但是，遗传对体质的影响只提供了可能性，而体质强弱的现实性则有赖于后天的环境条件，如物质生活条件、劳动条件、社会因素、气候、生态平衡、风俗习惯、卫生环境、教育状况、体育锻炼等。我国体育体质研究学会划定的体质范畴主要包括以下几方面内容：

（1）身体形态和结构的发育水平：包括体格、体型、身体姿势、营养状况及身体组成成分等方面。

（2）生理生化功能水平：指机体的新陈代谢功能以及各器官、系统的工作效能等。

（3）身体素质和运动能力水平：指在运动中表现出来的速度、力量、耐力、灵敏性、柔软性、协调性等身体素质和走、跑、跳、投、攀登、爬越等运动能力。

（4）心理发育水平：包括人体的感知能力、判断力、意志力、智力、情感、行为、个性、性格等方面。

第二节 《国家学生体质健康标准》简介

为贯彻落实健康第一的指导思想，切实加强学校体育工作，促进学生积极参加体育锻炼，养成良好的锻炼习惯，提高体质健康水平，教育部和国家体育总局于 2002 年 7 月正式颁布了新的《国家学生体质健康标准（试行方案）》和实施办法。经过 5 年的试点与完善，修订后的《国家学生体质健康标准》（以下简称《标准》）于 2007 年在全国正式全面实施。

与以前的标准相比，新颁《标准》重在激励学生积极地进行身体锻炼，而不是为了测试而测试。它采用个体评价标准，能够清晰地看出学生个体差异与自身某些方面的不足，这十分有利于通过测试促进学生积极参加体育锻炼，通过锻炼改善健康状况，弥补差距，从而促进身体健康全面发展。

此外，新颁《标准》还突出了对改善学生健康有直接影响且关系密切的身体成分、心肺循环系统功能、肌肉力量和耐力及柔韧性等指标，体现了现代社会对健康的具体要求，实现了测试指标由“运动技术指标”向“健康指标”的过渡。

下面结合新颁发《标准》，简要介绍大学生体质健康评价的要点与方法。

一、《国家学生体质健康标准》说明

（1）为贯彻落实健康第一的指导思想，切实加强学校体育工作，促进学生积极参加体育锻炼，养成良好的锻炼习惯，提高体质健康水平，特制定本《标准》。

（2）本《标准》是《国家体育锻炼标准》的有机组成部分，是《国家体育锻炼标准》在学校的具体实施，是国家对学生体质健康方面的基本要求，适用于全日制小学、初中、普通高中、中等职业学校和普通高等学校的在校学生。

（3）本《标准》从身体形态、身体机能、身体素质和运动能力等方面综合评定学生的体质健康水平，是促进学生体质健康发展、激励学生积极进行身体锻炼的教育手段，是学生体质健康的个体评价标准。

（4）本《标准》将测试对象划分为以下组别：小学一、二年级为一组，三、四年级为一组，五、六年级为一组，初、高中每年级各为一组，大学为一组。

其中，大学组测试项目为五类，身高、体重、肺活量为必测项目。选测项目每年由地（市）级教育行政部门、高等学校在测试前两个月确定并公布。选测项目原则上每年不得重复。

（5）学校每学年对学生进行一次本《标准》的测试，本《标准》的测试方法按《国家学生体质健康标准解读》中的有关要求进行。

（6）本《标准》各评价指标的得分之和为本标准的最后得分，满分为 100 分。根据最后得分评定等级：90 分及以上为优秀，75 分～89 分为良好， 60 分～74 分为及格，59 分及以下为不及格。

学生体质健康标准成绩每学年评定一次，按评定等级记入《国家学生体质健康标准登记卡》。学生毕业时体质健康标准的成绩和等级，按毕业当年得分和其他学年平均得分各占50%之和进行评定。因病或残疾免予执行本标准的学生,填写《免予执行<国家学生体质健康标准>申请表》。

二、《标准》实施办法

为了落实《国家学生体质健康标准》，教育部、国家体育总局还制定了相应的实施办法，其要点如下：

（1）学生《标准》测试成绩按评定等级记入《国家学生体质健康标准登记卡》，小学列入学生成长记录或学生素质报告书，初中以上学校列入学生档案（含电子档案），作为学生毕业、升学的重要依据。对达到及格以上成绩的学生颁发证章。《标准》的实施工作记入教师的教学工作量。

（2）学生《标准》测试成绩达到良好及以上者，方可参加三好学生、奖学金评选；成绩达到优秀者，方可获体育奖学分。《标准》成绩不及格者，在本学年度准予补测一次，补测仍不及格，则学年《标准》成绩为不及格。普通高中、中等职业学校和普通高等学校学生毕业时，《标准》测试的成绩达不到50分者按肄业处理。

（3）因病或残疾学生，可向学校提交免予执行《标准》的申请，经医疗单位证明，体育教学部门核准后，可免予执行《标准》，并填写《免予执行<国家学生体质健康标准>申请表》，存入学生档案。对确实丧失运动能力、免予执行《标准》的残疾学生，仍可参加三好学生、奖学金、奖学分评选，毕业时《标准》成绩可记为满分，但不评定等级。

（4）认真上好体育课、积极参加体育活动、每天锻炼时间达到一小时者，奖励5分，计入学年《标准》总成绩。

（6）属下列情况之一者，其《标准》成绩记为不及格，该学年《标准》成绩最高记为59分：① 评价指标中400m（50m×8往返跑）、1000m跑（男）、800m跑（女）、台阶试验的得分达不到及格者；② 体育课无故缺勤，一学年累计超过应出勤次数1/10者。

三、主要测试项目简介

为了便于大家进一步了解和实施《国家学生体质健康标准》，下面再来简要介绍一下主要测试项目的测试意义、所需测试器材及具体的测试方法。

（一）身高标准体重

该项目是将身高和体重综合起来，以每cm身高的体重分布，确定学生的体形匀称度，可反映学生是营养不良、正常体重，还是超重和肥胖。

如果所测得的身高标准体重数值小于或大于同年龄段的身高标准体重的范围，就说明身体的匀称度欠佳，需要通过调整饮食结构或积极参加体育运动来增加肌肉组织或减少体内多余的脂肪。

1．测试器材

测试器材为身高体重测量仪（参见图3-1左图）。

2．测试方法

受试者赤足，立正姿势站在测试仪托盘上，同时上肢自然下垂，足跟并拢，足尖分开约成60°，足跟、骶骨部及两肩胛区同时与立柱相接触，躯干自然挺直，头部直立，耳屏上缘与眼眶下缘呈水平。

测试者站在受试者右侧，将水平压板轻轻沿立柱下滑，轻压于受试者头顶，读出身高测量结果，此时应注意双眼应与压板水平面一致。接着读出体重测量结果，并将其记录。

身高测量单位为cm，精确到1位小数，测量误差不得超过0.5cm。体重测量单位为kg，精确到1位小数，测量误差不得超过0.1kg。

（二）肺活量体重指数

肺活量是指在不限时间的情况下，一次最大吸气后再尽最大气量所呼出的气体量。它是反映人体呼吸系统机能状况、人体生长发育水平的重要机能指标之一。

肺活量的评价指标是肺活量体重指数，它是指每kg体重的肺活量，其计算公式为：

$$肺活量体重指数=\frac{肺活量}{体重}$$

其中，肺活量的单位为 ml，保留整数；体重的单位为 kg，保留 1 位小数。计算出指数后，舍去小数，用整数查表评分。

1．测试器材

测试器材为电子肺活量计和干燥的一次性口嘴（参见图 3-1 右图）。

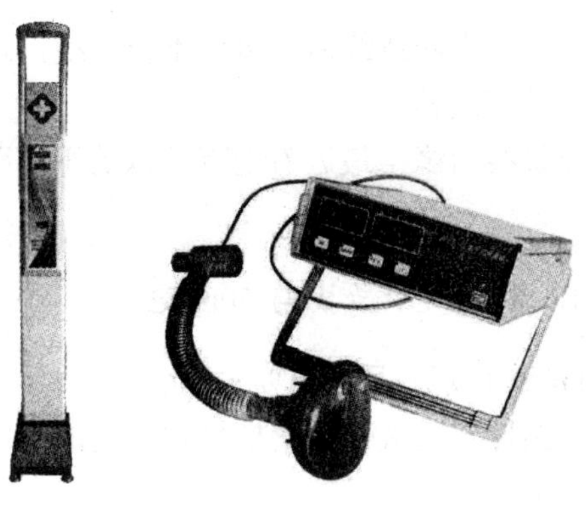

图 3-1　身高体重测量仪与电子肺活量计

2．测试方法

电子肺活量计放置在平稳桌面上。受试者面对仪器站立，手持吹气口嘴，试吹 1~2 次，检查仪器表有无反应和口嘴或鼻处是否漏气。如果仪器一切正常，受试者深吸气，然后屏住气对准口嘴尽力深呼气，直到不能呼气为止，此时液晶屏上显示的数字即为肺活量值。每位受试者测三次，每次间隔 15s。测试者记录每次数值，选取最大值作为测试结果。

（三）仰卧起坐（女）

仰卧起坐是测试腹肌力量和耐力的项目。由于它能比较安全地测试肌肉的力量和耐力，同时在做仰卧起坐时主要是腹肌在起作用，髋部肌肉也参与工作，因此这种测试既评价了腹肌的耐力，也反映了髋部肌肉的耐力。

由于女生这两部分肌肉的力量和耐力与其某些生理功能有密切的联系，因此将仰卧起坐单独列为女生的一个选测项目。

仰卧起坐直接用次数作为评价指标。

1．测试器材

测试器材为垫子、秒表。

2．测试方法

受试者身体仰卧于地垫上，膝部屈曲成 90° 左右，脚部平放在地上。双手半握拳，放在耳朵两侧。让腰部发力上身径直起来，然后缓慢下降使身体复位。受试者起坐时两肘触及或超过双膝为完成一次，仰卧时两肩胛必须触垫，连续做 1min。

（四）立定跳远

立定跳远是测试爆发力的项目，爆发力要求在最短时间内发挥最大的力量。爆发力的大小不仅取决于力量，而且取决于力量和速度的综合。

立定跳远的测量单位为 cm，且只保留整数。

1．测试器材

测试器材为沙坑、丈量尺。

2．测试方法

受试者两脚自然分开，站立在起跳线后，脚尖不得踩线，跳跃时两脚同时起跳，不得有垫步或连跳动作。每人试跳三次。

立定跳远的距离是指起跳线后缘至最近着地点后缘的垂直距离。测试结果取三次成绩中最好的一次。

（五）1000m 跑（男）、800m 跑（女）与 50m 跑

1000m 跑（男）与 800m 跑（女），是一项要求学生较长时间保持较高速度行进的项目，是对学生的速度、耐力、协调性、灵敏性、柔韧性和放松能力等要求较高的体能类的测试项目。

50m 跑是国际上通用的测试项目，通过较短距离的高强度跑测试学生的速度素质。速度素质测试可以反映人体中枢神经系统的机能状态和神经与肌肉的调节机能，也可以综合反映人体的爆发力、灵敏度、反应速度、柔韧性等素质。

1．测试器材

400m、300m、200m 田径场跑道，发令旗一面，秒表若干块。

2．测试方法

受试者至少两人一组进行测试，以站立式预备，当听到“跑”口令后开始起跑。发令员在发出口令同时摆动发令旗，此时计时员开始计时。当受试者身体到达终点线的垂直面时，停止计时。

1000m 跑（男）与 800m 跑（女）的测量单位为 min 和 s，且不计小数；50m 跑的测量单位为 s，且保留 1 位小数。

（六）台阶试验

台阶试验是一项定量负荷机能试验，主要用来测定心血管系统的功能，也可以间接推断机体的耐力。台阶试验指数值越大，说明测试者心血管系统的机能水平越高。

经常参加有氧代谢运动，可以提高心血管系统的机能水平，具表现为在完成台阶试验定量负荷工作时脉搏搏动次数下降；在试验结束后脉搏的搏动次数恢复到安静状态所用的时间缩短。

台阶试验的评价指标为台阶试验指数，其计算公式为：

$$\text{台阶试验指数}=\frac{\text{踏台上运动的持续时间（s）}\times 100}{2\times\text{(3次测定脉搏的和)}}$$

其中，如果计算结果包含小数，应首先通过对小数点后的数字进行四舍五入（取整），然后查表评分。

1．测试器材

测试器材为台阶（或凳子）、节拍器（或录音机及磁带）、秒表、台阶实验仪等。

2．测试方法

测试前，受试者可针对下肢关节做一些适度的准备活动。受试者从直立姿势开始，一只脚踏上台阶，身体重心随之前移，另一条腿随即踏上台阶并与前一条腿并拢成直立姿势，然后先踏上台阶的脚先踏下台阶，另一条脚也随之踏下并还原成直立姿势，如图 3-2 所示。

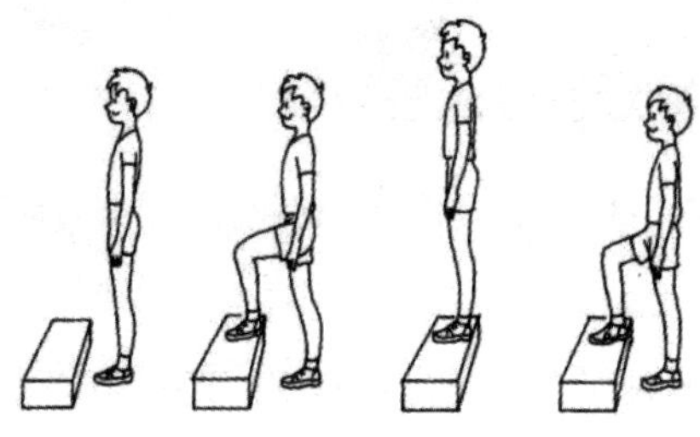

图 3-2　台阶试验

受试者按节拍器的节律来做，上下一次台阶用时 2s，连续做 3min。测试完毕后，受试者应测量运动结束后的 1~1.5min、2~2.5min、3~3.5min 的三次脉搏数。

（七）坐位体前屈

坐位体前屈是用于反映人体柔韧性的测试项目。柔是指肌肉、韧带拉长的范围；韧是指肌肉、韧带保持一定长度的力量，控制关节不受损伤的最大范围和活动幅度。

柔韧性差意味着相应的关节和肌肉缺乏运动。长时间缺乏柔韧性练习，可导致关节或关节周围软组织发生变性、挛缩，甚至粘连，因而限制了关节的运动幅度，牵拉时必然产生疼痛，所以扩大关节运动的幅度即扩大了人体活动的无痛范围。

1．测试器材

测试仪器为坐位体前屈测试计（参见图 3-3 左图）。

2．测试方法

受试者两腿伸直，两脚分开约 10～15cm，平蹬测试纵板坐在平地上。测试时，受试者上体前屈，两臂伸直向前，两手并拢，并用两手中指尖轻轻推动标尺上的游标，直到不能向前推动为止。

坐位体前屈的测量单位为 cm，精确到 1 位小数，然后查表评分。

（八）握力体重指数

握力用于反映被测者的力量素质；握力体重指数反映的是肌肉的相对力量，即每 kg 体重的握力，其计算公式如下：

$$握力体重指数=\frac{握力}{体重}\times 100$$

其中：握力和体重的测量单位均为 kg，且均保留 1 位小数。计算出指数后，舍去小数，查表评分。

1．测试器材

测试器材为电子握力计或合格的弹簧式握力计（参见图 3-3 右图）。

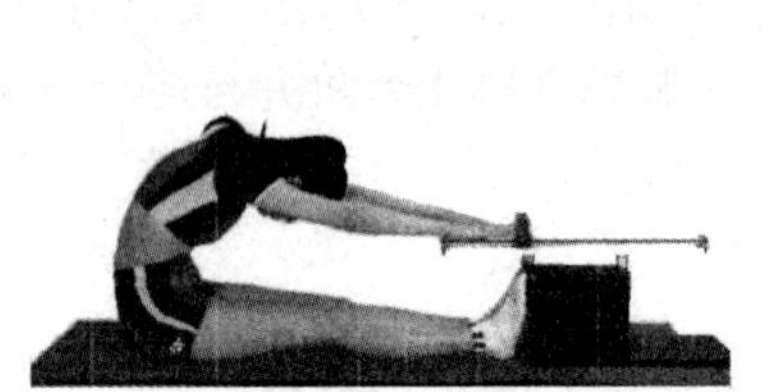

图 3-3　坐位体前屈测试计与电子握力计

2．测试方法

受试者两脚自然分开成直立姿势，两臂自然下垂，一手持握力计用力紧握（握力计不能接触身体），此时握力计上显示的数字即为握力值。测量两次，记录最大值。

四、大学生体质健康评价指标与分值

《国家学生体质健康标准》中对大学生体质健康的评价指标与分值如表 3-1 所示。另外，大学一～四年级男生和女生身高与标准体重如表 3-2 和表 3-3 所示，大学一年级～四年级男生和女生评分标准如表 3-4 和表 3-5 所示。

表 3-1　大学生体质健康标准评价指标与分值

评价指标（测试项目）	分值	备注
身高标准体重	10	必测
肺活量体重指数	20	必测
1000m 跑（男）、800m 跑（女）、台阶试验	30	选测一项
坐位体前屈、掷实心球、仰卧起坐（女）、引体向上（男）、握力体重指数	20	选测一项
50m 跑、立定跳远、跳绳、篮球运球、足球运球、排球垫球	20	选测一项

注：身高标准体重测试项目为身高、体重，肺活量体重指数测试项目为肺活量，握力体重指数测试项目为握力。

表 3-2　大学一～四年级男生身高标准体重　　　　**体重单位：kg**

身高段（cm）			营养不良	较低体重			正常体重			超　重			肥胖
			50 分	60 分			100 分			60 分			50 分
144.0	～	144.9	<41.5	41.5	～	46.3	46.4	～	51.9	52.0	～	53.7	≥53.8
145.0	～	145.9	<41.8	41.8	～	46.7	46.8	～	52.6	52.7	～	54.5	≥54.6

续表

身高段（cm）	营养不良	较低体重	正常体重	超 重	肥胖
	50 分	60 分	100 分	60 分	50 分
146.0 ～ 146.9	<42.1	42.1 ～ 47.1	47.2 ～ 53.1	53.2 ～ 55.1	≥55.2
147.0 ～ 147.9	<42.4	42.4 ～ 47.5	47.6 ～ 53.7	53.8 ～ 55.7	≥55.8
148.0 ～ 148.9	<42.6	42.6 ～ 47.9	48.0 ～ 54.2	54.3 ～ 56.3	≥56.4
149.0 ～ 149.9	<42.9	42.9 ～ 48.3	48.4 ～ 54.8	54.9 ～ 56.6	≥56.7
150.0 ～ 150.9	<43.2	43.2 ～ 48.8	48.9 ～ 55.4	55.5 ～ 57.6	≥57.7
151.0 ～ 151.9	<43.5	43.5 ～ 49.2	49.3 ～ 56.0	56.1 ～ 58.2	≥58.3
152.0 ～ 152.9	<43.9	43.9 ～ 49.7	49.8 ～ 56.5	56.6 ～ 58.7	≥58.8
153.0 ～ 153.9	<44.2	44.2 ～ 50.1	50.2 ～ 57.0	57.1 ～ 59.3	≥59.4
154.0 ～ 154.9	<44.7	44.7 ～ 50.6	50.7 ～ 57.5	57.6 ～ 59.8	≥59.9
155.0 ～ 155.9	<45.2	45.2 ～ 51.1	51.2 ～ 58.0	58.1 ～ 60.7	≥60.8
156.0 ～ 156.9	<45.6	45.6 ～ 51.6	51.7 ～ 58.7	58.8 ～ 61.0	≥61.1
157.0 ～ 157.9	<46.1	46.1 ～ 52.1	52.2 ～ 59.2	59.3 ～ 61.5	≥61.6
158.0 ～ 158.9	<46.6	46.6 ～ 52.6	52.7 ～ 59.8	59.9 ～ 62.2	≥62.3
159.0 ～ 159.9	<46.9	46.9 ～ 53.1	53.2 ～ 60.3	60.4 ～ 62.7	≥62.8
160.0 ～ 160.9	<47.4	47.4 ～ 53.6	53.7 ～ 60.9	61.0 ～ 63.4	≥63.5
161.0 ～ 161.9	<48.1	48.1 ～ 54.3	54.4 ～ 61.6	61.7 ～ 64.1	≥64.2
162.0 ～ 162.9	<48.5	48.5 ～ 54.8	54.9 ～ 62.2	62.3 ～ 64.8	≥64.9
163.0 ～ 163.9	<49.0	49.0 ～ 55.3	55.4 ～ 62.8	62.9 ～ 65.3	≥65.4
164.0 ～ 164.9	<49.5	49.5 ～ 55.9	56.0 ～ 63.4	63.5 ～ 65.9	≥66.0
165.0 ～ 165.9	<49.9	49.9 ～ 56.4	56.5 ～ 64.1	64.2 ～ 66.6	≥66.7
166.0 ～ 166.9	<50.4	50.4 ～ 56.9	57.0 ～ 64.6	64.7 ～ 67.0	≥67.1
167.0 ～ 167.9	<50.8	50.8 ～ 57.3	57.4 ～ 65.0	65.1 ～ 67.5	≥67.6
168.0 ～ 168.9	<51.1	51.1 ～ 57.7	57.8 ～ 65.5	65.6 ～ 68.1	≥68.2
169.0 ～ 169.9	<51.6	51.6 ～ 58.2	58.3 ～ 66.0	66.1 ～ 68.6	≥68.7
170.0 ～ 170.9	<52.1	52.1 ～ 58.7	58.8 ～ 66.5	66.6 ～ 69.1	≥69.2
171.0 ～ 171.9	<52.5	52.5 ～ 59.2	59.3 ～ 67.2	67.3 ～ 69.8	≥69.9
172.0 ～ 172.9	<53.0	53.0 ～ 59.8	59.9 ～ 67.8	67.9 ～ 70.4	≥70.5
173.0 ～ 173.9	<53.5	53.5 ～ 60.3	60.4 ～ 68.4	68.5 ～ 71.1	≥71.2
174.0 ～ 174.9	<53.8	53.8 ～ 61.0	61.1 ～ 69.3	69.4 ～ 72.0	≥72.1
175.0 ～ 175.9	<54.5	54.5 ～ 61.5	61.6 ～ 69.9	70.0 ～ 72.7	≥72.8
176.0 ～ 176.9	<55.3	55.3 ～ 62.2	62.3 ～ 70.9	71.0 ～ 73.8	≥73.9
177.0 ～ 177.9	<55.8	55.8 ～ 62.7	62.8 ～ 71.6	71.7 ～ 74.5	≥74.6
178.0 ～ 178.9	<56.2	56.2 ～ 63.3	63.4 ～ 72.3	72.4 ～ 75.3	≥75.4
179.0 ～ 179.9	<56.7	56.7 ～ 63.8	63.9 ～ 72.8	72.9 ～ 75.8	≥75.9
180.0 ～ 180.9	<57.1	57.1 ～ 64.3	64.4 ～ 73.5	73.6 ～ 76.5	≥76.6

续表

身高段（cm）	营养不良	较低体重	正常体重	超　重	肥胖
	50 分	60 分	100 分	60 分	50 分
181.0 ～ 181.9	<57.7	57.7 ～ 64.9	65.0 ～ 74.2	74.3 ～ 77.3	≥77.4
182.0 ～ 182.9	<58.2	58.2 ～ 65.6	65.7 ～ 74.9	75.0 ～ 77.8	≥77.9
183.0 ～ 183.9	<58.8	58.8 ～ 66.2	66.3 ～ 75.7	75.8 ～ 78.8	≥78.9
184.0 ～ 184.9	<59.3	59.3 ～ 66.8	66.9 ～ 76.3	76.4 ～ 79.4	≥79.5
185.0 ～ 185.9	<59.9	59.9 ～ 67.4	67.5 ～ 77.0	77.1 ～ 80.2	≥80.3
186.0 ～ 186.9	<60.4	60.4 ～ 68.1	68.2 ～ 77.8	77.9 ～ 81.1	≥81.2
187.0 ～ 187.9	<60.9	60.9 ～ 68.7	68.8 ～ 78.6	78.7 ～ 81.9	≥82.0
188.0 ～ 188.9	<61.4	61.4 ～ 69.2	69.3 ～ 79.3	79.4 ～ 82.6	≥82.7
189.0 ～ 189.9	<61.8	61.8 ～ 69.8	69.9 ～ 79.9	80.0 ～ 83.2	≥83.3
190.0 ～ 190.9	<62.4	62.4 ～ 70.4	70.5 ～ 80.5	80.6 ～ 83.6	≥83.7

注：身高低于表中所列出的最低身高段的下限值时，身高每低 1cm，实测体重需加上 0.5kg，实测身高需加上 1cm，再查表确定分值。身高高于表中所列出的最高身高段时，身高每高 1cm，其实测体重需减去 0.9kg，实测身高需减去 1cm，再查表确定分值。

表 3-3　大学一年级～四年级女生身高标准体重　　　　**体重单位：kg**

身高段（cm）	营养不良	较低体重	正常体重	超　重	肥胖
	50 分	60 分	100 分	60 分	50 分
140.0 ～ 140.9	<36.5	36.5 ～ 42.4	42.5 ～ 50.6	50.7 ～ 53.3	≥53.4
141.0 ～ 141.9	<36.6	36.6 ～ 42.9	43.0 ～ 51.3	51.4 ～ 54.1	≥54.2
142.0 ～ 142.9	<36.8	36.8 ～ 43.2	43.3 ～ 51.9	52.0 ～ 54.7	≥54.8
143.0 ～ 143.9	<37.0	37.0 ～ 43.5	43.6 ～ 52.3	52.4 ～ 55.2	≥55.3
144.0 ～ 144.9	<37.2	37.2 ～ 43.7	43.8 ～ 52.7	52.8 ～ 55.6	≥55.7
145.0 ～ 145.9	<37.5	37.5 ～ 44.0	44.1 ～ 53.1	53.2 ～ 56.1	≥56.2
146.0 ～ 146.9	<37.9	37.9 ～ 44.4	44.5 ～ 53.7	53.8 ～ 56.7	≥56.8
147.0 ～ 147.9	<38.5	38.5 ～ 45.0	45.1 ～ 54.3	54.4 ～ 57.3	≥57.4
148.0 ～ 148.9	<39.1	39.1 ～ 45.7	45.8 ～ 55.0	55.1 ～ 58.0	≥58.1
149.0 ～ 149.9	<39.5	39.5 ～ 46.2	46.3 ～ 55.6	55.7 ～ 58.7	≥58.8
150.0 ～ 150.9	<39.9	39.9 ～ 46.6	46.7 ～ 56.2	56.3 ～ 59.3	≥59.4
151.0 ～ 151.9	<40.3	40.3 ～ 47.1	47.2 ～ 56.7	56.8 ～ 59.8	≥59.9
152.0 ～ 152.9	<40.8	40.8 ～ 47.6	47.7 ～ 57.4	57.5 ～ 60.5	≥60.6
153.0 ～ 153.9	<41.4	41.4 ～ 48.2	48.3 ～ 57.9	58.0 ～ 61.1	≥61.2
154.0 ～ 154.9	<41.9	41.9 ～ 48.8	48.9 ～ 58.6	58.7 ～ 61.9	≥62.0
155.0 ～ 155.9	<42.3	42.3 ～ 49.1	49.2 ～ 59.1	59.2 ～ 62.4	≥62.5

续表

身高段（cm）	营养不良	较低体重	正常体重	超　重	肥胖
	50 分	60 分	100 分	60 分	50 分
156.0 ～ 156.9	<42.9	42.9 ～ 49.7	49.8 ～ 59.7	59.8 ～ 63.0	≥63.1
157.0 ～ 157.9	<43.5	43.5 ～ 50.3	50.4 ～ 60.4	60.5 ～ 63.6	≥63.7
158.0 ～ 158.9	<44.0	44.0 ～ 50.8	50.9 ～ 61.2	61.3 ～ 64.5	≥64.6
159.0 ～ 159.9	<44.5	44.5 ～ 51.4	51.5 ～ 61.7	61.8 ～ 65.1	≥65.2
160.0 ～ 160.9	<45.0	45.0 ～ 52.1	52.2 ～ 62.3	62.4 ～ 65.6	≥65.7
161.0 ～ 161.9	<45.4	45.4 ～ 52.5	52.6 ～ 62.8	62.9 ～ 66.2	≥66.3
162.0 ～ 162.9	<45.9	45.9 ～ 53.1	53.2 ～ 63.4	63.5 ～ 66.8	≥66.9
163.0 ～ 163.9	<46.4	46.4 ～ 53.6	53.7 ～ 63.9	64.0 ～ 67.3	≥67.4
164.0 ～ 164.9	<46.8	46.8 ～ 54.2	54.3 ～ 64.5	64.6 ～ 67.9	≥68.0
165.0 ～ 165.9	<47.4	47.4 ～ 54.8	54.9 ～ 65.0	65.1 ～ 68.3	≥68.4
166.0 ～ 166.9	<48.0	48.0 ～ 55.4	55.5 ～ 65.5	65.6 ～ 68.9	≥69.0
167.0 ～ 167.9	<48.5	48.5 ～ 56.0	56.1 ～ 66.2	66.3 ～ 69.5	≥69.6
168.0 ～ 168.9	<49.0	49.0 ～ 56.4	56.5 ～ 66.7	66.8 ～ 70.1	≥70.2
169.0 ～ 169.9	<49.4	49.4 ～ 56.8	56.9 ～ 67.3	67.4 ～ 70.7	≥70.8
170.0 ～ 170.9	<49.9	49.9 ～ 57.3	57.4 ～ 67.9	68.0 ～ 71.4	≥71.5
171.0 ～ 171.9	<50.2	50.2 ～ 57.8	57.9 ～ 68.5	68.6 ～ 72.1	≥72.2
172.0 ～ 172.9	<50.7	50.7 ～ 58.4	58.5 ～ 69.1	69.2 ～ 72.7	≥72.8
173.0 ～ 173.9	<51.0	51.0 ～ 58.8	58.9 ～ 69.6	69.7 ～ 73.1	≥73.2
174.0 ～ 174.9	<51.3	51.3 ～ 59.3	59.4 ～ 70.2	70.3 ～ 73.6	≥73.7
175.0 ～ 175.9	<51.9	51.9 ～ 59.9	60.0 ～ 70.8	70.9 ～ 74.4	≥74.5
176.0 ～ 176.9	<52.4	52.4 ～ 60.4	60.5 ～ 71.5	71.6 ～ 75.1	≥75.2
177.0 ～ 177.9	<52.8	52.8 ～ 61.0	61.1 ～ 72.1	72.2 ～ 75.7	≥75.8
178.0 ～ 178.9	<53.2	53.2 ～ 61.5	61.6 ～ 72.6	72.7 ～ 76.2	≥76.3
179.0 ～ 179.9	<53.6	53.6 ～ 62.0	62.1 ～ 73.2	73.3 ～ 76.7	≥76.8
180.0 ～ 180.9	<54.1	54.1 ～ 62.5	62.6 ～ 73.7	73.8 ～ 77.0	≥77.1
181.0 ～ 181.9	<54.5	54.5 ～ 63.1	63.2 ～ 74.3	74.4 ～ 77.8	≥77.9
182.0 ～ 182.9	<55.1	55.1 ～ 63.8	63.9 ～ 75.0	75.1 ～ 79.4	≥79.5
183.0 ～ 183.9	<55.6	55.6 ～ 64.5	64.6 ～ 75.7	75.8 ～ 80.4	≥80.5
184.0 ～ 184.9	<56.1	56.1 ～ 65.3	65.4 ～ 76.6	76.7 ～ 81.2	≥81.3
185.0 ～ 185.9	<56.8	56.8 ～ 66.1	66.2 ～ 77.5	77.6 ～ 82.4	≥82.5
186.0 ～ 186.9	<57.3	57.3 ～ 66.9	67.0 ～ 78.6	78.7 ～ 83.3	≥83.4

表 3-4 大学男生评分标准

等级	单项得分	肺活量体重指数	1000m/min•s	台阶试验	50m跑/s	立定跳远/m	掷实心球/m	握力体重指数	引体向上/次	坐位体前屈/cm	跳绳（次/min	篮球运球/s	足球运球/s	排球垫球/次
优秀	100	84	3′27″	82	6.0	2.66	15.7	92	26	23.0	198	8.6	6.3	50
	98	83	3′28″	80	6.1	2.65	15.2	91	25	22.6	193	9.0	6.5	49
	96	82	3′31″	77	6.2	2.63	14.4	90	24	22.0	186	9.6	6.9	46
	94	81	3′33″	74	6.3	2.62	13.6	89	23	21.4	178	10.3	7.3	44
	92	80	3′35″	71	6.4	2.60	12.5	87	22	20.6	168	11.1	7.7	41
	90	78	3′39″	67	6.5	2.58	11.5	86	21	19.8	158	12.0	8.2	38
良好	87	77	3′42″	65	6.6	2.56	11.3	84	20	18.9	152	12.4	8.5	37
	84	75	3′45″	63	6.8	2.52	10.9	81	19	17.5	144	12.9	8.9	34
	81	73	3′49″	60	7.0	2.48	10.5	79	18	16.2	136	13.5	9.3	32
	78	71	3′53″	57	7.3	2.43	10.0	75	17	14.3	124	14.3	9.9	29
	75	68	3′58″	53	7.5	2.38	9.5	72	16	12.5	113	15.0	10.4	26
及格	72	66	4′05″	52	7.6	2.35	9.3	70	15	11.3	108	15.6	10.7	25
	69	64	4′12″	51	7.7	2.31	8.9	66	14	9.5	101	16.6	11.2	23
	66	61	4′19″	50	7.8	2.26	8.5	63	13	7.8	94	17.5	11.7	21
	63	58	4′26″	48	8.0	2.20	8.0	59	12	5.4	85	18.8	12.3	18
	60	55	4′33″	46	8.1	2.14	7.5	54	11	3.0	75	20.0	12.9	15
不及格	50	54	4′40″	45	8.2	2.12	7.3	53	9	2.4	71	20.6	13.3	14
	40	52	4′47″	44	8.3	2.09	7.0	51	8	1.4	64	21.6	13.8	12
	30	51	4′54″	43	8.5	2.06	6.7	49	7	0.5	58	22.5	14.3	10
	20	49	5′01″	42	8.6	2.03	6.2	47	6	-0.8	49	23.8	15.0	8
	10	47	5′08″	40	8.8	1.99	5.8	44	5	-2.0	40	25.0	15.7	5

表 3-5　大学女生评分标准

等级	单项得分	肺活量体重指数	800m/min·s）	台阶试验	50m跑/m	立定跳远/m	掷实心球/m	握力体重指数	仰卧起坐	坐位体前屈/cm	跳绳（次/min）	篮球运球/s	足球运球/s	排球垫球/次
优秀	100	70	3′24″	78	7.2	2.07	8.6	74	52	21.1	190	11.2	7.3	46
	98	69	3′27″	75	7.3	2.06	8.5	73	51	20.8	184	11.5	7.8	44
	96	68	3′29″	72	7.4	2.05	8.4	72	50	20.3	175	12.0	8.6	41
	94	67	3′32″	69	7.5	2.03	8.2	71	49	19.8	166	12.6	9.4	38
	92	65	3′35″	64	7.7	2.01	8.0	69	47	19.2	154	13.3	10.5	34
	90	64	3′38″	60	7.8	1.99	7.8	67	45	18.6	142	14.0	11.5	30
良好	87	63	3′42″	59	7.9	1.97	7.7	66	44	17.7	137	14.6	11.9	29
	84	61	3′46″	57	8.0	1.93	7.6	63	43	16.3	130	15.6	12.5	27
	81	59	3′50″	55	8.2	1.89	7.5	61	42	15.0	122	16.5	13.2	25
	78	57	3′54″	52	8.3	1.84	7.4	58	40	13.1	112	17.8	14.0	23
	75	54	3′58″	49	8.5	1.79	7.2	55	38	11.3	102	19.0	14.9	20
及格	72	53	4′03″	48	8.6	1.76	7.1	53	37	10.1	98	19.8	15.6	19
	69	51	4′08″	47	8.7	1.72	7.0	50	35	8.3	92	20.9	16.7	17
	66	49	4′13″	46	8.8	1.69	6.8	48	33	6.5	86	22.0	17.8	15
	63	46	4′18″	44	8.9	1.63	6.6	44	31	4.1	78	23.5	19.3	13
	60	43	4′23″	42	9.0	1.58	6.4	40	28	1.7	70	25.0	20.8	10
不及格	50	42	4′30″	41	9.1	1.56	6.2	39	27	1.5	66	25.8	21.2	9
	40	41	4′37″	40	9.3	1.53	6.0	38	26	1.3	59	26.9	21.9	8
	30	39	4′44″	39	9.5	1.50	5.7	36	25	1.0	53	28.0	22.5	7
	20	37	4′51″	38	9.8	1.46	5.4	34	23	0.6	44	29.5	23.4	6
	10	35	5′00″	36	10.0	1.42	5.0	32	21	0.2	35	31.0	24.3	4

第四章　运动性病症及运动损伤

运动性病症是指因机体对运动应激因子不适应或训练安排不当造成体内紊乱而出现的一类疾病、综合症或机能异常，包括人体生理活动过程的有序性由于运动而受到暂时性的破坏所导致的某种生理反应。

第一节　运动性病症及其处理方法

运动性病症一般表现为暂时性的生理反应。如果处理病症的方法得当，那么消极的生理反应一般会很快消失，并且身体机能也会快速恢复正常。所以了解一些运动性病症的原理及相应的处理办法，能使锻炼者对运动性病症建立起理性的认识，更能引导锻炼者科学地处理在运动中面临的相关问题。

一、肌肉酸痛

肌肉酸痛是指运动之后的一段时间内肌肉产生的酸痛感。它常常出现在一次运动量较大的锻炼之后。此外，不经常锻炼的人偶尔锻炼后，也会出现这一症状。肌肉酸痛虽不影响身体运动功能，但会让人感觉疲乏无力。

（1）产生肌肉酸痛的原因。肌肉运动量过大，引起局部肌纤维及结缔组织的细微损伤和部分肌纤维的痉挛，从而导致肌肉酸痛。

（2）肌肉酸痛的征象。这主要表现为局部肌肉的酸痛及全身乏力。

（3）肌肉酸痛的处理。可以对酸痛的局部肌肉进行热敷和按摩，这样能促进血液循环，有助于损伤组织的修复及痉挛的缓解；也可以对局部肌肉进行静力牵张练习，先保持伸展状态 2min，然后休息 1min，重复进行。

二、肌肉痉挛

肌肉痉挛是指肌肉发生不自主地强直性收缩，又称抽筋。在运动时最容易发生痉挛的肌肉是小腿腓肠肌，其次是足底的屈拇肌和屈趾肌。

（一）产生肌肉痉挛的原因

产生肌肉痉挛的原因主要有以下三个方面：

（1）长时间剧烈运动令身体大量排汗（特别是在夏季），导致体内氯化钠含量下降，便会引起肌肉痉挛。

（2）在温度较低的环境中运动，若准备活动不充分，使肌肉突然受到寒冷空气的刺激，这也可能造成肌肉痉挛。

（3）肌肉连续收缩或长时间处于运动状态，产生疲劳，进而导致肌肉痉挛。

（二）肌肉痉挛的征象

肌肉痉挛时，局部的肌肉因剧烈收缩而变得坚硬和隆起，令人疼痛难忍，且短时间内不易缓解。同时痉挛肌肉所涉及的关节的伸屈功能会出现障碍。

（三）肌肉痉挛的处理

牵引痉挛肌肉，并配合局部按摩。肌肉牵引最好有同伴协助，但切忌施力过猛。局部按摩能有效缓解肌肉痉挛，常用的方法有重推、揉捏、叩打和点穴等。例如腓肠肌痉挛时，锻炼者可伸直膝关节，并做足部的背伸运动；屈拇和屈趾肌痉挛时，锻炼者应用力将足趾背伸。

三、运动性中暑

运动性中暑是近年来提出的运动性疾病之一。它是指肌肉运动时产生的热超过身体能散发的热而造成运动员体内的过热状态。常见于年轻的马拉松运动员、铁人三项运动员和群众性体育锻炼者。

（一）产生运动性中暑的原因

在高温环境中，特别在温度高、通风不良、头部又缺乏保护，被烈日直接照射的情况下进行体育锻炼，因体温调节功能障碍易发生中暑。

（二）运动性中暑的征象

轻度中暑，可出现面部潮红、头晕、头痛、胸闷、皮肤灼热、体温升高；严重时，将出现恶心、呕吐、脉搏快而细弱、精神失常、虚脱抽搐、血压下降，甚至昏迷。

（三）运动性中暑的处理

迅速将患者移至通风、阴凉处，解开衣领，冷敷额部，用温水抹身，并给予含盐清凉饮料或十滴水，数小时后即可恢复正常。严重患者，经临时处理后应迅速转送医院治疗。

四、运动性腹痛

运动性腹痛是指直接由运动引起的腹部疼痛。腹痛是运动中常见的症状，经常在运动过程中或运动结束时发生，多发生在中长跑、竞走、马拉松、自行车和篮球等运动项目中。

（一）产生运动性腹痛的原因

运动性腹痛的原因主要有以下几个：

（1）准备活动不充分。由于准备活动不充分，内脏器官尚处于不完全兴奋的状态，若此时进行较大强度的运动，则内脏器官活动无法满足运动系统的需要，极易造成肝脾瘀血而导致腹痛。

（2）呼吸肌痉挛。剧烈的运动会打乱均匀、有节奏的呼吸方式，使呼吸变得急促、表浅，因而造成肌肉的疲劳。当膈肌陷入疲劳状态后，它对肝脏的“按摩”作用就会逐渐减弱，造成肝脾瘀血肿胀而引发腹痛。

（3）胃肠痉挛。在运动过程中胃痉挛和肠痉挛都会引发运动性腹痛。一般情况下，饭后过早运动和空腹运动会引起胃痉挛；运动前吃了容易产气或难以消化的食物（如豆类和牛肉等）以及腹部受凉则会引发肠痉挛。

（二）运动性腹痛的征象

腹部可划分为上、中、下和左、中、右各3个部分，9个区。肝脏瘀血多为上区腹痛；胃痉挛多为中上区腹痛；脾脏瘀血多为左上区腹痛；肠痉挛多为腹中部痛。人体感觉多为钝痛、胀痛或阵发性绞痛。

（三）运动性腹痛的处理

一般情况下，只要降低运动强度，加深呼吸并调整呼吸节奏，同时按压疼痛部位，弯腰跑一段距离，就可以使症状减轻或消失。如果疼痛进一步加剧，应立即停止运动或请医生治疗。

五、运动性低血糖症

低血糖症是指当人体血糖浓度低于55mg/L时所出现的一系列症状，如饥饿感、头晕、面色苍白、出汗乏力等。正常生理情况下，空腹血糖浓度一般维持在80～120mg/L之间，低于55mg/L时就称为低血糖，而当血糖浓度低于10mg/L时人会出现深度昏迷，即低血糖性休克。运动中低血糖症，多发生在长跑、超长跑、长距离滑雪及自行车等运动过程中或结束后。

（一）产生运动性低血糖症的原因

运动性低血糖症的出现是因为长时间的剧烈运动消耗了体内的大量血糖。

（1）运动前糖摄入不足。运动前没有摄入足够的糖，运动时没有及时补充所消耗的糖，则极易导致低血糖症的发生。

（2）运动前糖摄入过多。运动前糖摄入过多，使得大量的葡萄糖在短时间内进入血液。血糖浓度的迅速升高会刺激胰岛素的大量分泌，引起血糖浓度的下降，出现回跃性低血糖症。

（3）情绪干扰。精神太过紧张，强烈的情绪波动以及患病、饥饿等情况，会干扰中枢神经系统的糖代谢的调节机制，而使迷走神经处于兴奋，从而刺激胰岛素大量分泌，也可以导致低血糖症发生。

（二）运动性低血糖症的征象

症状轻者，有明显的饥饿感及头晕、眼花、面色苍白、出冷汗、心慌和乏力等症状；严重者神志模糊，思维、语言迟钝，步态不稳，视物模糊不清，甚至出现精神错乱、狂躁

易怒、肌肉颤动以致昏迷的症状。体检时多为脉搏快而弱、呼吸急促、瞳孔扩大、四肢湿冷，血糖为 40～50mg/L。

（三）运动性低血糖症的处理

发生运动性低血糖症时，症状较轻者应平卧休息，口服温热糖水或少量含糖流质饮食；症状较重或出现昏迷者，应迅速为其注射 50%（质量分数，下同）葡萄糖 40～100ML，一般即可缓解低血糖症状。若病情仍不见缓解，可继续予以 5%～10%葡萄糖液静脉点滴，同时点掐病人人中、涌泉和合谷等穴，配合双下肢按摩，并请医生前来处理。

六、极点

极点是指在激烈的运动中人体出现的呼吸困难、胸部发闷、下肢沉重及肌肉无力等现象，多发生在长跑运动中。

（1）产生极点的原因。人体在剧烈运动时，由于内脏器官的活动不能及时满足运动器官的需要，而致氧气供应不足，使大量的乳酸性代谢物堆积在血液中，结果造成呼吸循环系统的暂时性失调和人体机能的下降。

（2）极点的征象。呼吸困难、肌肉无力、胸闷难忍、下肢沉重以及不愿再运动下去。

（3）极点的处理。极点出现后，若锻炼者适当减慢运动速度、加深呼吸，那么上述生理反应将逐渐缓解，接着呼吸系统和血液循环系统就会随肌肉的活动而逐渐进入工作状态，人体会渐感呼吸自如、动作轻松。运动生理学称之为第二次呼吸。当然，要从根本上克服极点，应加强专项锻炼以增强呼吸和血液循环系统的功能。

七、运动性昏厥

运动性昏厥是指由于脑部缺血或脑血管痉挛而引起的暂时性知觉丧失。它常发生在运动中或运动后。

（一）产生运动性昏厥的原因

运动性晕厥多是因局部血管造成的暂时性脑缺血及脑干网状结构血液的减少所致。特别是锻炼者在赛跑后立即停止不动时，由于下肢毛细血管和静脉失去了肌肉收缩对它们的节律性挤压作用，再加上血液本身受到的重力影响，结果大量血液积聚在下肢舒张的血管中。这就造成回心血流量和输出量的减少，进而导致脑部供血不足，引起昏厥，此时也称其为重力性休克。

（二）运动性昏厥的征象

昏厥前，表现为身体软弱、头昏、目眩、耳鸣和面色苍白等症状；晕厥后，表现为手脚发凉、脉搏跳动慢而弱、血压降低、呼吸迟缓、恶心呕吐以及意识不清或丧失等症状。一般的轻度晕厥，休息片刻后，症状就会明显减轻。而重度昏厥，身体和意识的恢复需要稍长时间，并且清醒后仍伴有头痛、头晕和精神不佳等症状。

（三）运动性昏厥的处理

当昏厥症状出现后，锻炼者应减缓或停止运动，接着慢走、蹲下或平卧休息，症状会逐渐减轻。如果晕厥比较严重，应让病人安静平卧，抬高其足部，并为病人松解衣领腰带（注意保暖），然后用热毛巾为其擦脸，再以向心方向按摩病人胸腹部来加快回心血液的流动。如果症状加重，应速请医生治疗。

八、冻疮

冻疮是指由较长时间的寒冷和潮湿刺激引起的局部皮肤阻塞性和充血性的红斑或坏死。它多发生在滑冰、滑雪、冰球及登山运动中。产生冻疮的部位多在耳轮、耳垂、鼻尖、手指、手背、足根和趾背等处。

（一）产生冻疮的原因

气候寒冷、空气潮湿及患部周围血液循环不畅会导致冻疮的发生。另外，缺乏运动、手足多汗和鞋袜过紧等也是冻疮的诱发因素。

（二）冻疮的征象

初期局部肿胀、有麻木感，既而发痒和烧痛，有大小不等的水泡，泡破后流出黄色脓液。严重时可有糜烂、溃疡，此时疼痛加重，愈合缓慢，愈后有色素沉着和疤痕。

（三）冻疮的处理

用酒精棉球轻轻揉擦患部，使皮肤微热即可，同时涂冻疮膏，注意患部保暖。若发现冻疮部位有水泡形成，应对局部消毒后，用针刺破水泡再进行包扎。对已破裂的水泡，可涂抹紫药水或消炎软膏，然后包扎好。不要因痒而搔破皮肤，否则破损处不易愈合。

应保持冻疮部位的清洁，洗时要用温水，不要用热水浸泡或火烤，也不要用雪擦或冷水浸泡。

九、游泳性中耳炎

游泳性中耳炎是指在游泳时，由于不洁净的水进入中耳，造成细菌感染而引起的炎症。

（1）产生游泳性中耳炎的原因。游泳性中耳炎的发生主要是因为鼓膜受损而导致的细菌入侵。在游泳过程中，当外耳道积水时间较长时，鼓膜被泡软，耳朵有不适感，此时若用硬物挖耳则极易损伤鼓膜，这会让不清洁的积水进入中耳而引起感染。此外，在患有鼓膜破裂或鼓膜穿孔的情况下，仍然下水游泳，也会导致细菌直接入侵而感染中耳炎。而患有呼吸道炎症及感冒者在游泳时，也易感染游泳性中耳炎。

（2）游泳性中耳炎的征象。耳道闭塞，听力下降，局部剧烈疼痛，常伴有发烧、恶心、呕吐、食欲不振及便秘等症状。若鼓膜破裂，常有黄色脓液自外耳道流出。

（3）游泳性中耳炎的处理。病人应卧床休息，多喝开水，吃流质食物，并及时请医生处理。如不及时治疗中耳炎，会引起严重的、甚至致命的并发症。炎症可能会经由中耳鼓壁的破坏区、中耳和血管、神经直接扩散到颅内，引起脑脓肿等严重病症。

十、运动性贫血

运动性贫血是指因运动引起的血液中血红蛋白含量减少至正常水平以下的一种运动性病症。营养摄入不足或者消化系统功能较弱的锻炼者，在参加运动时易出现运动性贫血。

（1）产生运动性贫血的原因，主要有以下两个：①运动时机体对蛋白质与铁的需求量增加，一旦需求量得不到满足，就可能引发运动性贫血。②在运动时，脾脏释放的溶血卵磷脂会使红细胞的脆性度增加，这容易造成红细胞的破裂，从而导致运动性贫血。

（2）运动性贫血的征象。主要表现在头晕、恶心、呕吐、气喘、体力下降、运动后心悸、心率加快和脸色苍白等。

（3）处理。合理安排运动量和运动强度，并补充富含蛋白质和铁的食物，也可以服用硫酸亚铁片剂和维生素 C。症状严重者，可暂时停止运动训练，仅做些小运动量的体育活动。另外，锻炼者在平时应注意营养的全面性，克服偏食的习惯。

第二节　运动损伤及其防治方法

在体育运动中所发生的损伤，统称运动损伤。了解运动损伤的分类、发生原因及其防治，有利于改善运动条件，使体育锻炼更好地起到促进身心健康的效果。

一、产生运动损伤的原因

造成运动损伤的原因是多方面的，它既与锻炼者的运动基础、体质水平有关，也与运动项目的特点、技术难度以及运动环境等外部因素有关。其主要原因有以下几点：

（1）思想麻痹大意。这是所有运动损伤因素中最主要的因素。其中包括对预防损伤的意义认识不足，运动前不检查器械，预防措施不得力，争强好胜，常在盲目和冒失的运动中受伤。

（2）准备活动不充分。运动前不做准备活动或准备活动不充分，特别是缺乏针对性的准备活动，使运动器官和内脏器官功能没有达到运动状态而造成损伤。

（3）缺乏运动经验与自我保护能力。部分学生在运动时，常出现犹豫、恐惧及过分紧张而造成损伤事故。更多学生是由于缺乏运动经验和自我保护能力而致伤。例如，摔倒时用肘部或直臂撑地，造成尺（或桡）骨或肘关节损伤。

（4）技术动作上的缺点和错误。技术动作违反人体生理解剖结构的特点和各器官系统功能活动的规律以及运动时的力学原理，也易引起运动损伤的发生。例如排球传球时，由于手形不正确引起手指扭挫伤。

（5）纪律松懈或组织不严密。纪律松懈，特别是在场地狭窄、人员拥挤的地方任意冲撞，造成伤害事故，有的则因组织方法不当致伤。

（6）运动环境不好。运动场地高低不平，器械安装不坚固或年久失修，又缺乏保护措施，运动时的服装和鞋袜不符合体育卫生要求，空气污浊、噪声过大、光线暗淡、气温过高或过低等，都能成为致伤的原因。

（7）身体状况不佳。在睡眠不足、休息不好、患病、带伤和伤病初愈阶段，以及疲劳和营养状况不良时，其生理功能和运动能力相对下降。在这种情况下参加剧烈的运动，常常会因肌肉的力量较弱、反应较迟钝和身体协调能力较差等因素导致损伤的发生。

二、运动损伤的分类

运动损伤的分类方法较多，常用的有以下几种：

（1）按损伤组织的种类，可分为肌肉肌腱损伤、滑囊损伤、关节囊和韧带损伤、骨折、关节脱位、内脏损伤、脑震荡和神经损伤等。

（2）按有无创口与外界相通，可分为开放性损伤和闭合性损伤。伤部皮肤或粘膜破裂，创口与外界相通，有组织液渗出或血液自创口流出，称为开放性损伤，如擦伤和刺伤等。伤部皮肤或粘膜完整，无创口与外界相通，损伤后的出血积聚在组织内，称为闭合性损伤，如肌肉拉伤和关节韧带损伤等。

（3）按发病的缓急，可分为急性损伤和慢性损伤。瞬间遭受直接或间接暴力而造成的损伤，称为急性损伤，其发病急，症状骤起，病程短。因局部长期负担过度，由反复微细损伤积累而成的损伤，称慢性损伤，其发病缓慢，症状渐起，病程较长。此外，还可因急性损伤处理不当或过早运动而转变为慢性损伤。

三、如何预防运动损伤

（1）加强运动安全教育。克服麻痹思想，提高预防损伤的意识。

（2）认真做好准备活动。对可能发生运动损伤的关节和易伤部位，要及时做好预防措施。

（3）合理安排运动量。做练习时防止局部运动器官负担过重。

（4）加强保护与帮助。在加强同伴间的相互保护与帮助的同时，特别要加强和提高自我保护能力。例如摔倒时立即屈肘、低头、团身滚动，由高处跳下时用前脚掌着地，同时屈膝缓冲等。

（5）加强医务监督，提高自我保健意识。

四、常见运动损伤的处理方法

（一）出血

出血是运动损伤中较常见的一种，可分为外出血和内出血两类。其中外出血分为动脉出血、静脉出血和毛细血管出血三种，可从出血的颜色和出血的情形作出判断。动脉出血呈喷射状，血色鲜红；静脉出血漫涌而出，血色暗红；毛细血管出血为缓慢渗出。

一般成人的血液总量为 4000～5000mL。若急性大出血达到全身总血量的 20%，即可出现面色苍白、头晕乏力、口渴等急性贫血的症状；若出血量超过全身总血量的 30%，将危及生命。因此，对外出血的伤员，尤其是大动脉的出血，必须立即止血；对疑有内脏或颅内出血的伤员，应尽快送医院处理。止血的方法一般有以下三种：

1．冷敷法

这常用于急性闭合性软组织损伤，最简便的方法是用冷水冲洗或用冷毛巾敷于伤处，有条件的可使用氯化烷喷射。

2．抬高伤肢法

这主要用于四肢出血，抬高伤肢，使伤处血压降低，血流量减少，以达到减少出血的目的。

3．压迫法

这主要包括指压法、绷带加压包扎法和止血带法。

（1）指压法：用手指指腹压在出血动脉近心端相应的骨面上，以阻断血液的流动来达到止血的效果。这种止血方法常用于动脉出血，操作简便，止血迅速，是一种临时性止血的好方法。现将身体不同部位出血的动脉管压迫方法介绍如下：

- 额部、颞部出血：一手扶住伤员的头并将其固定，用另一手的拇指在耳屏前上方一指宽处摸到颞浅动脉搏动后，将该动脉压迫在颞骨上，可止同侧额部、颞部出血。
- 眼以下面部出血：在下颌角前约 1.5cm 处摸到颌外动脉搏动后，用拇指将该动脉压迫在下颌骨上，可止同侧面部出血。
- 肩部和上臂部出血：在锁骨上窝内 1/3 处摸到锁骨下动脉搏动后，用拇指把该血管压迫在第一肋骨上，可止同侧肩、腋部及上臂出血。
- 前臂和手出血：将伤臂稍外展、外旋，在肱二头肌内缘中点处摸到肱动脉搏动后，用拇指或食、中、无名三指将该动脉压迫在肱骨上，可止同侧前臂和手部出血。
- 大腿和小腿出血：使伤员仰卧，患腿稍外展、外旋，在腹股沟中点稍下方摸到股动脉搏动后，用双手拇指重叠（或掌根）把该动脉压迫在耻骨上，可止同侧下肢出血。
- 足部出血：在踝关节背侧，于胫骨远端摸到胫前动脉搏动后，把该动脉压迫在胫骨上；在内踝后方，将胫后动脉压迫在胫骨上。可止足部出血。

（2）绷带加压包扎法：用数层无菌敷料覆盖伤口，再用绷带加压包扎，以压住出血的血管而达到止血的效果，同时抬高伤肢。适用于小动脉、小静脉和毛细血管的止血。

（3）止血带法：用胶管或用绳子之类（宽布条、三角巾和毛巾均可）绑扎在伤口的近心端。较大的肢体动脉出血，且为运送伤员方便起见应上止血带。若上肢出血，止血带应结扎在上臂的上 1/3 处，禁止扎在中段，避免损伤桡神经；若下肢出血，止血带扎在大腿的中部。

需注意的是：上止血带前，先要将伤肢抬高，尽量使静脉血回流，并用软织敷料垫好局部，然后再扎止血带，以止血带远端肢体动脉刚刚摸不到为度。扎上止血带后，每隔 0.5～1h 必须放松一次，放松 3～5min 后再扎上，以防组织长时间缺氧而坏死，放松止血带时可暂用指压法止血。

（二）软组织损伤

软组织是指人体的皮肤、皮下组织、肌肉、肌腱、韧带、关节囊、滑膜囊、神经和血管等。这些组织在受到外力作用下，发生机能或结构的异常，称软组织损伤。软组织损伤分为开放性损伤和闭合性损伤两类。前者有擦伤和撕裂伤等，后者有挫伤和肌肉拉伤等。

1．擦伤

擦伤是运动中最常发生的一种损伤，多发生于对抗性项目活动及摔倒等意外情况下。

（1）主要症状：皮肤被擦破出血或有组织液渗出，有一定的创口。

（2）处理方法：小面积轻度擦伤，伤口干净者，只需涂抹一些红药水即可；大面积重度擦伤，先用生理盐水清洗伤口后，涂抹红药水，再覆盖消毒布，然后用纱布包扎。

2．撕裂伤

在剧烈运动或受到突然强烈撞击时，会造成肌肉撕裂，常见有眉际撕裂等。

（1）主要症状：伤口周围多不整齐，常常伴有周围软组织的损伤。

（2）处理方法：轻度伤用红药水涂抹即可；裂口大时则需止血和缝合伤口，必要时注射破伤风抗毒血清，以防感染。

3．挫伤

挫伤又称“撞伤”，是由于皮肤受钝器打击或直接与硬物碰撞而引起的损伤。它分为单纯性挫伤和混合性挫伤。前者是指皮肤和皮下组织的挫伤，后者是指在皮肤和皮下组织挫伤的同时，还合并其他组织器官的损伤（如腹部挫伤可能会伴有内脏器官的破裂）。挫伤多发生在大腿、小腿、腹部及头部等部位。

（1）主要症状：单纯性挫伤表现为局部疼痛、肿胀、淤血、压痛和运动功能障碍。内脏器官损伤时，则出现头昏、脸色苍白、心慌气短、出虚汗、四肢发凉、烦躁不安，甚至休克。

（2）处理方法：单纯性挫伤在24h内冷敷或加压包扎，抬高患肢或外敷中药。24h后可进行热敷、按摩和理疗。进入恢复期可进行一些功能性锻炼。混合性挫伤并出现休克的伤员，经急救处理后，应尽快送医院检查和治疗。

4．肌肉拉伤

肌肉主动强烈的收缩或被动过度的拉长所造成的肌肉微细损伤、肌肉部分撕裂或完全断裂，称为“肌肉拉伤”。这是最常见的运动损伤之一，在引体向上和仰卧起坐练习时容易发生。

（1）主要症状：肌肉拉伤后，伤处疼痛、肿胀、压痛，肌肉紧张或痉挛，触之发硬。肌肉严重拉伤时，患者可感到或听到断裂声，疼痛和肿胀明显，皮下淤血显著，运动功能出现严重障碍，肌肉出现收缩畸形。肌纤维部分断裂时，伤处可摸到凹陷；肌腹中间完全断裂时，出现“双驼峰”畸形；一端完全断裂时，肌肉收缩成“球状”畸形。

（2）处理方法：轻者可即刻冷敷，局部加压包扎，抬高患肢。24h后可实施按摩或理疗。肌肉部分或完全断裂时，加压包扎后，立即送医院做手术缝合。

（三）关节韧带损伤

关节韧带损伤是指关节受外力异常扭转而造成的韧带损伤及关节附近其他软组织结构的损伤。在体育运动中以腰部关节、肩关节、髌骨和踝关节的损伤最为常见。例如，跳水时因两腿后摆过大，造成腰部关节扭伤；投掷、排球扣球和大力发球时，常出现肩关节扭伤；跳高、跳远时由于踏跳不合理或摔倒受到撞击，会导致髌骨损伤；由高处跳下时，失去平衡，使踝关节过度内翻或外翻致使踝关节扭伤。

（1）主要症状：一般表现为压痛、疼痛，急性期有肿胀和皮下淤血，关节功能发生障碍等。

（2）处理方法：一般性扭伤在 24h 内可采用冷敷，必要时加压包扎。24h 后采用理疗、按摩和针灸治疗。待疼痛减轻后可增加功能性练习。对急性腰部损伤，如果出现剧烈疼痛，则不可轻易扶动，应让患者平卧，并用担架送医院诊治。处理后，应卧硬板床（或在腰部下面垫一枕头），使肌肉韧带处于放松状态。

（四）关节脱位

在体育运动中，因受外力作用，使关节失去正常的连接关系，叫关节脱位，又称脱臼。关节脱位可分完全性脱位和半脱位（又称错位）两种，以肩、肘关节脱位较为常见。严重的关节脱位，伴有关节囊损伤。

（1）主要症状：常出现畸形，即刻发生剧烈疼痛和明显压痛，关节周围显著肿胀，关节功能丧失，有时发生肌肉痉挛，严重时出现休克。

（2）处理办法：用夹板或三角巾固定伤肢，并尽快护送医院治疗。如没有整复技术和经验，切不可随意做复位动作，以免加重伤情。

（五）骨折

骨折是指骨的完整性和连续性在外力的作用下遭到破坏的一种损伤。常见的骨折有肱骨骨折、尺（桡）骨骨折、手指骨折、小腿骨折和肋骨骨折等。运动中有身体某部位受到直接或间接的暴力打击时，可造成骨折。例如摔倒时，手臂直接撑地，引起尺骨或桡骨骨折等。

（1）主要症状：患处出现肿胀，疼痛难忍，肢体失去正常功能，肌肉产生痉挛，骨折部位可见到畸形。严重骨折伴有出血、神经损伤和发烧，乃至发生休克等症状。

（2）处理办法：一旦出现骨折后，暂勿随意移动患肢，应先用夹板或其他代用品固定伤肢。如出现休克时，应先施行人工呼吸。若伴有伤口出血，应同时施行止血，并及时护送医院治疗。

（六）脑震荡

脑震荡是指头部受到外力打击后，脑神经细胞和神经纤维普遍受到震荡后所引起的意识和功能的一般性障碍。脑震荡的常见原因是摔倒时头部着地，头部受到外力打击等。

（1）主要症状：伤后即刻发生意识丧失、呼吸表浅、脉搏缓慢、肌肉松弛，瞳孔稍放大但左右对称；清醒后，常伴有头晕、头痛、恶心或呕吐、失眠、耳鸣和记忆力减退等。

（2）处理方法：立即让患者平卧，不可坐起或立起，头部冷敷，注意保暖。对昏迷者可用手指掐点人中、内关等穴或给嗅闻氨水。呼吸障碍者，可施行人工呼吸，并立即送医院诊治。患者在恢复期，要保持环境安静，卧床休息，直至头痛、头晕症状消失。切忌过早地参加体育运动和脑力劳动。

（七）溺水

溺水是指被水淹的人由于呼吸道遇水刺激发生痉挛，收缩梗阻，造成窒息和缺氧。如果时间稍长，则会因缺氧而危及生命。

1．主要症状

窒息后，脸色苍白、眼睛充血、口鼻充满泡沫、四肢冰冷、神志昏迷、胃腹满水鼓起，直至呼吸、心跳停止。

2．处理方法

将溺水者救上岸后，应立即清除口腔内的异物，并进行倒水；及时进行人工呼吸；清醒后立即送医院进一步治疗。在运送途中密切观察溺水者情况，必要时继续进行人工呼吸。

人工呼吸法有多种，其中以口对口人工呼吸法和心脏胸外挤压法最有效。必要时口对口呼吸法和心脏胸外挤压法同时进行。急救者之间应密切配合，两者以 1:4 的频率进行。

（1）口对口人工呼吸法：松开衣领、裤带和胸腹部衣服，将溺水者仰卧，头部后仰，一手捏住鼻孔，一手托起下颌，并压住环状软骨（压迫食道）以防空气进入胃内。然后深吸一口气，缓缓吹入患者口中，吹气后将捏鼻子的手松开。如此反复并有节律地（吹 16～20 次/min）进行，直至患者自主恢复呼吸为止。

（2）心脏胸外挤压法：将患者仰卧在木板或平地上，急救者两手上下重叠，用掌根置于患者胸骨下段，肘关节伸直，借助于自身体重和肩臂部力量，适度用力下压（不能用力太猛，以防骨折），将胸骨下压 3～4cm 为度，随即松手（手不离开胸骨）使胸骨复原，如此反复有节律地（60～80 次/min）进行，直至心跳恢复为止。

第五章　运动处方

运动处方（exercise prescription）是早在20世纪50年代美国生理学家卡波维奇曾提出过的概念。1969年世界卫生组织（WHO）使用了运动处方（Prescribed exercise）术语，从而在世界上得到确认。

第一节　运动处方基本知识

一、运动处方的概念

关于运动处方的定义，各家学者表述不一，现列举几位中外专家的观点。

（1）运动处方是以获得个人期望的体力为目标，并以适应其体力现状所决定的运动的质和量。所谓“运动的质”，即耐力性运动中的运动种类；“运动的量”是指规定运动的强度、时间及频度。

（2）运动处方，是指符合个人状况所制定的运动程序。

（3）对从事体育锻炼者或病人，根据医学检查资料（包括运动试验及体力测验），按其健康、体力以及心血管功能状况，结合生活环境条件和运动爱好等个体特点，用处方的形式规定适当的运动种类、时间及频率，并指出运动中的注意事项，以便有计划地经常性锻炼、达到健身或治病的目的，即为“运动处方”（刘纪清、李国兰，《实用运动处方》，1991）。

通俗地讲，运动处方类似医生给病人开的医疗处方，由医生或体育工作者给锻炼者按其年龄、性别、健康状况，身体锻炼经历和心肺或运动器官的机能水平等，用处方的形式，规定适当的运动内容、锻炼方法和运动量的大小成为运动处方。

二、运动处方的分类

根据锻炼者的要求和锻炼目的、作用不同，可分为：

（1）健身、健美运动处方：以提高身体素质、运动能力、健美为主要目的。

（2）治疗性运动处方：以治疗疾病、提高康复效果为主要目的。

（3）预防性运动处方：以增强体质、预防疾病、提高健康水平为主要目的。

（4）竞技训练运动处方：以提高专业运动成绩为目的。

三、运动处方的内容

运动处方的内容包括参加运动者的一般情况、运动目的、运动项目、运动量、运动强度、运动时间、注意事项等。

（1）一般情况，主要是指锻炼者的姓名、年龄、性别、健康状况等。

（2）运动目的，是指锻炼者希望通过运动要达到的主要目的，如保持体力、预防疾病、减肥、健美等。

（3）运动项目，是给锻炼者建议的锻炼内容。健身运动尤其是中老年人的锻炼，一般采用的是有氧运动，即运动过程中能量的来源主要是有氧化。有氧运动的形式很多，如散步、慢跑、骑自行车、打太极拳、打门球等。

（4）运动量，是指一次运动机体所承受的负荷水平，如慢跑的距离等。运动量在运动处方中一般是每周逐渐递增的，增加的幅度要综合所选择的运动项目的难度、锻炼者的机能水平和运动基础来确定。

（五）运动强度，是单位时间的运动量，在健身运动中一般是用运动中所达到的最高心率来表示的。

（6）运动时间，包括一次运动的持续时间和每周运动的次数两个方面。

（7）注意事项，主要是告诉锻炼者在运动时要注意的问题，如出现何种情况要减少运动量或停止运动，出现何种症状要及时到医院进行必要的体格检查等。

四、运动处方的特征

（一）以健康为目标和出发点

人人都希望自己体质强健，但迄今为止，人们对体质的内涵和增强体质途径的认识还不一致。有些人认为灵丹妙药和山珍海味就可以永葆身体健康，对于运动锻炼不屑一顾；也有人认为，只要经常运动就可以保持健康的体质。但事实却并非如此。众所周知，历史上靠吃灵丹妙药以求长生不老的帝王不在少数，但真正长寿的却寥寥无几。在传统的一隅锻炼中，人们往往注重的是运动的文化形式，只是在模仿和学习“动作”，对体育锻炼的效果却知之甚少。有些人因锻炼不当损害了健康还茫然不知，有些人则将体育锻炼与竞技比赛混为一谈。

健身锻炼和竞赛锻炼的自身目的在于通过肌肉活动不同程度地促进人体机能能力的提高。竞技锻炼是对人体某些特定机能极限的挑战，竞技运动的世界纪录代表了一定时期人们某种能力的上限。健身锻炼则是对人体达到理想健康状态的适应性训练。人们参加运动有各种不同的目的和需要，如为了健康身体、为促进身体的发育、为愉悦心境、开发智力等。但不论何种目的的运动，只要是身体运动，就必须涉及运动的强度、时间、类型、频度和持续的周期等。这些是构成运动处方的基本要素，而这些要素的实施，必须根据运动的目的和个人身体状况的不同，采取不同的运动种类。

（二）具有科学性和针对性

运动处方是利用科学的理论和方法来合理地指导锻炼者增强体质，具有针对性和非随意性的特点。漫不经心的随意运动不利于增进健康，要想通过体育锻炼来健身，就必须按照有科学依据的运动处方来进行锻炼。运动处方很像医生为病人开的药方，一是选配锻炼的项目，二是给各个项目科学定量。要求选用简便可行、效率性高的运动项目，根据每个健身者的特点确定自己的运动负荷量。

运动处方同时还有着很强的科学性。运动处方是随着体质研究的深入产生的。在这里还应该明确指出，体育学与医学对人类身体健康的关注侧重点不同。医学注重于治疗，或以免疫的方法防治疾病，或以卫生保健的方法恢复人体健康；体育学的重点是，采用运动锻炼加合理的饮食营养及良好的生活习惯的方法增强人体的体质，提高机体抗病能力，积极保护健康人的身体，预防疾病的发生。体育学是在医学的基础上对人类体质的进一步研究，所以我们论述的运动处方有一个适用范围，这个范围是根据健康与体质的统一体来制定的。通过体质测试，每个人都可以找到自己所在统一体的位置。如果所定的健身目标脱离了自己的体质基础，就会进入临界区，需要接受医务监督和医生治疗。

第二节　如何制定运动处方

一、制定运动处方的步骤

（一）确定锻炼目标

锻炼目标是具有不同身体状况和运动需要的个体进行处方锻炼的运动目的。它具有主观和客观的双重特点。主观性表现为对运动的意向、愿望和兴趣，是以情绪为核心的主观意愿需要。而客观性则更多的是由于健康状况、疾病程度等身体客观产生的需求，把运动作为满足机体健康需要的一种手段，对运动的需要是间接的，是以理性为主的、被动客观的。来自主观的需要对运动目的具有较强的驱动作用，是运动目的的直接动因。来自主观的需要是运动目的的定向因素，对运动起着定性、定向或选择作用。两者既相互影响、相互制约，又相互依存、相互促进。

在以增进健康、增强体质为目的的运动处方中，也存在着不同的情况，有的人为了提高全身耐力水平（有氧运动能力）而锻炼，有的人为了减肥而锻炼，还有的人为了治疗糖尿病、关节炎等疾病而锻炼，这些都属于确定身体锻炼目标的范畴。

对于一般大学生来说，在多个锻炼目标中，应以提高耐力水平（心血管机能）为主。确定目标时，要注意为了健身而进行运动锻炼，不可无止境地追求运动技术与运动能力的高水平，这一点与运动员的目标明显不同。概括起来运动处方的运动目标有四类：健美、强身健体、保健、康复。

（二）选择运动项目

为了取得全面身体锻炼的效果，正确选择适应个体状况的运动项目是很重要的。根据不同的运动特征，可以将运动项目分为许多类型。现代运动处方应包括以下三种主要类型：

（1）有氧耐力性运动。

（2）抗阻力性力量运动。

（3）伸展柔韧性运动。

根据运动目的和身体的具体情况，选择三种类型的比例应有不同的侧重。有氧耐力性运动主要是改善和提高人体的有氧工作能力，这类运动有步行（慢步、快步、定量步行及竞走）、慢跑（或健身跑）、走跑交替、自行车、活动平板运动、有氧舞蹈、健美操、不剧烈的球类运动等。

运动处方中的运动项目是为了增强体质而选用的。在健身运动中，要避免使用高难度、大负荷的竞技运动项目。运动并不是消除压力的最佳治疗剂，它只对在通常压力下的人具有治疗作用。

假如处在极度的情绪压力状态中，千万不要运动。所谓情绪压力，是指一个人遭逢重大变故，如亲人不幸死亡、工作被辞退等原因而情绪处于极度不安。假如健康不佳，就不能做竞赛性运动，充其量只能做中等强度的运动。这不是说，在恢复健康的过程中不能做任何竞赛性运动，而是说因该分外谨慎，不要把较量技术水平高低的竞技运动与增强体质的健身运动混为一谈。

因此，要把选择运动项目与确定锻炼目标结合起来。个人喜欢但健身作用不大的运动，就应该在运动处方单上予以删除。

（三）确定运动强度、时间和额度

人体对运动会产生所谓的适应性反应。例如，一个人用 60%的速度跑完 1000m 后感到很累，锻炼一个月后再跑就感觉很轻松了。这就是人体会产生的适应性反应，这种反应会因为运动方法的不同而产生不同的效果。比如说，反复进行强烈用力的运动，肌肉就会变粗，肌肉力量就会增强，而反复进行长跑训练，则可增强心肺等呼吸和循环系统的功能，可以摄入更多的氧气量。

为了长期都拥有好的锻炼效果，需要运用“超量负荷的原理”。人体在运动作用下会产生适应性，这个原理就是根据人体在运动中产生的适应性反应来不断调整运动量的。调整的标准是，使人在运动中运动量引起人体生理反应的心率指标达到 120～140 次/min 的范围（这个范围是健身锻炼中最佳的负荷量）。如果心率达不到这个指标，无论重复训练多少次，有不会引起身体产生良好的变化。

所以在制定运动处方的时候，运动项目、强度、时间和频率等方面如何进行搭配，怎样搭配才会产生最佳的效果，这是一个很大的问题。此外，还应该考虑实际从事运动锻炼者的年龄、体力、性别以及生活环境等个体之间的差异，要因人而异。

二、运动强度的确定

在运动强度、时间和频率这三个因素中，以个人最大摄氧量为基准，可以算出耐力运动中所需氧量占最大摄氧量的百分比，因此即可确定运动强度。

（一）根据心率来确定运动强度

心率是现实运动时身体运动的程度，它可以通过脉搏测出。锻炼者按照自己的要求来设计健身运动，无论男女老少，都可以采用心率确定运动程度进行锻炼。从人体内部而非人体外部情况就可判断出锻炼效果的好与坏，最可靠的指标就是心率。例如，如果锻炼者始终都可以轻松的运动，那么心率将会比较低；如果进行激烈大力的运动，那么心率指标

必定会上升；如果显示心率指标一直都很低，那么表示人体长时间并未参加过激烈的锻炼。要想提高心率，就要适当的增加运动量。经过研究和实践，科学家已得出了身体状况完好的人在各种心率下的运动持续时间，为确定健身运动负荷强度提供依据。

运动强度是运动处方中决定运动量的最主要的因素。运动强度分为绝对强度和相对强度两大类。过去锻炼者的运动处方多使用前者，现在后者在运动中的使用变得越来越广泛。下面就这两种运动强度作简要介绍

（1）绝对强度。在制定运动处方的时候，采用绝对强度作为强度设定的优点是简单易懂，而且利用它可以评价绝对体力指标。例如，以 60m/min 的速度步行 30min，在这个运动处方里，运动开始时的平均心率是 120 次/min，经过数月的锻炼后，心率减少到 100 次/min，当初开始运动时喘不过气来的现象慢慢消失了，像这样在任何时候都可以进行评价。但是，采用绝对强度作为强度设定也有它的缺点，它完全忽视了个人的体力和运动的特点。同样是以 60m/min 的速度行走，其身体负担却是因人而异的。对于体力强的人，该强度的运动算低强度，而对于体力较弱的人来说，此强度也许已经过大，甚至有可能引起危险，因此，在这方面必须严格注意，并进行必要的控制。

（2）相对强度。相对强度是按照个体各自的体力来对运动强度进行设定的。相对强度常用个人的最大摄氧量百分比或者用最大心率的百分比来表示。但是在运动时测定最大摄氧量和心率都比较困难。在这种情况下，依靠主观的感觉，掌握运动中身体的主观运动强度来进行强度的设定，这种方法比较简单。如表 5-1 所示为主观运动强度的测定表。

表 5-1　主观运动强度测定表

主观运动强度	主观运动感觉	相对强度（%）	相应心率（次/min）
6	安静	0.0	70
7	非常轻松	7.1	
8		14.3	
9	很轻松	21.4	90
10		28.6	
11	轻松	35.7	110
12		42.9	
13	稍费力	50.0	130
14		57.2	
15	费力	64.3	150
16		71.5	
17	很费力	78.6	170
18		85.8	
19	非常费力	95	195
20		100	最大心率

在这个主观运动强度栏中，6～20 的 15 个点上每一个单数各有不同的运动感觉特征，这 9 个运动感觉特征都具有相应的分值，各点数值乘以 10 以后的得数，正常的情况下应与达到该点的心率指标大体一致。如果锻炼者的运动感觉得分在 12～15min 之间，则说明运动强度是合理的，否则说明运动强度并不是很合理。

（二）运动时间

运动时间是指每次运动持续的时间，使组成运动量的重要因素。在持续的周期性运动中，运动时间乘以运动强度就是运动量。因此，运动时间依运动强的变化而变化。即使对运动量相同的运动处方，由于运动的种类不同，强度和时间在处方上是也是不同的。

一般来说，耐力运动（有氧训练）可自 15min 到 1h，其中达到适宜心率的时间必须在 5min 以上。医疗体操持续的时间应该视具体情况而定。运动中应常有短暂的休息。计算运动量要注意运动的密度，并同时要把运动休息的时间扣除掉。

运动强度和运动时间决定运动量，运动强度与持续时间的关系如表 5-2 所示。运动量确定以后，运动强度增大时，持续时间就应相应较短。采用同样运动量时，年轻和体质好的人应选择运动强度大，持续时间短的运动项目；中老年及体质弱的应选择运动强度小而持续时间长的运动项目。

表 5-2 运动强度与持续时间的关系

运动量	运动时间				
	5min	10min	15min	30min	60min
	运动时吸氧量占最大吸氧量的百分比（%）				
小	70	65	60	50	40
中	80	75	70	60	50
大	90	85	80	70	60

（三）运动频率

运动频率即为每日或每周运动的次数。体育锻炼的效果是在每次运动对人体产生的良好作用的逐渐积累中显示出来的，所以要求经常锻炼，或根据不同的运动目标来实施一定周期的运动计划，不能只凭一时的兴趣。

一般每日或隔日运动一次为较好频率，但应视运动量的大小而定。运动量较大时，休息间隔时间应稍长些。当运动量较小时，休息的时间间隔应短些。

（四）运动次数

有人研究观察到：当每周锻炼多于 3 次时，最大摄氧量的增加逐渐趋于平坦；当锻炼次数增加到 5 次以上时，最大摄氧量的提高就很小，而每周锻炼少于 2 次时，通常不引起改变。因此，每周锻炼 3～4 次时最适宜的频率。但由于运动效应和蓄积的作用，时间不宜超过 3 天。作为一般的健身保健方法，坚持每天锻炼当然更好。

三、运动处方的格式

根据不同需要制定不同的格式。但在运动处方中，必须同时指出，禁止参加的运动项目、锻炼时的处方监督指标以及出现异常情况时停止运动的准则等。如表 5-3、5-4 所示分别为运动处方格式的正面与背面，以供广大读者参考。

表 5-3　运动处方格式举例（正面）

运动处方

姓名：　　　　　　　　性别：　　　　　　年龄：

健康状况：

功能检查：项目　　　　　　（任选一项）20 次/30s　　蹲起

30 次/30s　　下蹲　　　　二阶梯　　　　哈佛梯

功率自行车　　　　　　活动平板等

结果：

运动内容：

运动时最高心率：（次/min）

每次运动持续时间：　　　　　　　　每周运动次数：

注意事项：　　　　　　　　　　　　禁忌运动项目：

自我监督项目

复查日期

医生或教练员签名　　　　年　　　　月　　　　日

签名：________

表 5-4　运动处方格式举例（背面）

日　期	运　动　情　况	身　体　反　应　状　况

四、运动处方实用示例

运动处方实用示例如表 5-5 所示。

表 5-5　癌症病人运动处方

锻炼目的		康复锻炼、提高机体免疫力、增强体质
运动种类		1．步行与慢跑为主项（走速：100~120 步/min　跑速：150m/min） 2．健身操：老年迪斯科、肌力练习 3．保健太极功；太极拳
运动强度		最大心率的 65%~85%；或 50%~80%VO2max。即心率维持在 110~140 次/min
运动时间及强度		15~30min/次，使强度心率持续 12min 以上；3~5 次/周；或隔日一次
锻炼方法	第一周	（持续跑 50 步+快走 50 步）×5~10（即第一天进行 5 组，逐日增加一组，下同）
	第二周	（持续跑 80 步+快走 40 步）×5~10
	第三周	（持续跑 110 步+快走 30 步）×5~10
	第四周	（持续跑 140 步+快走 20 步）×5~10
	第五周	（持续跑 170 步+快走 10 步）×5~10
	第六章	（持续跑 200 步+快走 10 步）×5~10

第六章　田径运动

田径运动是由田赛和径赛、公路赛、竞走和越野赛组成的运动项目。它包括了人们走、跑、跳、投等基本活动方式，因此很容易被人们接受和掌握。目前，它是世界上最为普及并易于开展、推广的体育运动项目之一。

第一节　田径运动基本知识

一、田径运动的起源与发展

远在上古时代，人们为了获得生活资料，在和大自然与禽兽的斗争中，需要走或跑相当长的距离，跳过各种障碍，投掷石块并使用各种捕猎工具。人们在劳动生产中不断重复这些动作，便形成了走、跑、跳跃和投掷等各种技能。这便是田径运动的雏形。随着社会的发展，人们有意识地把走、跑、跳跃和投掷作为娱乐和比赛的形式。公元前 776 年，第一届古奥运会在古希腊奥林匹克村举行，田径运动成为正式比赛项目。1896 年在古希腊举办的第一届现代奥运会将走、跑、跳跃、投掷等田径运动列为主要的竞赛项目。

百余年来，世界各国的田径运动定义大同小异，对田径运动的称呼也不一致，但是，田径运动内容基本相同。田径运动是由人们进行竞技和锻炼身体的走、跑、跳跃、投掷等身体练习组成。通常把在田径场跑道上或自然环境中进行竞技和锻炼身体的走和跑等身体练习称为径赛项目；把在田径场中间或临近场地上进行竞技和锻炼身体的跳跃和投掷等身体练习称为田赛项目。田径运动以发展和表现人们的体能为主，同时以众多的单个项目的不同技术体现出田径运动独特的体育技艺。虽然它包括了竞走、各种奔跑、跳跃、投掷及全能等项目，且各个项目都有自己的技术特点，但是人们还是以多年传统的习惯把它概括起来统称为“田径运动”。

随着田径运动的广泛开展和普及，越来越多的人们开始从事田径运动的锻炼，以增强体质。现代奥运会不断增加田径运动的男、女竞赛项目，使女性享有和男子同样锻炼和比赛的权力。到目前为止，列入奥运会比赛的田径项目已达到 46 项（还有 30 余项没有列入），田径运动已成为各项体育运动中项目最多的一项体育运动。现代奥运会使现代田径运动得到了迅猛的发展。

二、田径运动的特点

田径运动的特点主要有以下几个：

（1）田径运动设备简单，容易开展；运动量可大可小，参加者不限年龄、性别。

（2）田径运动具有激烈的竞争性。田径运动员们需要相互竞争，不断刷新纪录，创造好的成绩。

（3）田径运动具有严格的技术性。运动中只有采用科学的技术方法，协调各运动器官，发挥最大潜能，才能达到最佳的运动效果。

三、田径运动的项目和分类

田径运动分为田赛、径赛和全能项目。田赛主要指跑道内部进行的，以高度和远度计算成绩的比赛项目；径赛主要指在跑道或公路上完成的，以时间计算成绩的比赛项目。田径运动的项目及分类如表 6-1 所示。

表 6-1　田径运动项目分类表

项目类别		男子项目	女子项目
径赛项目	短跑	100m、200m、400m	100m、200m、400m
	中长跑	800m、1500m、5000m、10000m	800m、1500m、5000m、10000m
	接力跑	4×100m、4×400m	4×100m、4×400m
	跨栏跑	110m 栏、400m 栏	100m 栏、400m 栏
	障碍跑	3000m 障碍	3000m 障碍
	马拉松	42.195km	42.195km
	竞走	20km、50km	20km
田赛项目	跳跃	跳高、撑杆跳高、跳远、三级跳远	跳高、撑杆跳高、跳远、三级跳远
	投掷	铅球、铁饼、标枪、链球	铅球、铁饼、标枪、链球
全能项目		十项全能：（100m、跳远、铅球、跳高、400m、110m 栏、铁饼、撑竿跳高、标枪、1500m）	七项全能：（100m 栏、跳高、铅球、200m、跳远、标枪、800m）

第二节　竞走

竞走是两脚交替向前迈进，并与地面保持不间断接触的周期性运动。竞走的速度快、距离长，在技术动作上有专门的规则要求。

一、竞走的比赛规则

（1）竞走比赛的两个核心规则：①竞走运动员必须始终保持至少有一只脚与地面接触；②前腿从着地的一瞬间起直到垂直位置，必须始终伸直，膝关节不能弯曲。

（2）比赛中有 6～9 名专职的竞走裁判员监督运动员。按规则规定，他们不能借助任何设备帮助判断，只能依靠自己的眼睛来判断运动员是否犯规。

（3）当竞走裁判员看到竞走运动员的动作有违反竞走技术的迹象时，应予以黄牌警

告，并在赛后报告给主裁判。

（4）当运动员的行进方式违反竞走技术的规定，表现出肉眼可见的腾空或膝关节弯曲时，竞走裁判员须将一张红卡送交竞走主裁判。

（5）当竞走主裁判收到针对同一名运动员的三张来自不同竞走裁判员的红卡时，该运动员即被取消比赛资格，并由主裁判或主裁判助理向其出示红牌。

二、竞走的基本技术

竞走的基本技术如图 6-1 所示。

图 6-1　竞走

竞走的动作要领如下：

（1）身体与地面垂直，上体保持正直，目视前方，颈部放松。

（2）支撑腿完全伸直，全脚掌着地，身体重心落于支撑腿上。

（3）迈步腿屈膝前摆，同时，迈步腿同侧骨盆沿身体纵轴向前转动，两臂顺势前后自然摆动。

（4）当身体重心前移超过垂直位置时，支撑腿用力后蹬，由全脚掌着地过渡到脚尖着地。

（5）同时，迈步腿膝关节伸直，小腿前摆，脚跟着地，成双脚支撑姿势。

（6）迈步腿膝关节保持伸直，由脚跟着地过渡到全脚掌着地，身体重心移至迈步腿。

（7）支撑腿迅速蹬离地面，转入前摆。

第三节　跑类运动

跑是人体水平位移的一种基本运动形式，是单脚支撑与腾空相互交替、蹬与摆相互配合的周期性运动。

一、比赛场地及器材

（一）径赛场地

（1）场地：国际标准的径赛场地为 400m 半圆式田径场，其跑道由两段相等并平行的直段和两段半圆弯道组成，半圆的外沿直径为 36.5m。

（2）跑道：每条跑道宽 1.22m（包含右侧分道线），分道线宽 5cm。

（3）分道编号：从左手最内侧分道开始，从内向外依次为第 1～8 号跑道。

（4）跑进方向：左手靠内场，按逆时针方向进行。

（5）接力跑中，各跑段分界线的前后各 10m 为接力区，未到达接力区前有 10m 的预跑区。

（6）径赛各项目起点如图 6-2 所示。

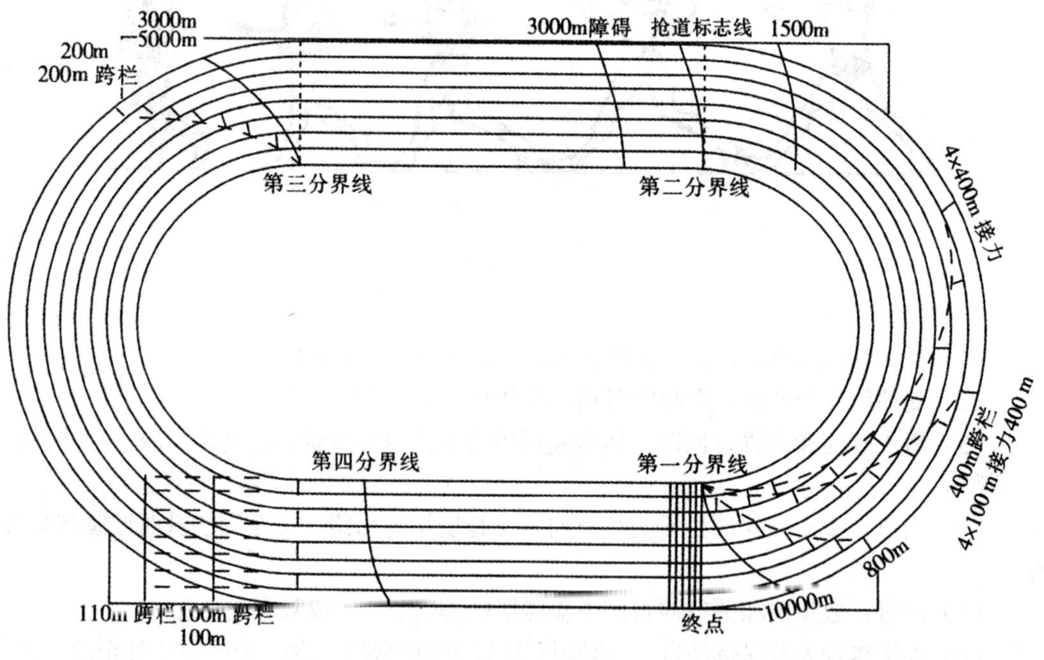

图 6-2　径赛场地

（二）起跑器

图 6-3　起跑器

起跑器主要包括两块倾斜的抵脚板，供运动员起跑时蹬踏，如图 6-3 所示。两抵脚板中轴之间距离为 10～15cm；前后抵脚板与地面的夹角分别为 40°~45° 和 70°~80°；前后抵脚板的距离可以调整，通常为一脚半长。

二、跑步比赛规则

（1）名次判定：参赛运动员的名次取决于其身体躯干（不包括头、颈、臂、腿、手或足）抵达终点线后沿垂直面为止时的顺序，以先到达者名次列前。

（2）起跑：400m 及 400m 以下(包括 400×100m、400×400m 接力的第一棒)各径赛项目，必须采用蹲踞式起跑及起跑器。400m 以上径赛项目采用站立式起跑。

（3）起跑犯规：①在枪声响起前有任何起跑动作，均属起跑犯规。除此之外，在“各就位”口令发出后，以声音或动作扰乱他人，也应判为起跑犯规；②对第一次起跑中犯规的运动员应给予警告，之后每次起跑中犯规的运动员均将被取消该项目的比赛资格（除全能项目之外）。

（4）分道跑：①在分道跑和部分分道跑径赛项目中，参赛者越出跑道，获得实际利益或冲撞、阻碍其他参赛者，将被取消比赛资格；②在 800m 和 4×400m 接力赛中，运动员通过抢道标志线以后才能离开自己的跑道，切入里道。

（5）接力跑：①运动员必须手持接力棒跑完全程，如发生掉棒，必须由掉棒运动员捡起；②接力棒的传递必须在接力区内进行；③运动员在接棒之前和传棒之后，应留在各自分道或接力区内，直到跑道畅通，如果运动员跑离所在位置或跑出分道、故意阻碍其他接力队员，则取消该接力队的比赛资格。

三、跑步的基本技术

（一）短跑

短跑可分为起跑、起跑后加速跑、途中跑和终点跑四个阶段。

1．起跑

起跑必须采用蹲踞式起跑，并使用起跑器。蹲踞式起跑包括“各就位”、“预备”和“鸣枪”三个阶段。动作要领如下：

（1）“各就位”：听到“各就位”口令后，走到起跑线前，屈体下蹲，两脚依次踏在起跑器抵脚板上，有力腿在前，后膝跪地；两手四指并拢，与拇指成八字形张开，虎口向前，支撑于起跑线后沿处；两手间距离比肩稍宽，两臂伸直，颈部放松，目视前下方 40～50cm 处，如图 6-4a 所示。

（2）“预备”：听到“预备”口令后，臀部平稳抬起，与肩同高或略高于肩，肩部略超出起跑线，重心置于两臂和前腿上，两脚紧贴起跑器抵脚板，集中注意力，如图 6-4b

所示。

（3）“鸣枪”：听到枪声后，两手迅速推离地面，两臂屈肘有力做前后摆动，两脚用力蹬离起跑器，后腿迅速屈膝向前上方摆出，前腿快速有力地蹬伸髋、膝、踝三个关节，以较大的前倾姿势把身体向前推进，如图 6-4c 所示。

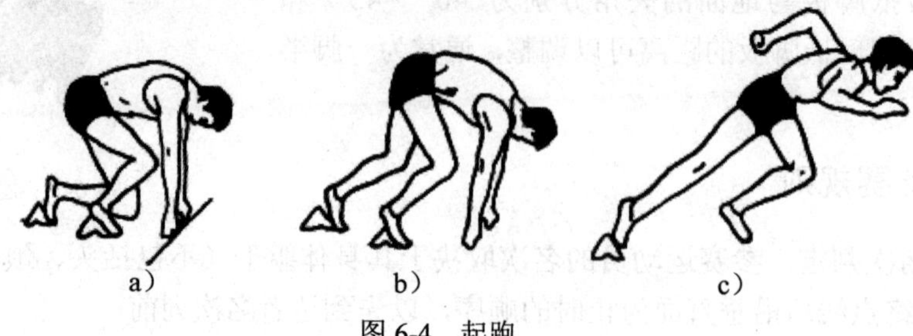

图 6-4　起跑

2．起跑后加速跑

起跑后加速跑是从后腿蹬离起跑器到途中跑之间的一个跑段，距离一般约 为 25～30m。动作要领如下：

（1）两臂用力加速摆动，摆幅加大；摆动腿用力上抬向前摆动，支撑腿用力向后下方蹬伸，上体保持较大幅度前倾。

（2）步长逐渐加大，步频加快，上体逐渐抬起过渡到途中跑姿势。

3．途中跑

途中跑是短跑全程中距离最长、速度最快一段。途中跑的基本技术如图 6-5 所示。

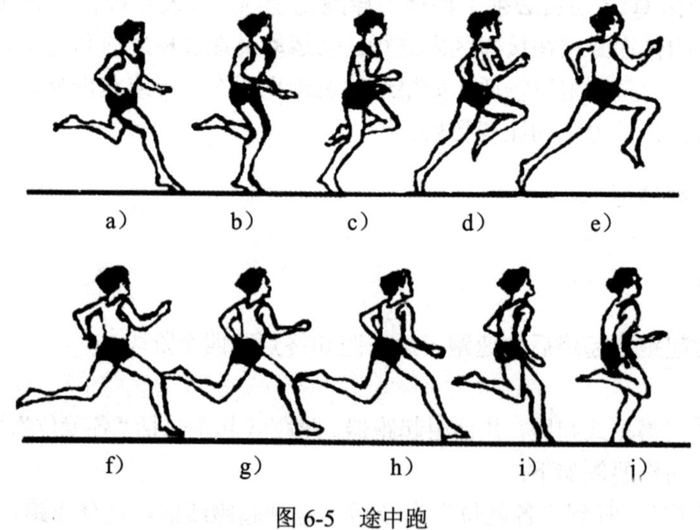

图 6-5　途中跑

动作要领如下：

（1）头和上体保持正直或稍前倾，两臂屈肘，以肩为轴前后协调摆动。

（2）摆动腿大腿高抬，积极前摆，带动同侧髋向前转动。

（3）当身体重心前移超过垂直位置后，支撑腿快速有力蹬伸髋、膝、踝关节，推动身体向前，当支撑腿蹬离地面，身体进入腾空状态。

（4）支撑腿小腿随蹬地后惯性向大腿靠拢，大小腿成折叠姿势，原支撑腿转为摆动腿，用力前摆。

（5）同时摆动腿大腿积极下压，小腿自然前伸，以前脚掌向后扒地，此时摆动腿转为支撑腿。

在途中跑经过弯道时，应采用弯道跑技术。

（1）经过弯道时，身体应有意识地向圆心倾斜，加大右侧腿、臂的摆动力量和幅度。

（2）两腿摆动时，右腿膝关节稍向内扣，以脚掌内侧蹬地；左腿膝关节稍向外展，以脚掌外侧蹬地。

（3）两臂摆动时，右臂前摆稍向左前方，后摆时肘关节稍偏向右后方；左臂摆动稍离开躯干。

4．终点跑

终点跑是全程跑的最后一段，短跑的终点跑距离一般为终点线前 15～20m。

动作要领：上体前倾，两臂用力加速摆动，大腿抬高向前迈步，频率加快；距终点线约一步时，上体急速前倾，用胸部或肩部触压终点线，跑过终点。

（二）中长跑

中长跑的技术动作与短跑基本相同，下面仅介绍中长跑需注意的技术要点。

1．起跑

中长跑采用站立式起跑，分为“各就位”和“鸣枪”两个阶段，如图 6-6 所示。

（1）“各就位”：两腿前后开立，有力脚在前，全脚掌着地，脚尖紧靠起跑线后沿，后脚脚尖着地；上体前倾，两膝弯曲；有力脚异侧臂置于体前，同侧臂放于体侧；身体重心落于前脚，目视前下方 3～5m 处，保持稳定姿势，如图 6-6a 所示。

（2）“鸣枪”：听到枪声后，两腿用力蹬离地面，后腿蹬地后迅速前摆，前腿蹬直，两臂用力加速摆动，使身体快速向前冲出，如图 6-6b 所示。

a）　　b）

图 6-6　站立式起跑

2．起跑后加速跑

中长跑的起跑后加速跑与短跑技术基本相同，不同的是上体前倾幅度和蹬摆力度稍小。加速跑的距离需根据项目、参加人数、个人训练水平和战术要求等情况而定。

3．途中跑

中长跑的途中跑与短跑技术相比，动作幅度略小，脚着地柔软而有弹性，一般由脚跟着地过渡到脚尖着地，跑步过程中保持匀速而有节奏。

4．终点跑

终点跑的距离需根据自己的体力情况、战术要求和临场情况而定，一般为到达终点前的 100～200m。

5．中长跑的呼吸

中长跑体力消耗大，对氧气的需求量较大，因此呼吸时要有一定的频率和深度，并与跑步的节奏相配合，一般为 2～3 步一呼，2～3 步一吸。

随着疲劳的出现，呼吸的频率会有所增快，此时应注意深呼气，以充分呼出二氧化碳，吸进大量新鲜氧气。

（三）接力跑

接力跑是由短跑和传接棒组成的集体项目。

1．起跑

（1）持棒起跑：第一棒运动员起跑时，需一手持棒，采用蹲踞式起跑。常用的持棒方法是用右手的中指、无名指和小指握住棒的末端，拇指和食指分开撑地，如图 6-7 所示。

图 6-7　接力起跑持棒方法

（2）接棒人起跑：接棒人采用站立式起跑。接棒人站在预跑区内或接力区后端，头转向侧后方，注视传棒人和标志线，当传棒人到达标志线时，迅速起跑。

2．传接棒的方法

传接棒的方法一般有上挑式和下压式两种。

（1）上挑式：接棒人手臂自然向后伸出，掌心向后，四指并拢，虎口张开朝下。传棒人将棒由下向上挑，送入接棒人手中，如图 6-8 所示。

（2）下压式：接棒人的手臂后伸，掌心向上，拇指向内，其余四指并拢向外，虎口张开朝后。传棒人将棒的前端由上向前下压，放入接棒人手中，如图 6-9 所示。

图 6-8　上挑式　　　图 6-9　下压式

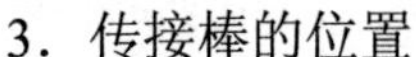

3．传接棒的位置

接棒人起跑后，与传棒人先后跑进接力区，传棒人距接棒人约 1.5m 时，发出接棒信号，将接力棒迅速传给接棒队员。

第四节 跳跃类运动

田径运动中的跳跃项目，是运用人体自身的能力（或同时借助一定的器材，如撑竿），通过一定的运动形式，使人体跳过尽可能高的高度或尽可能远的距离的运动。

一、比赛场地及器材

（一）跳高场地及器材

（1）助跑道：呈扇形，长度不限，最少为 15m。

（2）落地区：跳高落地区的长至少为 5m，宽为 3m。

（3）跳高架：有足够的高度，须配有稳定放置横杆的横杆托，两立柱之间距离为 4.00～4.04m。

（4）横杆：跳高横杆全长为 4m（±2cm），最大重量为 2kg。

（二）跳远场地及器材

（1）助跑道：助跑道的长至少为 40m，宽为 1.22m。

（2）起跳板：起跳的标志，长 1.22m，宽 0.2m，一般用木料制成，漆成白色。

（3）起跳线：指起跳板靠近落地区一侧的边沿。

（4）落地区：宽 2.75～3m，跳远起跳线至落地区远端的距离全少为 10m，落地区内应填充湿沙，沙面与起跳板齐平。

（5）橡皮泥显示板：位于起跳板前，用来帮助裁判员判断运动员是否犯规。

二、跳跃类运动的比赛规则

（一）跳高比赛规则

跳高比赛中，有下列情况之一，即被判为犯规：

（1）使用双脚起跳。

（2）由于运动员的试跳动作致使横杆未能停留在横杆托上。

（3）在越过横杆之前，身体触及立柱前沿垂直面以外的地面或落地区。但如果裁判员认为运动员并没有受益，则不应由此而判该次试跳失败。

（4）试跳时，运动员有意用手或手指把即将从横杆托上掉下的横杆放回。

（二）跳远比赛规则

跳远比赛中，有下列情况之一，即被判为犯规：

（1）运动员以身体任何部位触及起跳线之前的地面。

（2）从起跳板两端之外起跳，无论是否超过起跳线的延长线。

（3）触及起跳线和落地区之间的地面。

（4）在落地过程中触及落地区以外的地面，而落地区外的触地点较落地区内的最近触地点更靠近起跳线。

（5）在助跑或跳跃中采用任何空翻姿势。

（6）运动员在试跳通知发出前进行试跳，不论成功与否，都被判为试跳失败。

三、跳跃类运动的基本技术

（一）跳高

跳高技术种类较多，目前较为常用的是背越式跳高技术。背越式跳高可分为助跑、起跳、过杆和落地四个阶段。

1．助跑

背越式跳高的助跑分直线跑和弧线跑两个阶段，助跑路线如图 6-10 所示。

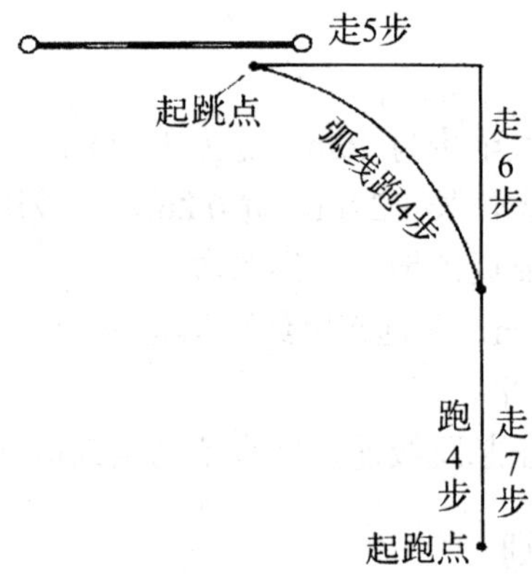

图 6-10　助跑路线图

助跑的动作要领如下：

（1）直线助跑一般为 4～5 步加速跑，两腿后蹬和前摆的幅度较大，身体重心较高，动作轻松、自然、有弹性。

（2）弧线助跑一般为 4～5 步，助跑时身体略向圆心倾斜，脚落地时由脚跟过渡到前脚掌，摆臂与弯道途中跑相似。倒数第二步，步幅稍大，用全脚掌着地；最后一步稍小，速度较快，准备起跳。

2．起跳

起跳的动作要领如下：

（1）背越式跳高以远离横杆的腿为起跳腿，向身体对侧迈出，踏上起跳点，以脚跟外侧着地，迅速过渡到全脚掌，屈膝缓冲，身体向起跳腿一侧倾斜，如图 6-11a～d 所示。

（2）摆动腿大腿积极向前上方摆至水平位置，小腿自然下垂，身体转为正直，如图 6-11e 所示。

（3）摆动腿屈膝内扣，向异侧肩上方摆动，并带动髋部向内转动，起跳腿迅速蹬伸髋、膝、踝关节，完成起跳动作，如图 6-11f～g 所示。

3．过杆和落地

过杆和落地的动作要领如下：

（1）保持起跳腿蹬伸，躯干充分伸展；上体转动成背对横杆，起跳腿自然下垂，如图 6-11h～j 所示。

（2）当头和肩越过横杆后，迅速沉肩，两臂置于体侧，髋关节向上挺起，形成“背弓”，两膝自然弯曲，小腿自然下垂，如图 6-11k～n 所示。

（3）当髋关节过杆后，大腿向上摆动，小腿上踢，使整个身体过杆，如图 6-11o～r 所示。

（4）两肩继续下潜，含胸收腹，自然下落，以肩部领先着垫。

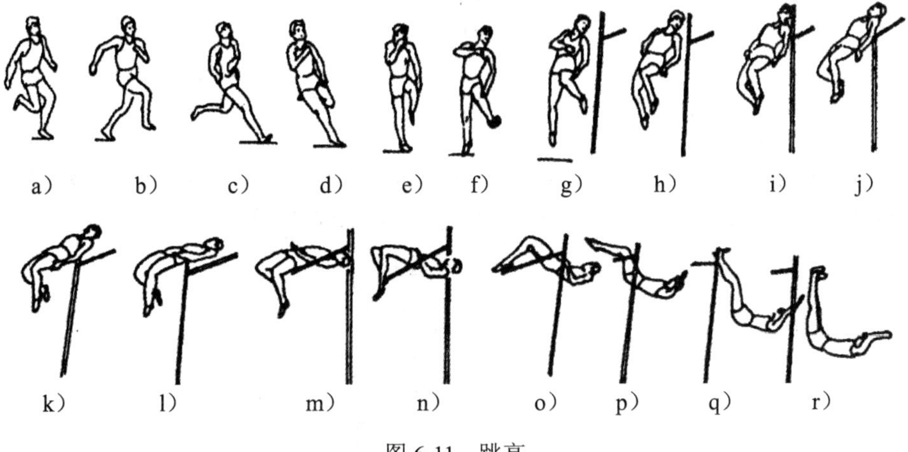

图 6-11 跳高

（二）跳远

跳远可分为助跑、起跳、腾空和落地四个阶段。

1．助跑

助跑距离一般为男子 35～45m，女子 30～35m。动作要领如下：

（1）原地站立或行进中起动开始助跑，上体前倾、大腿积极摆动，后蹬充分，摆臂有力。

（2）助跑途中上体逐渐抬起，腿和手臂加速用力摆动，加快助跑速度，重心较高、身体平稳、节奏性强。

（3）助跑几步步频加快，保持较高的身体重心和较快的助跑速度，准备起跳。

2．起跳

起跳动作是从助跑最后一步摆动腿后蹬开始，至起跳腿蹬离地面结束。动作要领如下：

（1）助跑最后一步，摆动腿用力蹬地，使身体尽快向起跳板方向运动。起跳腿快速前摆，大腿积极下压，踏上起跳板，由脚跟过渡到全脚掌着地。

（2）起跳腿着地瞬间，髋、膝、踝关节被迫弯曲缓冲；同时，身体重心前移，起跳腿快速用力蹬伸，摆动腿大腿积极向前上方摆至水平位置，小腿自然下垂。

（3）起跳腿同侧臂屈肘向身体前上方摆动，异侧臂屈肘向体侧摆动，提肩、拔腰，向上顶头，如图 6-12 所示。

图 6-12 起跳

3．腾空

动作要领如下：

（1）起跳腿蹬离地面后，上体正直，摆动腿保持起跳时水平姿势，小腿自然下垂，起跳腿自然弯曲留在体后，形成空中的跨步飞行，如图 6-13 所示。

图 6-13 腾空步

（2）腾空的姿势分为蹲踞式和挺身式。

1）蹲踞式：接近腾空最高点时，起跳腿屈膝上提，与摆动腿并拢，双腿屈膝，大腿靠近胸部，上体稍前倾；两臂由前向下、向后摆动；落地前，两小腿向前伸出，准备落地，如图 6-14 所示。

图 6-14　蹲踞式腾空

2）挺身式：腾空后，摆动腿自然放下，小腿向后下方做弧形摆动；两臂向下、经体侧向后上方摆动；摆动腿与起跳腿并拢，髋部向前，胸、腰前挺，头、肩后展，成挺身展体姿势；落地前，两臂由后上方经体前、向后摆动；同时两大腿上抬，收腹举腿，上体前倾，小腿前伸，准备落地，如图 6-15 所示。

图 6-15　挺身式腾空

4．落地

动作要领（如图 6-16 所示）如下：

（1）小腿尽力前伸，脚跟首先触地，前脚掌下压，两腿迅速屈膝缓冲。

（2）两臂屈肘前摆，身体向前或向侧方倒。

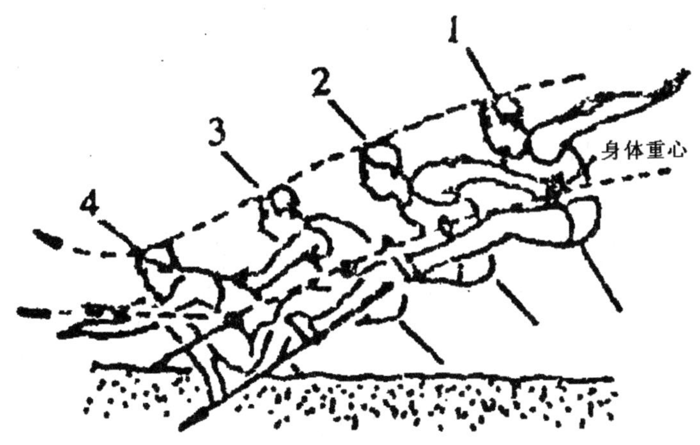

图 6-16　跳远落地

第五节　投掷类运动

投掷是人体运用自身的能力，通过一定的运动形式，将手持的规定器械掷出尽可能远的体育运动项目。下面主要介绍推铅球和掷标枪。

一、比赛场地及器材

（一）铅球场地及器材

铅球场地如图 6-17 所示。

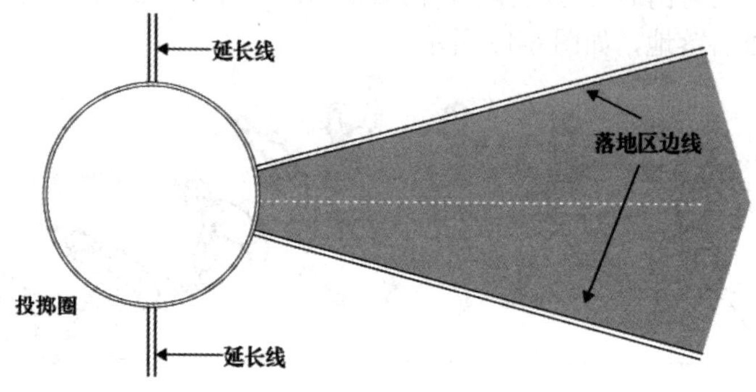

图 6-17　铅球场地

（1）投掷圈：铅球投掷圈直径为 2.135m，投掷圈外围金属镶边，厚度为 6mm，顶端涂白。

（2）落地区：铅球落地区为 34.92° 的扇形区域。

（3）抵趾板：投掷圈正前方木质挡板，长 1.21～1.23m，用来防止运动员滑出圈外。

（4）铅球：用实心的铁、铜或者其他任何硬度不低于铜的金属制成，表面必须光滑。男子铅球重量为 7.26kg，女子铅球重量为 4kg。

（二）标枪场地及器材

标枪场地如图 6-18 所示。

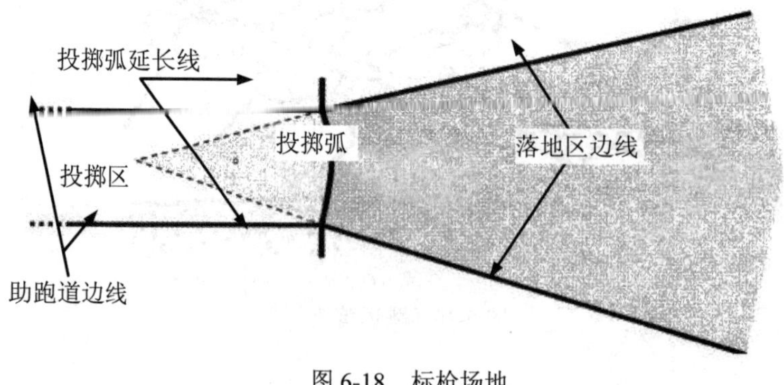

图 6-18　标枪场地

（1）投掷区：标枪投掷区是一条宽 4m，长约 30～36.5m 的助跑道。

（2）边线：助跑道两边两条宽 5cm 的边界线。

（3）投掷弧：助跑道前端半径为 8m 的弧线。投掷弧可以画出，也可用木料或金属制成，弧宽 7 cm，涂成白色，与地面齐平。

（4）落地区：标枪的落地区为 29° 的扇形区域。

（5）标枪：标枪分枪身、枪头和缠绳把手。枪身是光滑的金属杆，两端逐渐变细；枪头是固定在枪身前端的锋利金属尖；缠绳把手包绕枪的重心。男子标枪重量为 0.8kg，女子标枪重量为 0.6kg。

二、投掷类运动的比赛规则

在比赛过程中，运动员违反下列规则，则被判为犯规，成绩无效。

（1）投掷铅球和标枪技术不符合规则规定（规则要求铅球和标枪必须由单手从肩上掷出）。

（2）在投掷铅球的过程中，身体和器械的任何一部分不得触及投掷圈上沿、圈外地面及抵趾板的上面，否则即为投掷失败。

（3）在投掷标枪过程中，身体和器械的任何一部分不得触及投掷弧、延长线及线以外地面任何一部分，否则即为投掷失败。

（4）只有当器械落地以后，运动员才允许离开投掷圈或助跑道。标枪运动员在投出的枪落地前，不能在投掷后转身完全背对其投出的标枪。

（5）完成投掷后，铅球运动员必须从投掷圈后半圈的延长线后面退出；标枪运动员必须从投掷弧以及延长线以后退出。

（6）在没有犯规的情况下，参赛者可以中止已开始的试掷动作，将器材放下以后暂时离开投掷区，并重新开始，但是必须在规定的时限内完成投掷。

三、投掷类运动的基本技术

（一）推铅球

推铅球的技术有侧向滑步、背向滑步和旋转式三种，下面我们仅介绍运用最普遍的背向滑步推铅球的技术。背向滑步推铅球可分为握球和持球、预备姿势、滑步、最后用力和维持身体平衡四个阶段。

1．握球和持球（以右手为例，下同）

（1）五指自然分开，手腕背屈，将铅球放在食指、中指和无名指的指根处，拇指与小指自然扶于球的两侧，如图 6-19 所示。

（2）球握好后，屈肘，手持球放在肩上锁骨窝处，贴于颈部，右肘外展略低于肩，掌心向前，右臂自然上举，如图 6-20 所示。

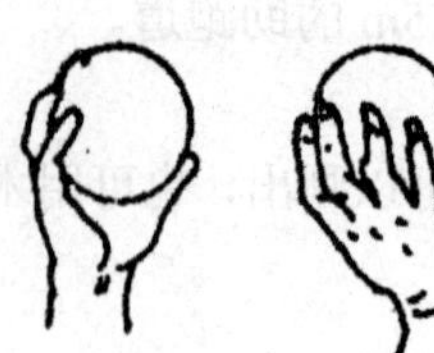
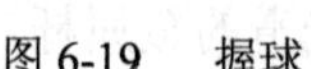

图 6-19　握球　　　　图 6-20　持球

2．预备姿势

（1）持球后，背对投掷方向，两脚前后开立，相距 20～30cm。

（2）右脚尖贴近投掷圈后沿，脚跟正对投掷方向；左脚以前脚掌着地，自然弯曲；上体正直、放松。

（3）左臂自然上举，身体重心落于右腿上，如图 6-21 所示。

图 6-21　预备姿势

3．滑步

（1）滑步前需先做 1～2 次预摆。预摆时，左腿向投掷方向摆出，右腿协调配合向下蹬伸，上体前俯，左臂前伸；左腿收回靠近右腿，右腿屈曲，重心下降，预摆结束，如图 6-22a～e 所示。

（2）左腿用力向投掷方向摆出，右腿用力蹬伸，如图 6-22f～g 所示。

（3）当右脚蹬离地面后，身体向投掷方向快速平稳移动，此时迅速收拉右小腿，右脚尖向内转扣，以右前脚掌落于投掷圈中心附近；左脚迅速在抵趾板偏右侧位置以前脚掌内侧蹬踩着地，准备最后用力。如图 6-22h～j 所示。

4．最后用力和维持身体平衡

（1）右脚用力向投掷方向蹬转，同时带动右髋向投掷方向转动，左臂向左侧摆动，上体逐渐抬起，如图 6-22k～m 所示。

（2）随髋部扭转，身体重心逐渐移至左腿，上体向投掷方向转动，挺胸抬头，如图 6-22n 所示。

（3）当左臂摆至体侧时制动，两脚积极蹬伸，右臂迅速用力将铅球向前推送。当铅球快离手时，手腕推送、手指拨球，将球推出，如图 6-22o～q 所示。

（4）铅球离手后，两腿迅速换位，降低身体中心，以维持身体平衡，如图 6-22r～s 所示。

图 6-22 背向滑步推铅球

（二）掷标枪

掷标枪可分为握枪和持枪、助跑、最后用力和维持身体平衡四个阶段。

1. 握枪和持枪（以右手为例，下同）

（1）握枪：握枪的方法有现代式和普通式两种。① 现代式握枪（拇指和中指握法）：将标枪斜放在掌心上，拇指和中指握在缠绳把手末端边缘，食指自然弯曲斜放在枪杆上，无名指和小指自然握于把手上；② 普通式握枪（拇指和食指握法）：拇指和食指握在缠绳把手末端边缘，其余手指顺着食指握在缠绳把手上面。

（2）持枪：① 头上持枪：握手点稍高于头部，枪尖略低于枪尾；② 肩上持枪：握手点在肩上耳旁，肘稍外展，枪身于地面平行。

2. 助跑

助跑距离一般为 25～35m，可分为预跑阶段和投掷步阶段。

（1）预跑阶段：从第一标志线开始起跑至第二标志线为预跑阶段，距离一般为 15～20m，用 8～10 步完成。动作要领：上体微前倾，逐渐加速，用前脚掌着地，充分后蹬，持枪臂随助跑节奏自然前后摆动。

（2）投掷步阶段：从第二标志线至投掷弧为投掷步阶段。动作要领如下：

第一步：左脚踏上第二标志线，右腿积极向前迈步，同时右肩右转，右臂开始向后引枪，左肩向标枪靠近，左臂在胸前自然摆动，目视前方，如图 6-23a～f 所示。

第二步：右脚落地后，左腿向前迈步，带动髋轴向右转动，右肩继续右转，上体侧对投掷方向，右臂接近伸直，右手摆至与肩齐平，枪尖与眉齐高，完成引枪动作，如图 6-23g～l 所示。

第三步（俗称“交叉步”）：第二步左脚落地后，右腿积极前摆，当右腿靠近左腿时，左腿快速有力向后蹬伸，双腿成交叉步，使下肢迅速超越上体，躯干和右腿成一条向后倾斜的直线；投掷臂伸直，左臂自然摆至胸前，如图 6-23m～p 所示。

第四步：第三步右脚落地后，左腿迅速前迈，以脚掌内侧在投掷中线左侧约 30cm 处着地，如图 6-23q～r 所示。

3．最后用力和维持身体平衡

（1）助跑第四步左脚落地瞬间，右腿用力蹬地，向投掷方向转髋，带动肩轴向投掷方向转动，投掷臂向上翻转，如图 6-23s～t 所示。

（2）当上体转到正对投掷方向时，投掷臂置于在体后，约与肩同高，胸、髋前挺，身体形成“满弓”姿势，如图 6-23u 所示。

（3）双腿做有力支撑，投掷臂向前做爆发式“鞭打”动作，在标枪出手瞬间，甩腕拨指，使标枪沿纵轴按顺时针方向转动，如图 7-23v～w 所示。

（4）标枪出手后，随着向前的惯性，右腿向前跨一步，身体稍向左转，降低身体中心，维持身体平衡，如图 6-23x 所示。

图 6-23　掷标枪

第七章　乒乓球运动

现在，乒乓球已发展成为各国人民喜爱的运动项目之一。由国际乒联和各大洲乒联举办的世界锦标赛、世界杯赛、洲际比赛及各种规模和形式的国际比赛不胜枚举。1988 年，国际奥委会把乒乓球列为奥运会正式比赛项目。

第一节　乒乓球运动基本知识

乒乓球运动起源于 19 世纪末的英国，最初只是一种活动性游戏。球是用轻而富有弹性的材料制成，拍子是雪茄烟盒盖之类的木质板，像打网球一样在桌上打，故称之为“桌上网球”。1900 年左右，由于轻工业的发展，球才改成用赛璐珞制成的空心球。此后，乒乓球运动便逐步发展起来。第一次大型乒乓球比赛于 1900 年 12 月在英国伦敦举行，参加比赛的有 300 多人。

1959 年，容国团获得了第 25 届世界乒乓球锦标赛男子单打冠军后，中国运动员开始登上了国际乒坛，逐渐形成了以“快、准、狠、变”为技术风格的直拍近台快攻打法。

中国近台快攻的优点是站位近、速度快、动作灵活、正反手运用自如，比日本远台长抽打法又大大前进了一步。这是乒乓球运动水平的第二次大提高。

20 世纪 70 年代以来，由于国际交往和学习研究的加强，各种打法互取长短，使乒乓球技术得到了更快的发展和提高。比如，我国近台快攻、直拍快攻结合弧圈球、横拍快攻结合弧圈球等打法和技术均有所发展和创新，在国际比赛中取得了优良的成绩。

一、乒乓球运动的特点

（1）乒乓球运动设备简单，容易开展，运动量可大可小，参加者不受年龄、性别等限制。

（2）乒乓球小而轻、速度快、变化多，击球时要求比较高的准确性、灵敏性和技巧性。

（3）乒乓球运动具有很强的竞争性，可以培养人的心理素质。

二、乒乓球桌、球与球拍

标准的乒乓球台由两块组成，每块长 137cm，总长 274cm，台面宽为 152.5cm，球台与地面距离是 76cm，台面四边涂上 2cm 宽的白线（分别称端线和边线），台面中间有一条 0.3cm 宽与球台长边平行的中线。台面颜色可为海蓝色或墨绿色。中间球网的网长是 183cm，网高是 15.25cm，如图 7-1 所示。

乒乓球的直径为 38mm，重量为 2.5g，呈白色、黄色或橙色，且无光泽。

乒乓球拍由底板、胶皮和海绵 3 部分组成，3 者的合理搭配决定了一块球拍的质量，如图 7-2 所示。

图 7-1　乒乓球桌

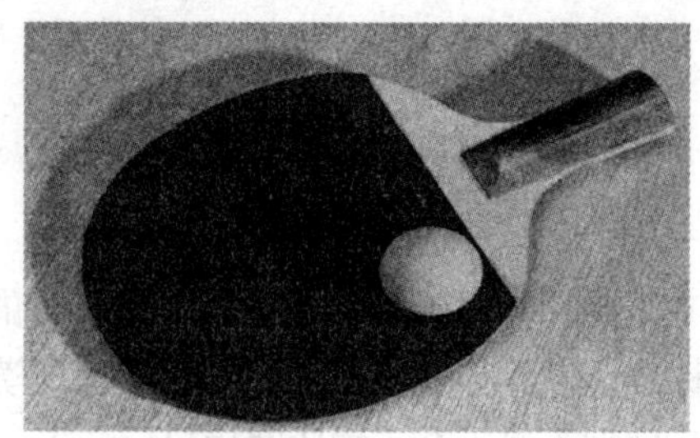

图 7-2　乒乓球拍

此外，乒乓球拍有直拍和横拍之分，其中，直拍的拍柄会短一点，横拍会长一点。横拍比较适合身材高大、移动范围较大、偏力量型的选手，直拍比较适合反应快、变化多、身体灵活的选手。

乒乓球拍的底板通常为复合板，胶皮则有正胶、反胶和长胶之分。其中，正胶颗粒朝外，其特点是击球较稳且速度快，也能造成一定的旋转，而且不易吃转儿，适合近台快攻型打法；反胶颗粒朝内，光面朝外，黏性较大，摩擦大，容易造成较强的旋转，适合打弧圈和削球的选手，也是目前最为常用的一种胶皮；长胶也是颗粒朝外，不过它的颗粒较长而且柔软，旋转变化怪异。

四、乒乓球比赛的规则

下面简要介绍一下乒乓球运动的比赛规则，供大家在进行乒乓球运动时参考。

（一）发球

（1）发球开始时，球自然地置于不持拍手的手掌上，手掌张开。

（2）发球时，发球员须用手将球几乎垂直地向上抛起，不得使球旋转，并使球在离开不执拍手的手掌之后上升不少于 16cm。

（3）当球从抛起的最高点下降时，发球员方可击球，使球首先触及本方台区，然后越过或绕过球网装置，再触及接发球员的台区。双打中，球应先后触及发球员和接发球员的右半区。

（4）从发球开始，到球被击出，球要始终在台面以上和发球员的端线以外，而且不能被发球员或其双打同伴的身体或衣服的任何部分挡住。

（二）击球

对方发球或还击后，本方运动员必须击球，使球直接越过或绕过球网装置，或触及球网装置后，再触及对方台区。

（三）失分

（1）击球后，该球没有触及对方台区而越过对方端线。

（2）球未过网或出现连击。

（3）运动员使球台移动，或触及球网装置。
（4）不执拍手触及比赛台面。
（5）双打运动员击球次序错误。

（四）一局比赛和一场比赛

在一局比赛中，先得 11 分的一方为胜方；10 平后，先多得 2 分的一方为胜方。
在一场比赛中，单打淘汰赛采用七局四胜制，双打淘汰赛和团体赛采用五局三胜制。

（五）次序和方位

（1）在获得 2 分后，接发球方变为发球方，依此类推，直到该局比赛结束，或直至双方比分为 10 平，或采用轮换发球法时，发球和接发球次序不变，但每人只轮发 1 分球。

（2）在双打中，每次换发球时，前面的接发球员应成为发球员，前面的发球员的同伴应成为接发球员。

（3）在一局比赛中首先发球的一方，在该场比赛的下一局中应首先接发球，在双打比赛的决胜局中，当一方先得 5 分后，接发球一方必须交换接发球次序。

（4）一局中，在某一方位比赛的一方，在该场比赛的下一局应换到另一方位。在决胜局中，一方先得 5 分时，双方应交换方位。

（六）间歇

（1）在局与局之间，有不超过 1min 的休息。
（2）在一场比赛中，双方各有一次不超过 1min 的暂停。

五、乒乓球运动的常用术语

为了便于描述乒乓球技术与战术，我们首先来学习一些常用的乒乓球运动术语。

（一）台面区域划分

台面区域按左右方式可分为左半区和右半区；如果按前后方式划分，可分为底线区、中区和近网区，如图 7-3 所示。

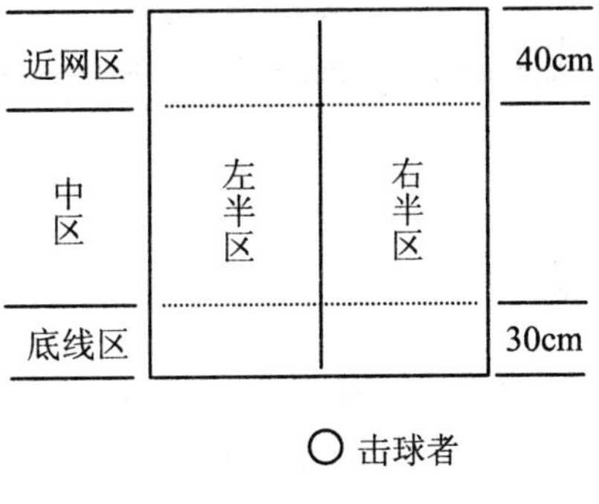

图 7-3 台面区域划分

（1）左、右半区，又称 1/2 区，其方向对击球者本身而言。

（2）近网区，指距球网 40cm 以内的区域。
（3）底线区，指距端线 30cm 以内的区域。
（4）中区，指介于近网区和底线区之间的区域。

（二）台面外区域划分

台面外区域可划分近台区、中近台区、中远台区和远台区，如图 7-4 所示。

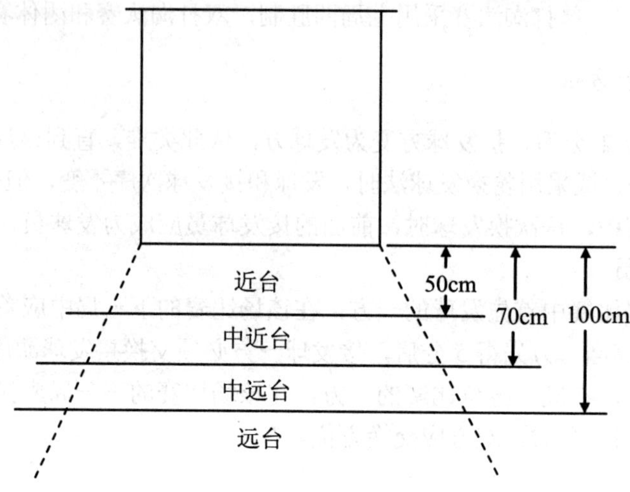

图 7-4　台面外区域划分

（三）球拍拍形

球拍拍形包括拍面角度和拍面方向。其中，拍面角度是指拍面与台面所形成的角度，如图 7-5 所示。拍面方向是指球拍左右偏转时，与球台端线所形成的角度。

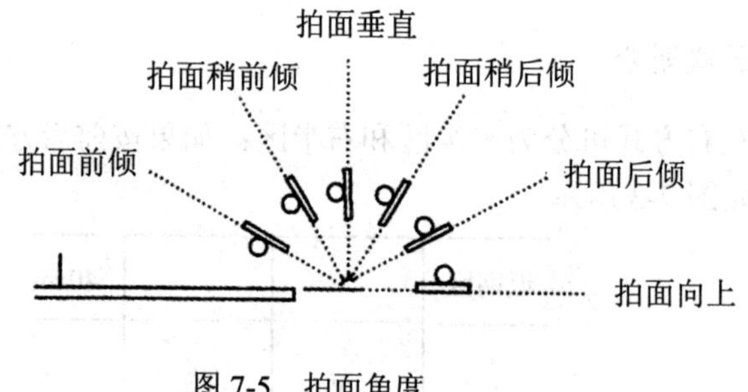

图 7-5　拍面角度

（四）击球部位与击球点

击球部位是指击球时球触球拍的具体位置，具体可分为上部、中上部、中部、中下部和下部；击球点是指球与球拍接触时的空间位置。

（五）击球时间

击球时间是指来球在本方着台后弹起至回落的那段时间，它大致可分为：上升时期、上升后期、最高点期、下降前期和下降后期，如图 7-6 所示。

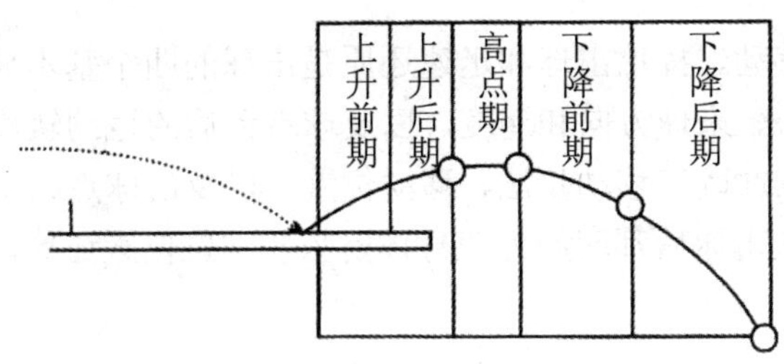

图 7-6　击球时间

（六）击球路线

击球路线是指从击球点到落台点之间形成的投影线。以击球者为基准，五条基本击球线路分别为：右方斜线、右方直线、左方斜线、左方直线和中路直线，如图 7-7 所示。

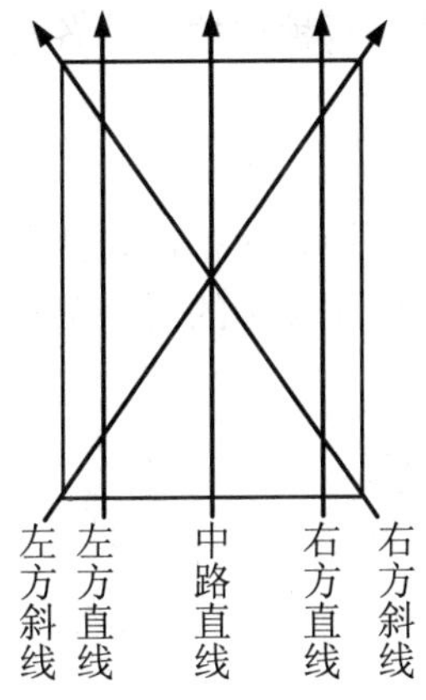

图 7-7　击球路线

（七）短球、长球和追身球

（1）短球：指落点在近网区内，且反弹跳起后第二落点不超过球台端线的球。

（2）长球：落点在底线区内的球。

（3）追身球：根据对手的身体位置，将落点控制于对手身体的中间部位。

（八）击球前的准备姿势和站位位置

击球前，两脚平行站立，略比肩宽，两膝微屈，前脚掌内侧着地，上体略前倾；两眼注视来球，执拍手臂自然弯曲，执拍于腹前偏右（右手执拍），离身体约 20～30cm。

此外，根据打法类型，选手可选择不同的站位位置。快攻型选手一般站在近台中间或中间偏左位置，弧圈型选手一般站在中台偏左位置，削攻型选手一般站在中台或中远台中间位置。

（九）击球的基本环节

判断来球、选位移动、挥拍击球和迅速还原是击球的四个基本环节。其中，通过对方击球点位置、挥拍姿势、来球方向和速度，以及球着台后的运动轨迹，可大致确定球的落点及其性质，然后可据此确定移动步法、移动位置，以及击球点、击球时间、击球部位和发力方向。此外，每次击球后都应努力使身体姿势和站位位置还原，以保证下次击球。

第二节　乒乓球基本技术

一、握拍方法

握拍方法是指手持球拍的方法。如前所述，乒乓球拍有直拍和横拍两种，对应地，握拍方法也有直握拍和横握拍两种。两种握拍方法各有千秋，具体选用哪种应因人而异。

（一）直握拍方法

正面拇指第一指节和食指第二指节握拍，拍柄压住虎口，背面中指、无名指和小指自然弯曲斜形重叠，中指第一指节顶住球拍的后上部使球拍保持平稳，如图 7-8 所示。

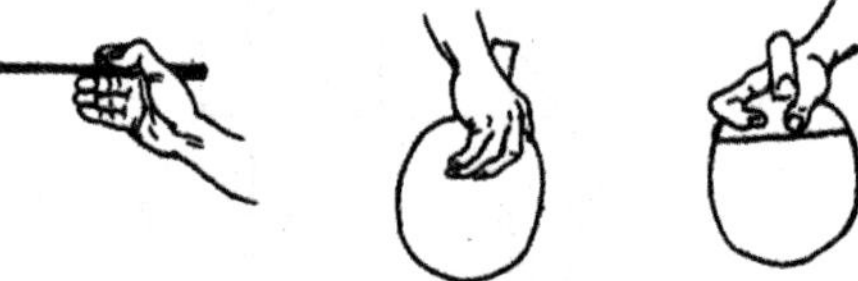

图 7-8　直握拍方法

直握拍的特点：出手快，正手攻球快速有力，攻斜、直线球时拍面变化不大，对手难于判断，且易于控制台内球，但反手的攻击性不如横握拍。

（二）横握拍方法

中指、无名指和小指自然地握住拍柄，拇指在球拍正面，轻贴在中指的旁边，食指自然伸直斜放于球拍的背面，虎口轻微贴拍，击球时拇指和食指帮助手腕调节拍形和加力挥拍。正手攻球时食指向上移动，反手攻球时拇指向球拍中部移动，帮助手腕下压，加大击球力量，如图 7-9 所示。

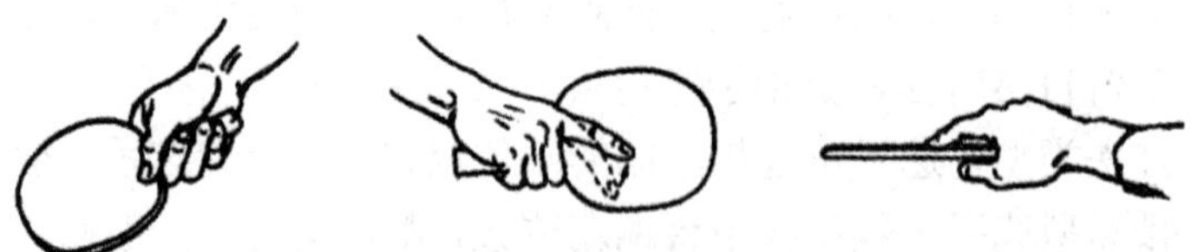

图 7-9　横握拍方法

横握拍的特点：正反手攻球力量大，攻削球时握法变化小，反手攻球容易发力，也便于拉弧圈；但正反手交替击球时，需变换击球拍面，攻斜、直线时调节拍形的幅度大，易被对方识破；在手腕灵活性上比直握拍稍差，台内球的处理不及直握拍。

（三）握拍的注意事项

（1）无论哪种握法，握拍都不应过紧或过松。过紧会使手腕僵硬，影响发力时的手腕动作，过松则影响击球力量和击球的准确性。

（2）握拍不宜太浅。直握时，食指和拇指构成的钳形不能过大或过小，以免影响手腕动作的灵活性。

（3）在变换击球的拍面和调节拍面角度时要充分利用手指的作用。

（4）握拍的手法不宜常变换，否则会影响打法类型及风格的形成。

二、发球方法

发球在比赛中对于扬己之长、攻彼之短有着重要的技术和战术意义。发球、接发球、发球抢攻被称为乒乓球的前三板技术，是我国的乒乓球技术强项。下面首先简要介绍几种基本的发球技术。

（一）正手平击发球

正手平击发球的特点是：用力不大，球速不快，一般不带旋转，它是初学者最基本的发球方法，也是掌握其他复杂发球方法的基础。如图 7-10 所示。

图 7-10　正手平击发球

正手平击发球的要点如下：

（1）发球时左脚在前，身体稍向右转。

（2）将球置于掌心，手掌伸平，然后将球抛起。

（3）拍面稍前倾，当球下降稍高于球网时，手臂向左前方发力，挥拍击球中上部。击球后的第一落点应落在球台中区。

（二）发下旋球

下旋球分加转与不加转两种，且正、反手均可运用。正手发球时，左脚在前，身体略向左偏斜站立，左手向上抛球，右上臂稍外展，前臂内旋并向身体后上方引拍。以前臂和手腕的发力为主。发加转球时，执拍手的上臂带动前臂加速向前下方挥拍，前臂迅速旋内。拍面后仰较大，击球的中下部后向底部摩擦，如图 7-11 所示。

图 7-11　发加转下旋球

发不加转球与发加转球的动作基本相同，主要区别是前臂旋内稍慢，拍面后仰角度较小，球拍触球的中下部或中部后有一个向前推送的动作，使挥拍的作用力线接近球心，以减小旋转。

（三）反手发轻短球

特点：力量轻、落点靠近球网，使对方难于发挥技术优势。

动作要领：手臂先向后上方引拍。当球下降至比网稍高时，前臂向前下方轻微用力送出，拍面后仰，触球中下部并向底部摩擦。球离拍后，第一跳要在本方台面中区弹起，才能越网落到对方近网的地方，如图 7-12 所示。

图 7-12　反手发轻短球

（四）高抛发球

发球者先将球抛至高度为 2～3m 空中，待下落到一定高度时击球。挥拍时上臂外展的幅度较大，要借助转腰和蹬地的力量。由于抛球高度大幅度提高，使球体下落时的重力加速度骤增，因此，高抛球具有球速快、旋转强、时间差明显等特点。

高抛发球有侧身正手左侧上（下）旋球、侧身正手上旋长球、反手右侧上（下）旋球等之分。

三、接发球方法

接发球指回接对方发球时使用的各种方法。接发球时应首先根据对方发球时的位置来调整自己的站位，一般采用的是斜角对立的方法；其次，应根据对方发球时的挥臂方向、幅度和拍面角度，以及球的飞行弧线、速度来判断其旋转和落点，尤其要看清对方球拍触球瞬间的触球部位和挥拍方向等情况，然后运用针对性的技术加以回击。接发球的主要战术有：

（1）以搓球和削球来削弱对方的攻势。

（2）用快搓、摆短球遏制对方的发力抢攻。

（3）以快拨、推挡和提拉等技术回接，争取形成对攻局面。

（4）力争抢拉、抢攻在先，以免陷入被动挨打的困境。

四、击球时的基本步法

步法是指乒乓球运动员为选择合适的击球位置所采用的移动方法，它是一名优秀运动员必须掌握的基本技能，是衔接各项技术动作的枢纽，也是执行各项战术的有力保证。因此，从初学乒乓球技术开始，就应该重视步法的训练。

（一）步法的基本要求

在练习步法时，必须注意以下几点：

（1）移动过程中尽量保持身体重心平稳，不妨碍下次击球。否则，虽然踉踉跄跄跑过去接到了球，但失去了重心，势必会影响下一次击球。

（2）两脚蹬地要有力，蹬地的力量大，身体移动的速度就快。

（3）重心交换是步法的灵魂，在重心交换中，腰的灵活性具有极其重要的作用。

（二）基本步法

1．单步

以一脚的前脚掌为轴，另一脚向前、后、左、右某个方向移动一步。

单步的特点是移动范围较小，重心较为稳定。多在来球离身体不远的情况下使用，如上步接近网短球、让步接追身球等。

2．跨步

以一脚向来球方向跨出一大步，另一脚跟着移动。多在来球急、角度大的情况下使用，如“打回头”、削接左右大角度的来球等。

跨步的特点是移动范围较大，身体重心起伏也大，一般适用于打借力球。

3．滑步

两脚几乎同时向来球方向蹬地，然后离来球远的脚先落地，离来球近的脚后落地。多在来球角度较大、球速快时采用，如连续攻（拉）等。

滑步的特点是移动范围较大，身体重心平稳，便于发力。

4．交叉步

离球远的脚朝来球方向跨出一大步，并从前面超过另一脚形成交叉状，另一脚再向来球方向移出一步。多在来球远离身体的情况下采用，如侧身后从球台左方移至右方大角击球等。交叉步特点是移动范围最大，便于发力进攻，需要上下肢、腰和髋等部位协调配合。

五、常用击球方法

（一）推挡球

推挡球是以球拍推击球的一种技术，其特点是站位近、变化多、速度快、动作小，在相持或防御时使用能起到调动对方和助攻的作用。

推挡球包括挡球、快推、快拨、加力推、减力挡、推下旋、挤推、拱推等多种方法，下面介绍其中常用的几种。

1．挡球

特点：力量轻，球速慢，动作简单易掌握。

动作要点：击球前，前臂与台面平行伸向来球。球拍触球时，前臂和手腕稍向前移动，借助来球的反弹力将球挡回。拍面接近垂直，并在来球的上升期击球的中部，如图 7-13 所示。

图 7-13　挡球

2．快推

特点：出手快，动作灵活。若结合落点变化，能起到调动、控制对方的作用。

动作要点：两脚平行站立，身体靠近球台。引拍时肘关节靠近身体右侧，前臂与台面平行。将球拍后引至左腹前，拍面垂直。击球时，前臂和手腕迅速前伸。食指用力，拇指放松使拍面稍前倾，在上升期击球的中上部，如图 7-14 所示。

图 7-14　快推

3．加力推

特点：动作幅度较大，力量重，球速快。若结合落点变化，能增加一定的攻击力。

动作要点：引拍时，前臂向后上方屈收的幅度较大，使球拍的位置稍高一些，并根据来球的高度调整好球拍角度。击球时以手臂发力为主，借助右脚蹬地和转腰的力量。在来球的上升后期或高点期击球的中上部，如图 7-15 所示。

图 7-15　加力推

4．减力挡

特点：力量轻，落点短，节奏变化快，能起到干扰和调动对方的作用。

动作要点：在触球瞬间，球拍前移的动作骤然停止，也可将球拍稍微后移，以减弱来球的反弹力。根据来球力量和上旋强度的大小，调节好拍面角度，控制好触球瞬间球拍后移的幅度，如图 7-16 所示。

图 7-16　减力挡

（二）搓球

搓球是近台还击下旋球的一种技术，特点是动作小，弧线低，落点活，旋转变化多等，可以牵制对方的攻势，并为抢攻或抢拉创造机会。搓球在左半台使用较多。

搓球种类较多，根据击球时间、落点和旋转的不同，分快搓、慢搓、转与不转搓球、侧旋搓球等。

动作要点：球拍在体前，击球时上臂前伸，拍面稍后仰，利用上臂前伸和旋外力量，将球拍向前下方送出，在来球的下降期摩擦球的中下部，如图 7-17 所示。

图 7-17　搓球

（三）攻球

攻球是比赛中争取主动和得分的重要手段，其特点是种类多，球速快，力量大。

如果按身体方位划分，攻球有正手攻球、反手攻球、直拍反面攻球和侧身攻球等；如果按接站位划分，攻球有近台快攻、中台快攻和远台快攻等；如果按动作划分，攻球有快抽、拉抽、扫抽和扣杀等。

1．正手攻球

正手攻球又称近台快抽，其特点是站位近、动作小、球速快。若配合落点变化，可创造更好的扣杀机会。

动作要点：击球前，左脚稍前站立，身体离台约 50cm。当来球将落至台面时前臂外展，将球拍后引至身体右侧稍后。当来球从台面弹起时，上臂带动前臂向左前上方快速挥动，并配合前臂内旋动作将拍形前倾，在上升期击球的中上部。击球过程中，身体重心从右脚移至左脚，击球后球拍继续挥至头部高度，然后迅速还原成击球前的准备姿势，如图 7-18 所示。

图 7-18　正手攻球

2．提拉球

提拉球是攻球运动员对付下旋球时常用的技术之一。特点是落点活、球路稳健，并带有一定的主旋力。比赛中，双方处于相持阶段时用此过渡，常能为扣杀创造机会。

动作要点：击球时，球拍从右下方朝左前立方加速挥动，拍面接近垂直，在来球的下降期击球的中部或中下部，如图 7-19 所示。

图 7-19　提拉球

3．扣杀

扣杀的特点是动作大、力量重、攻击力强，是还击半高球时得分的重要手段。击球时，拍面和击球约成直角，前臂和手腕同时下压，等球弹到高点时击球的中上部。要求最大限度地发挥整个手臂的力量，并配合转腰和蹬地的力量。

（四）弧圈球

弧圈球是将速度与旋转相结合的一种进攻技术。弧圈球的弧线曲度大，落台后前冲力大，攻击力强，是乒乓球比赛中得分的主要手段。

拉弧圈球时，要求运动员使用反胶海绵球拍。击球时球拍前倾，击球的中部或中上部，依靠腿部、腰部和手臂等部位的协调发力完成动作。

如果按击球方法划分，弧圈球包括正手弧圈球、反手弧圈球和侧身弧圈球；如果按旋转特点划分，弧圈球包括加转弧圈球、前冲弧圈球、侧旋弧圈球和不转弧圈球（假弧圈）。下面简要介绍一下正手拉弧圈球的特点和动作要领。

特点：站位稍远，动作大，速度稍慢，弧线曲度大，落台后前冲并向下滑落，一般用于拉下旋球。

动作要领：

（1）两脚左右开立，稍大于攻球时距离，右脚在后，身体重心较低。

（2）执拍手沉肩垂臂，引拍至身体后下方，拍面稍前倾，身体重心移至右脚。

（3）大臂带动前臂向前上方挥拍，逐渐加快挥拍速度。此外，还应根据来球旋转程度控制好拍形角度并找准击球时间。

（4）身体重心向左脚移动。拍触球时，右脚蹬地转体向左侧转动，迅速收缩前臂，发力要以腰、手为主，在来球下降期击球的中部或中上部。

（5）拉球后，球拍随势挥至头部高度，身体重心移至左脚上，如图 7-20 所示。

图 7-20　正手拉弧圈球

第三节　乒乓球基本战术

一、乒乓球技术的四个基本因素

乒乓球有各种各样不同打法，还有多种战术。不管是甚么打法，战术如何变化多端，乒乓球技术离不开四个基本因素，那就是：力量、速度、旋转和落点。

（1）力量作用于球，是通过球的前进速度和旋转强度表现出来的。如果你在进攻当中猛力扣杀，使对方接不好，那么你就要打得有力量。

（2）如果是在加强旋转的强度，无论是制造上旋或下旋，那么你一定要用力摩擦球。

（3）为了尽量减少对方的准备时间，你必须抓紧时间，争取在最短、最快的时间内把球回击到对方的台面上，使对方措手不及。

（4）为了增加对方还击的难度，还可以制造各种旋转球，迫使对方回球失误后出机会球，这就是旋转。

二、乒乓球比赛时常用的一些战术

下面就来简单介绍一些乒乓球比赛时常用的一些战术，具体内容如下。

（1）推攻战术。主要运用正手攻球和反手推挡的速度和力量，并结合落点变化和节奏变化来压制和调动对方，以争取主动或得分。推攻战术是左推右攻打法对付攻击型打法的主要战术，有反手推挡能力的两面攻运动员、攻削结合运动员等也常使用它。

（2）两面攻战术。主要利用正、反手攻球技术的速度和力量压制对方，争取主动和创造扣杀机会。两面攻技术是两面攻打法对付攻击型打法的主要战术。

（3）拉攻战术。连续运用正手快拉创造进攻机会，然后采用突击和扣杀来作为得分手段。拉攻战术是快攻打法对付削球类打法的主要战术。

（4）拉、扣、吊结合战术。由拉攻与放短球相结合而成，是快攻型打法对付削球打法的常用战术。

（5）搓攻战术。主要运用“转、低、快、变”的搓球控制对方，以寻找战机，然后采用低突、快点或拉攻等技术展开攻势并进入连续进攻；在搓球中遇到机会球时进行扣杀，常带有突然性，往往可以直接得分。搓攻战术是乒乓球各种打法都不可缺少的辅助战术。

（6）削中反攻战术。由削球和攻球结合而成，常以逼角加转削球为主，伺机反攻；或以转、低、稳、变的削球，迫使对手在走动中拉攻，以从中寻找机会，予以反攻。这种战术有“逼、变、凶、攻”的特点，是攻、削结合打法的主要技术。

（7）发球抢攻战术。发球抢攻战术是以旋转、线路、落点以及速度不同的发球来增加对方回击的难度，使其出现机会球，或降低回球质量，然后抢先进攻，以争取主动或直接得分，这是乒乓球所有打法特别是进攻型打法的主要战术和得分手段。

（8）接发球抢攻战术。由某一单项攻球技术所形成，进攻性强，可变接发球的不利地位为主动地位，也可直接得分，是乒乓球运动中各种打法特别是进攻型打法的主要战术。

第八章　羽毛球运动

羽毛球运动简单易学，设备简单，适合男女老幼，并且运动量可根据个人年龄、体质、运动水平和场地环境而定。进行羽毛球运动时，由于要不停地进行脚步移动、跳跃、转体、挥拍，因此，经常从事羽毛球运动可增强锻炼者上肢、下肢和腰部肌肉的力量，加快锻炼者全身血液循环，以及增强锻炼者心血管系统和呼吸系统的功能。

第一节　羽毛球运动基本知识

一、羽毛球运动的起源与发展

1800 年，现代羽毛球运动诞生于英国，由网球派生而来。1870 年，出现了用羽毛、软木做的球和穿弦的球拍。1873 年，英国公爵鲍弗特在格拉斯哥郡伯明顿镇的庄园里进行了一次羽毛球游戏表演，从此，羽毛球运动便逐渐开展起来，“伯明顿”即成了羽毛球的名字，英文的写法是“Badminton”。那时的活动场地是葫芦形，两头宽中间窄，窄处挂网，直至 1901 年才改作长方形。

1875 年，世界上第一部羽毛球比赛规则出现于印度的普那。三年后，英国又制定了更趋完善和统一的规则，并且这些规则大多沿用至今；1893 年，世界上最早的羽毛球协会——英国羽毛球协会成立，并于 1899 年举办了全英羽毛球锦标赛；1934 年，由加拿大、丹麦、英国、法国、爱尔兰、荷兰、新西兰、苏格兰和威尔士等国发起成立了国际羽毛球联合会，总部设在伦敦。从此，羽毛球国际比赛日渐增多；1978 年 2 月，世界羽毛球联合会于香港成立。1981 年 5 月，国际羽毛球联合会和世界羽毛球联合会正式合并。目前，国际羽联已拥有一百多个会员国。

世界羽毛球赛事分为 7 个等级，四年一度的奥运会（包括男单、女单、男双、女双和男女混合 5 个单项），两年一度的汤姆斯杯赛（世界男子团体锦标赛）、尤伯杯赛（世界女子团体锦标赛）、苏迪曼杯赛（世界混合团体锦标赛）和世界羽毛球锦标赛（个人单项）均为 7 星级的赛事。

另外，由于羽毛球源于英国，因此，尽管全英羽毛球公开赛只是四星级，但所有羽毛球高手基本“全勤”参赛。

二、羽毛球运动场地、羽毛球拍和羽毛球

（一）羽毛球运动场地

羽毛球运动场地是一个长方形，长为 1340cm，单打场地宽为 518cm，双打场地宽为

610cm。球场四周 2m 以内、上空 9m 以内不得有任何障碍物。所有场地线的宽度均为 4cm，颜色最好是白色、黄色或其他容易辨别的颜色。所有场地线都是它所确定区域的组成部分，即球压场地线算界内。羽毛球运动场地的尺寸和名称如图 8-1 所示。

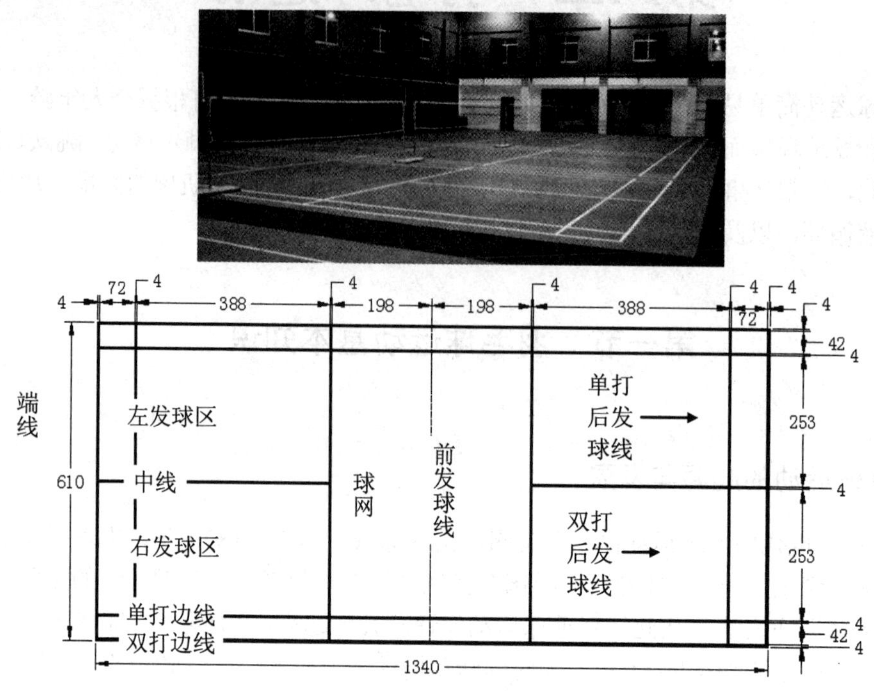

图 8-1 羽毛球运动场地

羽毛球运动场地中的球网应用优质深色天然或人造纤维制成，网孔大小在 15～20mm 之间，网长为 610cm，高度为 76cm。网的上缘缝一道 75mm 对折的白布边，用绳索或钢丝绳穿起来，适当拉紧使球网中央顶端离地面 152.4cm，两端网柱处离地面 155cm。

（二）羽毛球拍和羽毛球

羽毛球拍一般由拍头、拍杆、拍柄及拍框与拍杆的接头构成，如图 8-2 所示。20 世纪 70 年代以前，羽毛球拍基本使用木材和钢管制造，70 年代开始采用铝合金，现在大量使用碳纤维、钛合金、高强度碳纤维等新材料，这些新材料更轻，能吸收更多的振动与震荡，同时让球拍制造商在球拍的硬度、球感、击球性能的设计上有更大的发挥空间。随着科学技术的发展，球拍向重量越来越轻、拍框越来越硬、拍杆弹性越来越好的方向发展。

羽毛球可以用天然材料、人造材料或二者混合制成，只要球的飞行性能与用天然羽毛和包裹羊皮的软木球托制成的球性能相似即可。羽毛球的高度为 62～70mm；顶端为圆形，直径为 58～68mm；球托底部为圆球形，直径为 25～28mm；球重为 4.74～5.50g，如图 8-2 所示。

图 8-2　羽毛球拍和羽毛球

三、羽毛球比赛规则

（一）比赛项目

羽毛球的比赛项目包括男子单打、女子单打、男子双打、女子双打、混合双打、男子团体和女子团体。单项比赛以三局二胜定胜负，团体赛多采用五局三胜制。

（二）接发球选择和场区选择

开始时，双方应掷挑边器，赢的一方可以选择先发球或先接发球，以及场地中的哪一区。在局中，如果接发球方出现违例或触及本方地面而成死球，则发球方得 1 分；反之，如果发球方出现违例或触及本方地面而成死球，则换发球。下一局开始时，由上一局的胜方先发球。

在第一局结束后，第三局开始前，以及在第三局中，当领先的一方得分为 6 分（11 分为一局）或 8 分（15 分为一局）时，双方应交换场地。

（三）计分方法

只有发球方才能得分，双打和男子单打先得 15 分的一方胜一局，女子单打先得 11 分的一方胜一局。

双打和男子单打 13 平或 14 平（女子单打为 9 平或 10 平）时，先获得 13 分或 14 分（女子单打为 9 分或 10 分）的一方可以选择“再赛”或“不再赛”。

选择“再赛”后从“0 比 0”开始报分，先获再赛分数的一方胜该局。其中，13 平再赛 5 分，14 平再赛 3 分，9 平再赛 3 分，10 平再赛 2 分。

（四）发球

发球员和接发球员都必须站在斜对角发球区内发球和接发球，脚不能触及发球区的界线。

（1）单打

单打比赛中，发球员的分数为零或双数时，双方运动员均应在各自的右发球区发球或接发球；发球员的分数为单数时，双方运动员均应在各自的左发球区发球或接发球；如“再赛”，发球员应以该局的总得分决定发球区。

（2）双打

双打比赛时，一局比赛开始和每次获得发球权的一方，都应从右发球区发球，并且只有接发球员才能接发球，如果他的同伴去接球或被球触及，则为违例，发球方得 1 分。

自发球被回击后，由发球方的任何一人击球，然后由接发球方的任何一人击球，如此往返直至死球。接发球方违例或因球触及本方场区内地面而成死球时，发球方得 1 分，原发球员继续发球，但发球方两人左右换位；发球方违例或球触及本方场区地面而成死球，原发球员即失去发球权，双方均不得分。

（五）发球错误、违例、重发球和死球

发球错误主要包括：从错误的发球区发球，发球顺序错误等。

违例主要包括：发球不合法，发球员发球时未击中球，发球时球过网后挂在网上或停在网顶，球落在球场界线外，球从网孔或网下穿过或球不过网，球触及运动员的身体或衣服等。除发球外，球过网后挂在网上或停在网顶，或者发球员在接发球员未做好准备时发球，都应重发球。

死球包括：球撞网并挂在网上，或停在网顶；球撞网或网柱后开始在击球者这一方落向地面；球触及地面。

第二节　羽毛球基本技术

羽毛球的基本技术主要由手法和步法两大部分组成。其中，手法包括握拍、发球和击球，步法包括上网步法、后退步法和左右移动步法等。

一、握拍法

羽毛球拍握法对于提高羽毛球技术水平有着重要的影响。羽毛球的握拍法有多种，但是基本的握拍法只有两种，即正手握拍法和反手握拍法。

（一）正手握拍法

虎口对着拍柄窄面的小棱边，拇指和食指贴在拍柄的两个宽面上，食指和中指稍分开，中指、无名指和小指并拢握住拍柄，掌心不要紧贴，拍柄端与近腕部的小鱼际肌（小拇指根到手腕的肌肉）平，拍面基本与地面垂直，如图 8-3 左图所示。

正手发球、右场区各种击球及左场区头顶击球等，一般都采用这种握法。

（二）反手握拍法

在正手握拍的基础上，拇指和食指将拍柄稍向外转，拇指顶点在拍柄内侧的宽面上或内侧棱上，中指、无名指和小指并拢握住拍柄，柄端靠近小指根部，使掌心留有空隙，如图 8-3 右图所示。一般说来，击身体左侧的来球，大都先转体（背对网），然后用反手握拍

法击球。

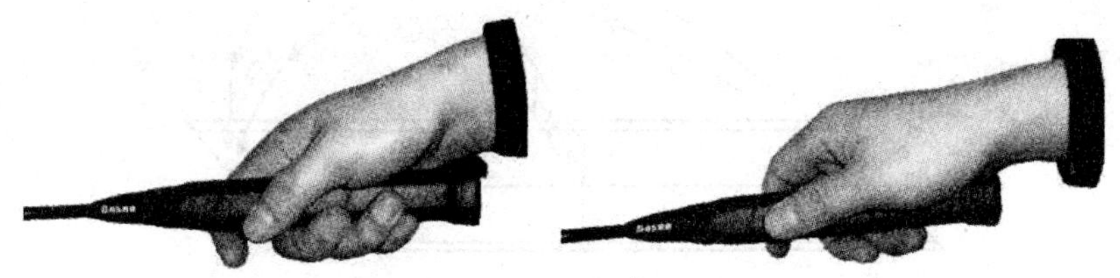

图 8-3　正手握拍法与反手握拍法

（三）握拍的灵活性

根据对方来球的角度不同，为了准确控制球的落点，握拍方法也随时会有些细微的改变。例如，正手网前搓球时，可在正手握拍的基础上，拇指、食指、中指和无名指稍松开，使拍柄离开掌心，拇指斜贴在拍柄内侧的上小棱边上，食指稍前伸，使第二指节斜贴在拍柄外侧的宽面上，如图 8-4 所示。

图 8-4　正手网前搓球时的握拍方法

二、常见发球方法

发球是羽毛球运动最基本的技术之一。在羽毛球比赛中，发球质量高，可有效地陷对手于被动，为得分创造条件，甚至可直接得分。

发球可分为正手发球和反手发球两种。若按球在空中飞行的弧线划分，发球又可分为发高远球、平高球、平快球和网前球等。

（一）正手发高远球

所谓发高远球是把球发的又高又远，使球向对方后场上方飞去，并在对方场区底线附近垂直下落。发高远球时，球的飞出方向与地面形成的夹角要大于 45°，如图 8-5 所示。

正手发高远球时，在左手放开球使之下落时，右手转拍由上臂带动前臂，自右后方沿身体向前左上方挥动。当球落到右臂向前下方伸直能够接触到球的刹那，紧握球拍，并利用手腕屈收的力量向前上方发力击球，然后顺势向左上方挥动缓冲，如图 8-6 所示。

（二）正手发平高球

平高球的飞行路线与高远球类似，只是抛物线要低一些，并且速度较高远球快，如图 8-5 所示。

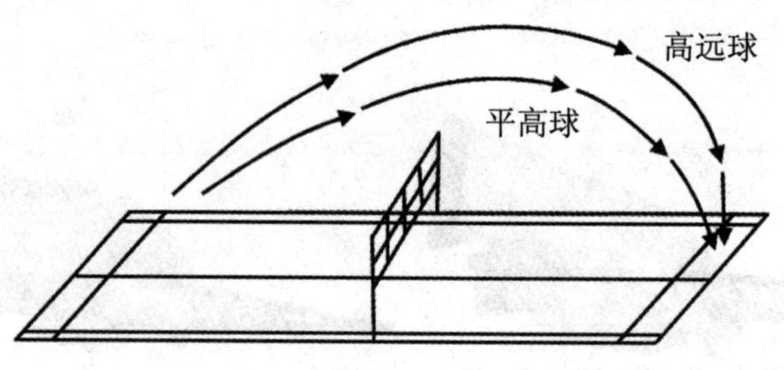

图 8-5　高远球与平高球运动轨迹

图 8-6　正手发高远球

正手发平高球时，动作过程大致与发高远球相同，只是在击球的一刹那，前臂加速带动手腕向前上方挥动，拍面要向前上方倾斜，以向前用力为主。

（三）正手发网前球

网前球是指球刚好越网而过，落在对方前发球线附近的球。

正手发网前球时，握拍要放松，上臂动作要小，主要靠前臂带动手腕向前切送，球的弧线要贴网而过，落点在前发球区附近，如图 8-7 所示。

图 8-7　正手发网前小球

（四）反手发网前球

反手发网前球就是运用反手发球技术，把球发至对方场区前发球线附近。

反手发网前球时，球拍触球时拍面应呈切削状，然后手腕柔和发力，由后向前推送击球，如图 8-8 所示。

图 8-8　反手发网前球

三、常见击球方法

发球仅是击球的开始，而真正激烈的争夺是在发球后的接发球或之后的击球上。因此，合理、协调、有力、有效地击球是运动员夺取胜利的保证。

（一）击高远球

（1）击球前，重心下降，准备起跳。

（2）起跳的同时右臂后引，胸舒展。

（3）当球落至额前上方击球点时，上臂往右上方抬起，然后前臂自然后摆，手腕尽量后伸。

（4）前臂急速内旋，往前上方挥动，手腕发力击球托的后部，球即朝直线方向飞去；若手腕控制拍面击球托的右侧下部，球则向对角方向飞行。

（5）击球后，手臂随惯性自然回收至胸前，如图 8-9 所示。

图 8-9　正手击高远球

（二）击平高球

击平高球与击高远球的动作类似，只是在击球的一刹那，手腕是向前用力而不是向前上方用力。

（三）正手吊球

吊球是将球从自己的后场击至对方前场，其动作要领如下：

（1）击球前，身体先半侧对球网，左脚尖踮起，身体重心落在右脚掌上。

（2）将球拍举到右肩侧上方，左手自然上举，眼睛注视来球。

（3）当球下落到接近击球点高度时，右腿开始蹲伸，并以髋关节带动身体由右向左转动，做左腿后撤，右腿前迈的两腿交叉动作。

（4）伴随下肢蹲转的同时，胸部舒张，两侧肩关节外展，左手自然上举，持拍臂的前臂向后移动（即后撤球拍）。

（5）腰腹协调用力，上臂带动前臂，利用伸肘关节、前臂旋内和屈腕的力量，向前下方轻击来球，如图 8-10 所示。

图 8-10　正手吊球

（四）挑球

挑球是把对方击来的吊球或网前球挑高回击到对方后场去，这是在比较被动的情况下采取的一种防守性技术。挑球有正手挑球和反手挑球两种，其具体动作如下。

1．正手挑球

（1）正手握拍举在胸前，右脚向前跨出一大步，重心在右脚上。

（2）右臂向后摆，自然伸腕，使球拍后引。

（3）以肘关节为轴，屈臂内旋，握紧球拍，用食指及手腕的力量将球向前上方击出，如图 8-11 所示。

图 8-11　正手挑球

2．反手挑球

（1）反手握拍举在胸前，右脚向左前方跨出一大步，重心放在右脚上。

（2）右肩向网，屈肘引拍至左肩旁。

（3）以肘关节为轴，用拇指第一指节压住拍柄宽面，用手腕力量将球向前上方击出。

（五）扣杀球

扣杀球是一项攻击性很强的技术，如果从击球点距身体的位置划分，扣杀球可分为正手扣杀、头顶扣杀和反手扣杀；如果从击球力量的大小来划分，扣杀球可分为大力杀、轻杀、劈杀、点杀、开网大力杀等。扣杀球的基本动作如下：

（1）侧身，右脚在前，左脚在后。

（2）快速后退，向上引拍，使击球点在右肩前上方。

（3）身体后仰，基本成弓形，以便用上全身力量。

（4）在球开始下落时靠脚尖蹬地的力量起跳，击球时充分利用腰腹力量，以大小臂带动手腕快速下扣。

（5）击球后重心落在前脚上，尽快还原动作，如图 8-12 所示。

图 8-12　扣杀球

四、基本步法

初学者在学习和掌握了发球和原地击高远球技术之后就应该开始学习一些步法了，因为羽毛球的步法和手法（即各种击球法）是相辅相成、不可分割的，许多击球技术都是靠熟练、快速、准确的步法来完成的。

（一）步法的四个技术环节

羽毛球步法由起动、移动、协助完成击球动作和回动四个环节构成，各自的特点如下。

（1）起动：对来球一有判断，即从准备接球姿势转为向击球位置出发，称为起动。要做到起动快，必须反应敏捷、判断准确和起动的准备姿势正确。

（2）移动：指起动后到击球位置的移动方法。移动的基本步法有垫步、交叉步、小碎步、并步、蹬转步、蹬跨步和腾跳步等。运用这些方法，构成了从起动位置到场区不同位置击球的组合步法：上网步法、后退步法、两侧移动步法等。

（3）协助完成击球动作：击球时不单是上肢挥拍击球，而且需要下肢配合共同发力来完成动作，这是步法结构中的关键。

（4）回动：击球后，应尽快恢复身体平衡，并立即向中心位置移动，以便做好迎击下一个来球的准备，称为回动。

（二）步法取位

为了掌握好击球步法，我们在练习时可将场地划分为不同的区域，以便于合理地选择步法。通常情况下，可把场地分为前场网前区域（右侧为 1 号、左侧为 2 号）、中场区域（右侧为 3 号、左侧为 4 号）和后场区域（右侧为 5 号、左侧为 6 号）。中心点是场区的中心位置，一般为击球前所处位置，如图 8-13 所示。

在击球时应根据不同的来球采用不同的步法，例如，1 号位的来球应该采用前场网前正手上网步法，2 号位来球要采用前场网前反手上网步法等。

视对方来球距离的远近，前场、中场和后场等各项步法可选用一步、两步或三步移动步法到位击球。如图 8-14 所示，中圈内只需原地或移动一步击球；若击球点在中圈与外圈之间，则需要移动两步击球；若击球点在外圈之外，就要移动三步击球了。

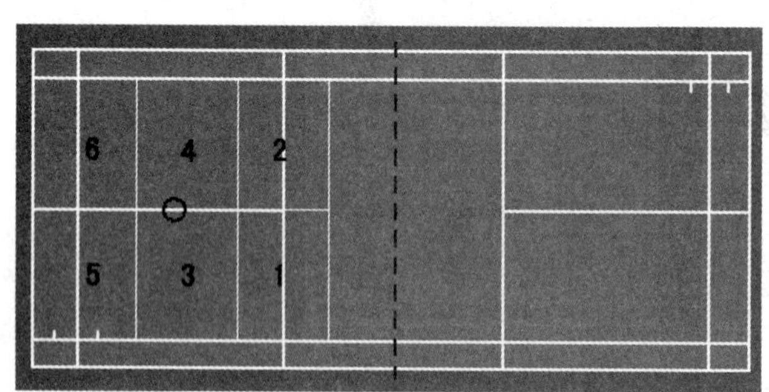

图 8-13　羽毛球场地区域划分

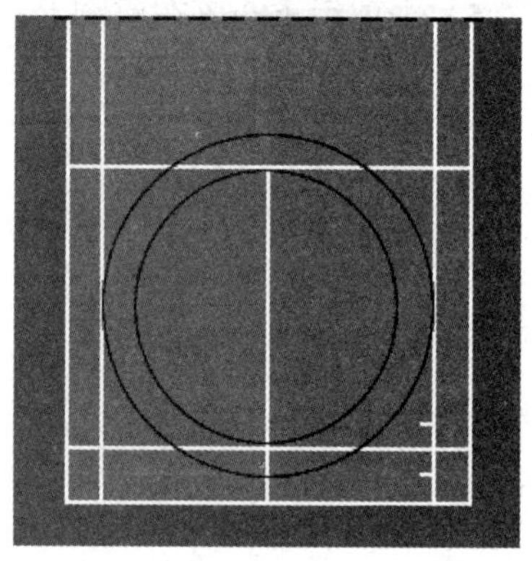
图 8-14　需要不同步数的区域

（三）常用步法

（1）垫步：当右（左）脚向前（后）迈出一步后，紧接着以同一脚向同一方向再迈一步，为垫步。这种步法比较轻捷、灵巧，不但能使移动的步数比较经济，而且还能保持移动中身体重心稳定，从而有利于协助完成击球动作。

（2）并步：右脚向前（后）移动一步时，左脚即刻向右脚跟并一步，紧接着右脚再向前（后）移动一步，称为并步。这种步法较多地运用于上网接球、上网扣杀球和正手后退突击扣杀时。

（3）交叉步：左右脚交替向前、向侧或向后移动为交叉步。这种步法的步幅较大，移动中身体重心比较稳定。经另一脚前面超越的为前交叉步，经另一脚后面超越的为后交叉步。交叉步在后退打后场球时用得较多。

（4）小碎步：以小交叉步移动时称小碎步。由于步幅小，步频快，一般在起动或回动开始时使用。

（5）蹬转步：以一脚为轴，另一脚作向后或向前蹬转迈步。

（6）蹬跨步：在移动的最后一步，左脚用力向后蹬的同时，右脚向来球的方向跨出一大步，称为蹬跨步。它多用于上网击球，在向后场底线两角移动抽球时也常采用。

（7）腾跳步：起跳腾空击球的步法为腾跳步。它可分为两种，一种是上网扑球或向两侧移动突击扣杀球时，以领先的脚（或双脚）起跳；另一种是对方击来高远球时，用右脚（或双脚）起跳到最高点时杀球。使用这种步法，要求协调性好，弹跳力强，在击球后还要善于控制自己的身体重心。

（四）上网步法

上网步法是完成上网搓球、推球、勾球、扑球及挑球的步法，它包括蹬跨步上网，垫步加蹬跨步上网，前交叉步加蹬跨步上网，后交叉步加蹬跨步上网、蹬跳步上网等。下面简要介绍其中的几种。

（1）蹬跨步上网步法：起动后左脚后蹬，接着侧身，右脚向球的方向跨出一大步击球，如图 8-15 所示。

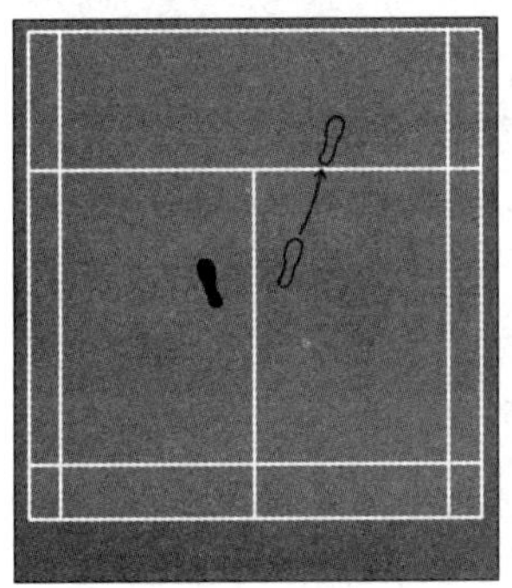

正手蹬跨步上网步法　　反手蹬跨步上网步法

图 8-15　蹬跨步上网步法

（2）两步蹬跨步上网步法：起动后，左脚先朝球的方向迈一步，紧接着左脚后蹬，侧身将右脚朝球的方向跨出一大步，如图 8-16 所示。

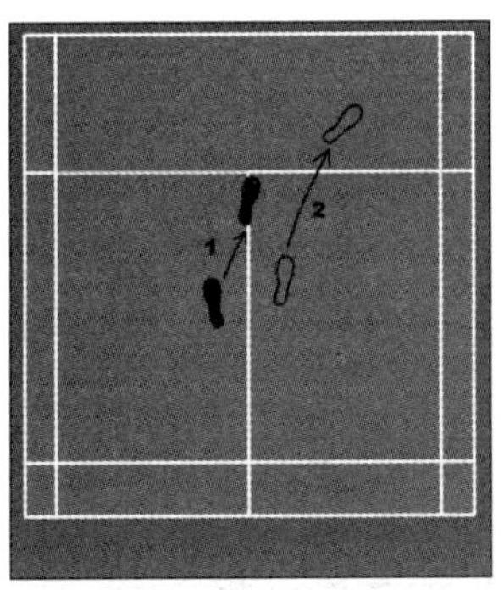

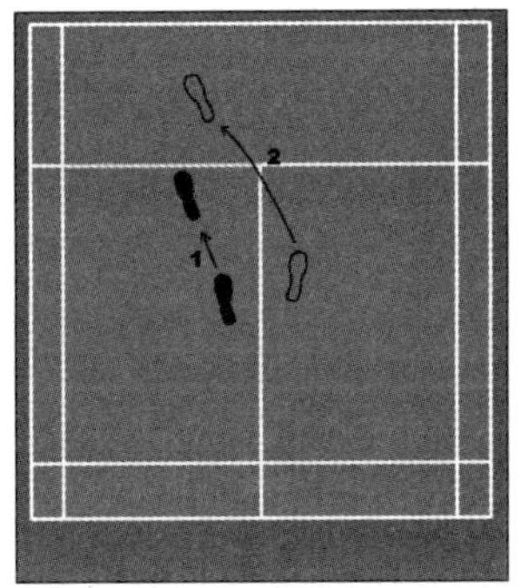

正手两步蹬跨步上网步法　　反手两步蹬跨步上网步法

图 8-16　两步蹬跨步上网步法

（3）垫步加蹬跨步上网步法：右脚先向来球方向迈出一步，紧接着左脚垫一小步，同时右脚抬起，利用左脚的蹬力蹬跨出一大步，如图 8-17 所示。

（4）前交叉步加蹬跨步上网步法：起动后，右脚先向球的方向垫一步，左脚再迈一步，紧接着左脚后蹬，侧身将右脚向球的方向跨一大步，如图 8-18 所示。

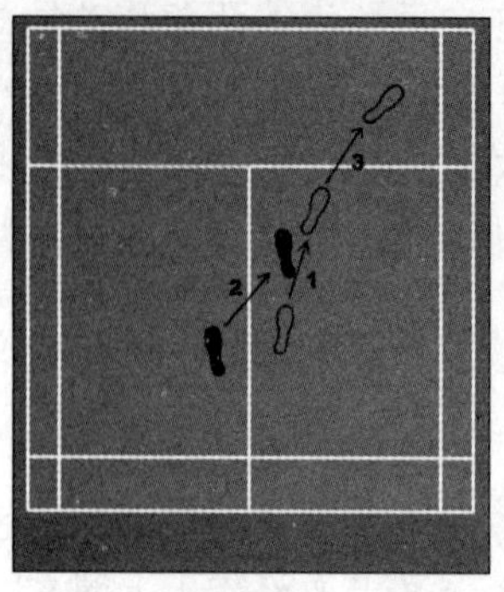

正手垫步加蹬跨步上网步法

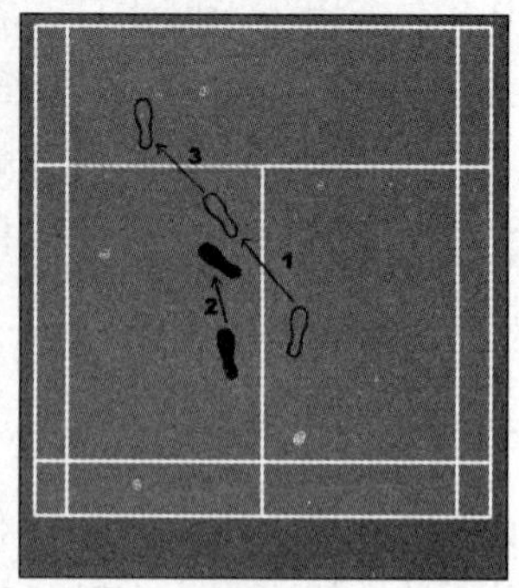

反手垫步加蹬跨步上网步法

图 8-17　垫步加蹬跨步上网步法

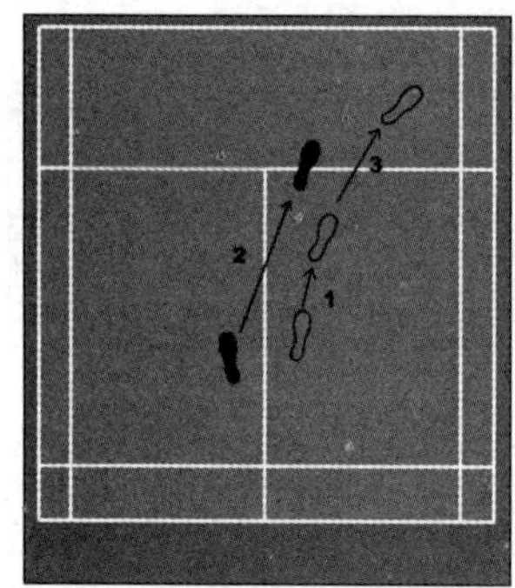

正手前交叉步加蹬跨步上网步法

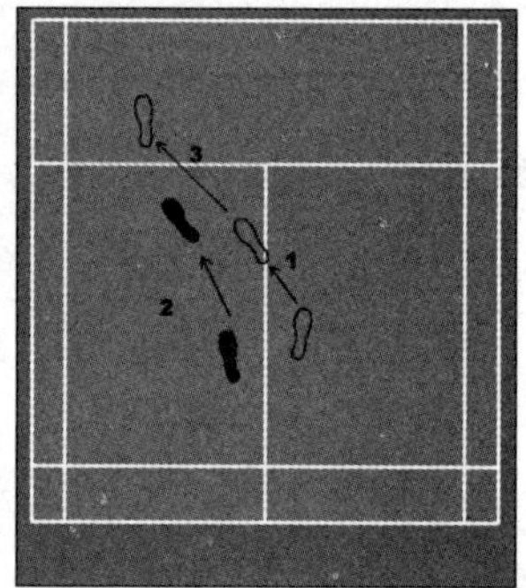

反手前交叉步加蹬跨步上网步法

图 8-18　前交叉步加蹬跨步上网步法

（5）后交叉步加蹬跨步上网步法：起动后，右脚先向球的方向垫一步，接着，左脚向右脚后交叉一步。左脚着地后立即用力后蹬，侧身将右脚向球的方向跨一大步，如图 8-19 所示。

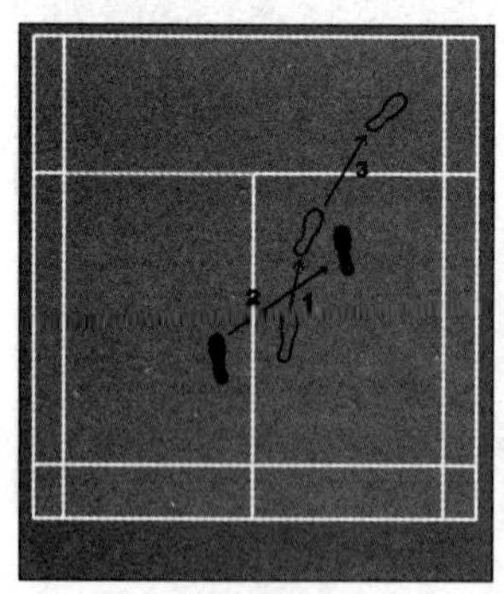

正手后交叉步加蹬跨步上网步法

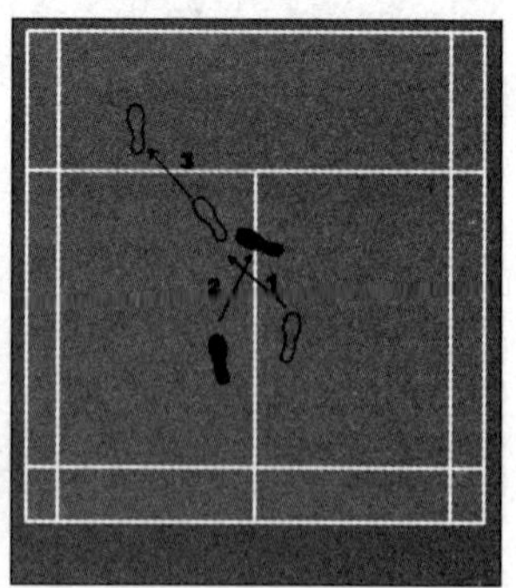

反手后交叉步加蹬跨步上网步法

图 8-19　后交叉步加蹬跨步上网步法

（6）蹬跳步上网步法：这是一种特殊的上网步法，当对方回击网前球过高时，为争取速度，上网扑球常常使用这种步法。这种步法省略了上网步法中的移动过程。从起动开始，身体前倾，双脚向网前方向起跳。击球后，腾空的身体下降，双脚几乎同时落地，然后调整身体重心，恢复正常姿势。

（五）后退步法

后退步法是指从中心位置后退到底线的步法。后退步法是羽毛球步法中最常用的，又是难度较大的步法。

后退步法一般用于后退回击高球、吊球、杀球、后场抽球等。另外，不论采用哪种步法后退击球，其后退前的站位及准备姿势均与上网步法的站位及准备姿势相同。

后退步法包括正手后退步法、头顶后退步法、反手后退步法、正手后退并步加跳步步法、头顶侧身加跳步步法等。下面仅简要介绍一下正手后退步法。

正手后退步法包括并步后退步法、交叉后退步法和并步加跳步后退步法，如图 8-20 所示，其动作要领如下。

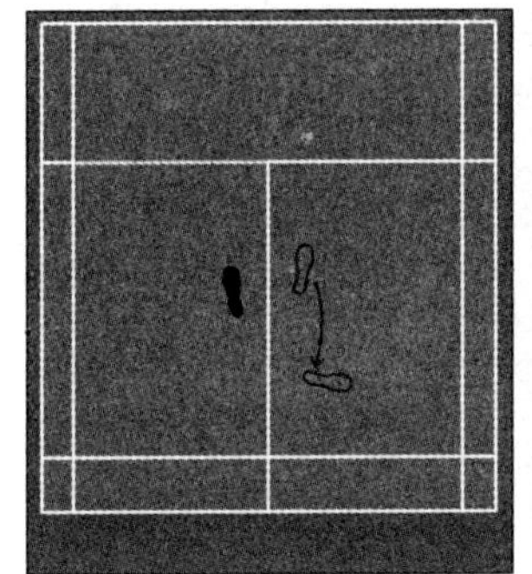

侧身后退一步步法

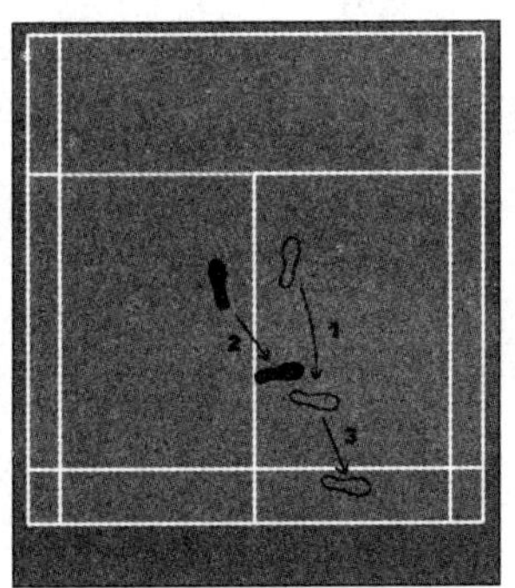

侧身并步后退步法

交叉步后退步法

图 8-20 正手后退步法

（1）侧身后退一步：起动后，以左脚前掌为轴，右脚往右后侧蹬转后退一步，并带动髋部向右后转，重心移到右脚上（右脚脚尖朝右侧，左脚尖也顺势稍右转），成侧身对网姿势。此时可原地击球或起跳击球。

（2）侧身并步后退：起动后，以左脚前掌为轴，右脚往右后侧蹬转后退一步，并带动髋部向右后转，左脚随后向右脚并一步，接着右脚向右后撤一步（重心移到右脚上），成侧身对网姿势。此时可原地击球或起跳击球。

（3）交叉步后退：起动后，以左脚前掌为轴，右脚向右后侧蹬转后退一步（步幅不宜太大），左脚利用后交叉后退一步，紧接着右脚再向右后撤一步（重心落在右脚上），成侧身对网姿势。此时可以原地击球或起跳击球。

（六）两侧移动步法

两侧移动步法是指从中心位置向左、右两侧边线移动的步法，一般用于中场接球、扣杀球或起跳突击等。

使用两侧移动步法时，移动前的站位及准备姿势与上网步法基本相同。两侧移动步法包括左侧移动步法、右侧移动步法和左右侧蹬跳步法。

（1）右侧移动步法：右侧移动步法包括向右侧蹬跨步步法和向右并步加蹬跨步步法，如图 8-21 所示。

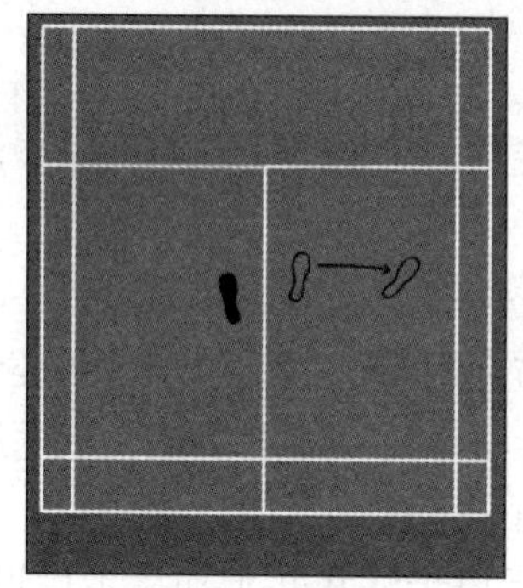

向右侧蹬跨步

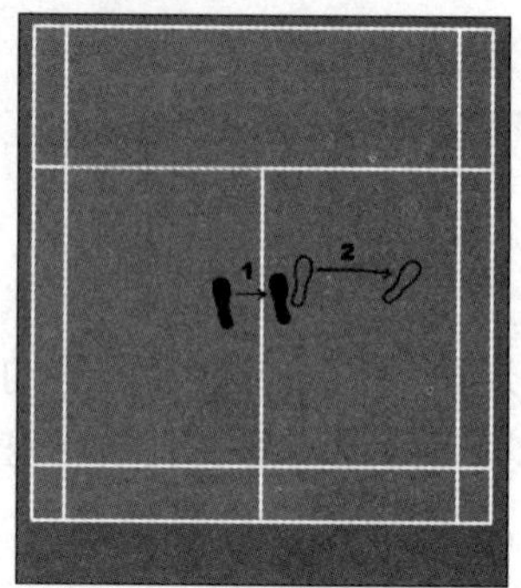

向右并步加蹬跨步

图 8-21　右侧移动步法

（2）左侧移动步法：左侧移动步法包括向左侧蹬跨步步法、向左蹬转跨步步法和向左垫步加蹬转跨步步法，如图 8-22 所示。

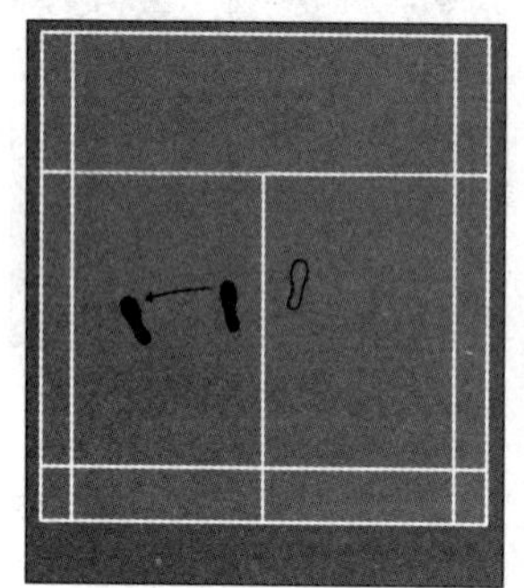
向左侧蹬跨步

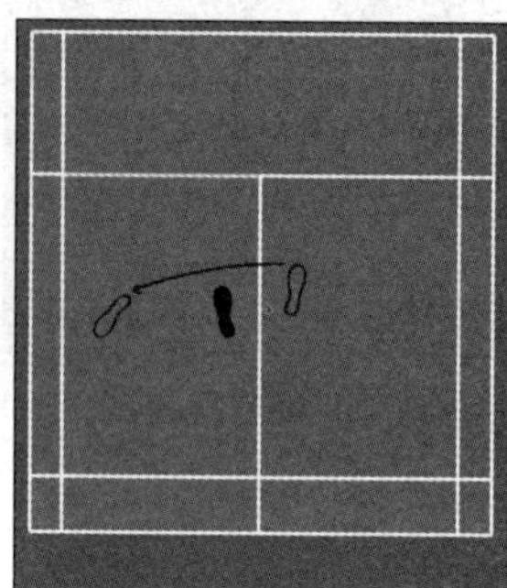
向左蹬转跨步

向左垫步加蹬转跨步

图 8-22　左侧移动步法

（3）左右侧蹬跳步法：这种步法又称突击步法，常用于扣杀球或吊球，有如下两种起跳方法。①从准备动作开始，身体向右（左）稍倾斜，双膝向右（左）微屈起跳。②从准备动作开始，右脚（左脚）向右（左）跨一小步起跳，如图 8-23 所示。

五、羽毛球基本战术

初学者在掌握了一定的基本技术后，就应学习和尽力运用一些简单的战术进行练习和参加比赛，并从实践中不断地加以丰富和提高。下面介绍几种简单的单打战术。

（一）发球抢攻战术

从发球第一拍起，争取控制对方，以攻杀得分。这种战术一般为发网前低球结合平快球、平高球，争取第三拍主动进攻。用这种战术对付应变能力较差的对手，或用于比赛的关键时刻，效果往往很好。实施这一战术时，应有高质量的发球予以保证，否则很难成功。

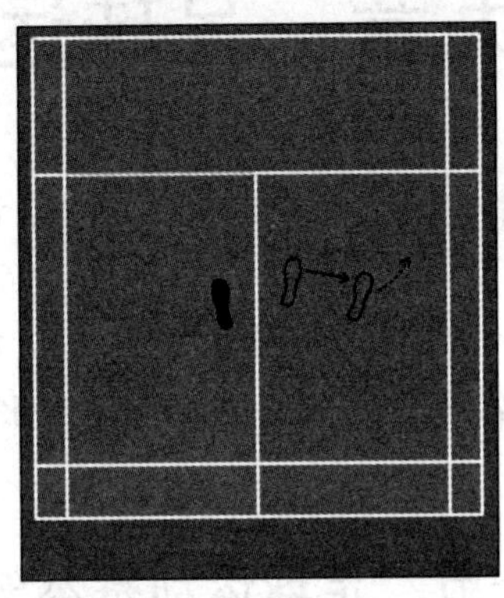

图 8-23　左右侧起跳步法

（二）攻后场战术

此战术是通过击高球、重复压对方的底线两角，造成对方被动，然后寻找机会进攻。用它来对付初学者、后场还击能力较差、后退步子较慢或急于上网的对手是很有效的。

（三）攻前场战术

对网前技术较差的对手，可运用此战术先将其吸引到网前，然后再攻击其后场。要采用此战术，自己首先要有较好的网前击球技术。

（四）打四方球战术

如果对手步子较慢、体力较差、技术不全面，可以快速准确的落点攻击对方场区的四个角落，寻找机会向空当进攻。此战术的主要目的是通过打落点，逼迫对方前后奔跑、被动应付，并在其回球质量下降或露出破绽时攻击之。

（五）杀、吊上网战术

对对手打来的后场高球，本方先以杀球配合吊球把球下压，落点选在场区的两条边线附近，致使对手被动回球。若对手回网前球，本方迅速上网搓球、勾对角球或平推球，创造在中场大力扣杀的机会。要使用这种战术，必须能很好控制杀、吊球的落点。

（六）打对角线战术

对付身体灵活性差、转体较慢的对手，不论是进攻还是防守，均应以打对角线球为主。

第九章　足球运动

足球，全球体育界具有一定影响力的单项体育运动，被誉为“世界第一运动”。以脚支配球为主，但也可以使用头、胸部等部位控球（除守门员外，其他队员不得用手或臂触球；守门员只能在己方禁区内，能用手或臂触球，不可以在大禁区外用手接球），每次有两个队、每队最多有 11 名成员在同一场地内进行攻守的体育运动项目。

第一节　足球运动基本知识

一、足球运动的起源与发展

足球运动起源于中国。据史料记载，我国早在 2500 多年前的战国时代，就出现了足球游戏，当时被称之为“蹴鞠”。所谓“蹴”是指踢，“鞠”是指球。

现代足球运动诞生于英国.1863 年 10 月 26 日，英国人在伦敦成立了世界上第一个足球组织——英国足球联合会，这一天被全世界公认为现代足球的诞生日。

1900年足球运动被列为奥运会正式比赛项目。1904年5月21日国际足球联合会(FIFA)在伦敦成立，迄今为止，国际足球联合会的会员协会已达 208 个，是目前会员协会最多的国际单项体育组织。1930 年，国际足联开始举办世界足球锦标赛（现称世界杯足球赛），后每四年举办一次。足球运动历经了 100 多年的发展与变革，吸引着全球数以亿计的足球爱好者，被誉为“世界第一运动”。足球运动具有以下的特点：

（1）易行性：足球运动受场地和器材的限制较小，对于一般足球爱好者的技战术要求不高，是较易开展的群众性体育活动。一般性足球比赛的参赛人数和比赛时间等可根据实际情况灵活变化；正式的足球比赛，规则简单明了，易于大众观赏。

（2）整体性：在足球比赛中，参赛队员只有思想统一、协同合作、攻则全动、守则全防，只有形成整体的攻守阵势，才能更好地进行战术配合，以争取比赛的主动权，进而取得较佳的比赛成绩。

（3）对抗性：在足球比赛中，双方队员通过传、接、抢、断以及战术配合等方式争夺对球的控制权，目的是将球攻入对方球门，并防守对方的进攻。由此形成了比赛双方的攻守对抗。

（4）多变性：在足球比赛中技、战术的运用需根据场上形势随时调整，场上队员要在奔跑中完成接、控、传、抢、顶和射等技术动作，并要随时与队友进行战术的调整和配合。由此使得比赛形势变化多端，比赛结果悬念迭起。

三、足球和足球场地

（一）足球

标准足球的圆周长为 68～71cm，比赛开始时球的重量为 396～453g，充气后的压力在海平面上相当于 0.6～1.1 个大气压，表面材质为皮革或其他适合材料。

（二）足球场地

（1）场地尺寸：足球场地通常为长方形，长为 90～120m（国际标准 100～110m），宽为 45～90m（国际标准 64～75m），如图 9-1 所示。

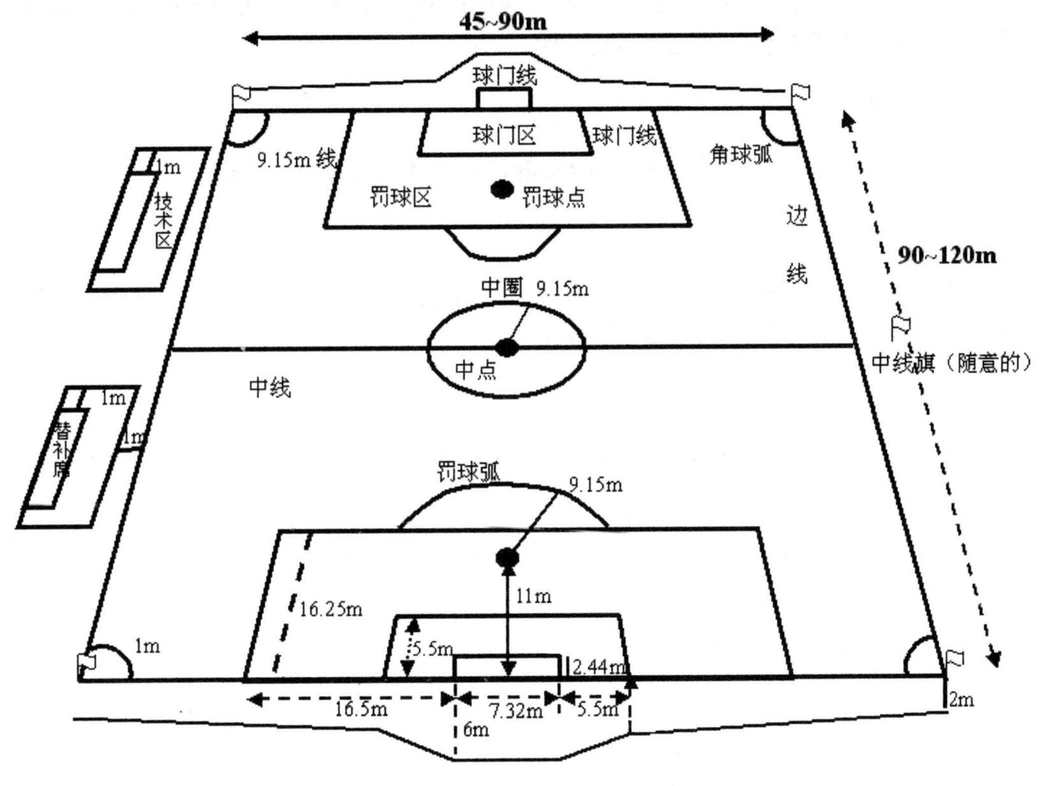

图 9-1　足球比赛场地

（2）场地标记：是比赛场地内划分区域的线条标记，线宽不超过 12cm。场地两边较长的线为边线；连结两条边线端点的较短的线为球门线；场地中间平行于球门线并横穿球场的线为中线；中线的中点为场地中点；以场地中点为圆心，9.15m 为半径的圆圈为中圈。

（3）球门：设在每条球门线的中间区域上，球门长为 7.32m，球门高为 2.44m。

（4）球门区：从距每个门柱 5.5m 处，画两垂直于球门线的线，这些线伸向比赛场地内 5.5m，与一条平行于球门线的线相连。由这些线和球门线组成的区域范围是球门区。

（5）罚球区：从距每个球门柱内侧 16.5m 处，画两条垂直于球门线的线，这些线伸向比赛场内 16.5m，与一条平行于球门线的线相连接。有这些线和球门线组成的区域范围是罚球区。

（6）罚球点：罚球区内，距球门线垂直距离为 11m 的点。

（7）罚球弧：罚球区外，以罚球点为圆心、9.15m 为半径的一段弧线。

（8）角球弧：场内以边线和球门线交点为圆心、1m 为半径的 1/4 弧。

四、足球比赛规则

足球比赛中的基本比赛规则简要介绍如下，以便在进行足球运动时参考。

（一）队员人数

一场比赛由两个队参加，每队上场队员不多于 11 名，其中一名为守门员。如果任何一队的场上队员少于 7 名，则比赛不能开始。

（二）比赛时间

正式比赛分为上、下半场，每半场 45min，中场休息不超过 15min。

（三）场地选择

在比赛开始前，参赛两队通过掷币方式选定场地或开球，猜中的一队选择上半场比赛场地，对方开球。下半场两队交换比赛场地。

（四）计胜方法

（1）进球得分：当球的整体从球门柱间及横梁下越过球门线，而此前进球的一队未有犯规或不正当行为，即为进球得分。

（2）获胜的队：比赛中进球数较多的一队为获胜队。如两队进球数相等或均未进球，则比赛为平局。

（五）越位规则

（1）越位位置：进攻方队员在对方半场内，较球和对方最后第二名防守队员更接近于对方球门线，即是处于越位位置。

（2）越位判罚：处于越位位置的队员如有干扰比赛、干扰对方球员、利用越位位置获得利益的情况，应被判为越位犯规。此时裁判员应由对方队员在越位地点踢间接任意球。如果该队员在对方球门区内越位，那么这个任意球可以在越位时所在球门区内任何地点执行。若队员仅处于越位位置，或在越位位置直接接到同队队员的球门球、界外球或角球时，不属越位犯规。

（六）犯规与不正当行为

1．判罚直接任意球和点球

若队员在比赛中出现下列情形，将被判为犯规，并判由对方在犯规地点踢直接任意球。

（1）踢或企图踢对方队员。

（2）绊摔或企图绊摔对方队员。

（3）跳向对方队员。

（4）冲撞对方队员。

（5）打或企图打对方队员。

（6）推对方队员。

（7）为了得到对球的控制而抢截对方队员时，于触球前触及到对方队员。

（8）拉扯对方队员。

（9）向对方队员吐唾沫。

（10）故意手球（不包括守门员在本方罚球区）。

2．判罚间接任意球

如果队员在比赛中出现下列情形，将判给对方踢间接任意球。

（1）队员动作具有危险性。

（2）队员阻挡对方队员。

（3）队员阻挡对方守门员从其手中发球。

如果守门员在本方罚球区内出现下列情形，将判给对方踢间接任意球。

（1）当手控制球时，在发出球之前持球超过 6s。

（2）在发出球之后未经其他队员触及、再次用手触球。

（3）用手触及同队队员故意踢给他的球。

（4）用手触及同队队员直接掷入的界外球。

五、常用术语

（一）任意球

任意球是足球比赛规则中罚球的一种。若一方队员犯规，则由对方队员在犯规地点踢任意球。任意球分为直接任意球和间接任意球。其中，直接任意球可直接射门得分；间接任意球必须在足球踢出并触及其他队员后进入球门，才能得分。

（二）界外球

界外球是指一方队员最后触球后，球体越出赛场边线的球。当出现界外球时，需由对方队员在球越出边线处，将球掷入场内，重新开始比赛。

（三）球门球

球门球是指进攻方队员最后触球后，球体越出防守方球门线的球（非进球得分时）。当出现球门球时，应由防守方球员在本方球门区内，直接将球踢入场内，重新开始比赛。

（四）角球

角球是指防守方队员最后触球后，球体越出本方球门线的球（非进球得分时）。当出现角球时，应该由进攻方队员在距离球出界处最近的角球弧内，将球踢入场内，重新开始比赛。

（五）点球

点球是指在罚球点上踢出的球。点球可分为罚球点球和踢球点球。

罚球点球：当比赛进行中，一方队员在本方罚球区内违反可判为直接任意球的十条规则之一，即被判罚点球。

踢球点球：淘汰赛中双方加时赛之后依然是平局，将踢点球决定胜负。

（六）定位球

定位球是指在一定位置上踢出的球。任意球、球门球、角球和点球等都属于定位球。

第二节　足球基本技术

足球技术是指运动员在足球比赛规则条件下，运用身体有效部位合理完成各种动作的总称。常用的足球技术包括踢球、接球、头顶球、运球和抢截球等。

一、踢球

踢球是指运动员有目的地用脚的相应部位将球踢向预定目标的技术动作。它主要用于传球和射门。

踢球可按击球时脚触球的部位分为脚内侧踢球、脚背正面踢球、脚背内侧踢球和脚背外侧踢球等。踢球时可按球的状态分为定位球、地滚球、反弹球和空中球等，在此仅以踢定位球为例介绍各动作要领。

（一）脚内侧踢球

脚内侧踢球是用脚内侧的跖指关节、舟骨和根骨所构成的三角部位接触球的一种踢球方法。其特点是触球面积大，可控性强，出球平稳准确，出球力量较小。它适用于短距离传球和射门。

动作要领：直线助跑，支撑脚踏在球侧约 15cm 处，膝微屈，脚尖指向出球方向。支撑脚落地同时，踢球腿以髋关节为轴由后向前摆动，膝、踝外展，脚跟前送，脚尖稍翘，脚掌与地面平行。小腿加速前摆，脚形固定，用脚内侧部位击球的后中部，击球后，踢球腿随球前摆，如图 9-2 所示。

图 9-2　脚内侧踢球

（二）脚背正面踢球

脚背正面踢球是用脚背正面的楔骨和趾骨末端部位触球的一种踢球方法。其特点是踢摆幅度大、摆速快，便于发力，但出球路线缺乏变化。它适用于远距离的传球和大力射门。

动作要领：直线助跑，支撑脚踏在球侧约 15cm 处，膝微屈，脚尖指向出球方向，踢球腿自然后摆，小腿后屈。支撑脚落地同时，踢球腿以髋关节为轴带动小腿前摆。膝关节接近球体上方时，小腿加速前摆，脚背绷直，脚趾扣紧，以脚背正面击球的后中部，击球后，踢球腿顺势前摆，如图 9-3 所示。

图 9-3　脚背正面踢球

（三）脚背内侧踢球

脚背内侧踢球是用脚背内侧的几个楔骨和趾骨末端部位接触球的一种踢球方法。其特点是摆幅度大、摆速快，踢球球力量大，助跑方向和支撑脚站位灵活，出球的方向变化较多。它适用于中、远距离传球和射门。

动作要领：沿出球方向 45°角斜线助跑，支撑脚踏在球体侧后方 20～25cm 处，膝微屈，脚尖指向出球方向，身体稍倾向支撑脚一侧，踢球腿自然后摆。支撑脚落地同时，踢球腿以髋关节为轴带动小腿前摆。膝关节接近球体上方时，小腿加速前摆，脚尖外转，脚面绷直，脚趾扣紧，以脚背内侧击球的后中部，击球后，踢球腿顺势前摆，如图 9-4 所示。

图 9-4　脚背内侧踢球

二、接球

接球也称停球，是指运动员有目的地运用身体的有效部位触球，将运行中的球接控在所需要范围内的技术动作。较为简单的接球方法有脚内侧接球和脚底接球等。

（一）脚内侧接球

脚内侧接球的特点是触球面积大，接球平稳，便于改变球的方向。它适用于接地滚球和反弹球。

动作要领：

（1）接地滚球时，身体正对来球，支撑腿微屈，接球腿屈膝外转前迎，脚内侧对准来球，脚内侧触球瞬间自然后撤，将球控制在所需要的位置上，如图 9-5 所示。

（2）接反弹球时，支撑脚踏在落球点的侧前方，膝微屈，上体稍前倾，并向停球方向微转。接球腿屈膝上提，膝、踝外转，脚内侧对准球的反弹路线，当球落下反弹刚离地时，用脚内侧触压球的中上部，如图 9-6 所示。

图 9-5　脚内侧接地滚球

图 9-6　脚内侧接反弹球

（二）脚底接球

脚底接球的特点是动作简单，控球稳定。它适用于接地滚球和反弹球。

动作要领：身体正对来球，支撑腿踏在球的侧后方，膝微屈，停球腿自然屈膝上提，脚尖翘起，用前脚掌触压球的中上部，如图 9-7 所示。

图 9-7　脚底接球

三、头顶球

头顶球是指运动员有目的地用额部将球击向预定目标的技术动作。头顶球包括前额正面顶球和前额侧面顶球。

（一）前额正面顶球

特点：触球部位平坦，发力顺畅，易于控制出球方向，出球平稳有力。

动作要领：身体正对来球，两腿前后开立，膝微屈，上体后仰，重心置于后脚，两臂自然张开。当球运行到身体垂直部位前的瞬间，后腿用力蹬地，重心前移，迅速向前摆体，微收下额，用前额正面击球的后中部，如图 9-8 所示。

（二）前额侧面顶球

特点：动作突然、能变换出球方向，但触球面积小，出球力量较小。

动作要领：两脚前后开立，与来球方向的同侧脚在前，两膝微屈，重心置于后脚。上体和头部向出球的相反方向倾斜，两臂自然张开。当球运行到体前上方时，后脚用力蹬地，上体迅速向出球方向扭摆，屈体甩头，用前额侧面击球的后中部，如图 9-9 所示。

图 9-8 前额正面顶球

图 9-9 前额侧面顶球

四、运球

运球是指运动员在跑动过程中用脚连续推拨球，使球处于自己控制范围之内的技术动作。常用的运球方法有脚内侧运球、脚背正面运球和脚背外侧运球等。

（一）脚内侧运球

特点：易于控球，但运球速度慢，适用于掩护性运球。

动作要领：运球时，支撑脚踏于球的侧前方，膝微屈，重心移至支撑脚，身体略转向运球方向，运球腿屈膝上提，脚尖外转，在向前迈步过程中用脚内侧推球前进，如图 9-10 所示。

（二）脚背正面运球

脚背正面运球的特点是直线推拨，速度快，但运球路线单一。它多在快速运球前进或前方纵深距离较大时使用。

动作要领：运球时，身体自然放松，两臂自然摆动，上体稍前倾，步幅不宜过大，运球脚提起时，膝微屈，脚跟提起，脚尖下指，在向前迈步过程中用脚背正面推球前进，如图 9-11 所示。

图 9-10　脚内侧运球　　　　图 9-11　脚背正面运球

（三）脚背外侧运球

脚背外侧运球的特点是具有较强的灵活性和可变性，易于控制运球方向和提高运球速度。它多在快速奔跑和向外改变运球方向时使用。

动作要领：其动作要领与脚背正面运球相似，只是在摆脚时，脚尖稍向内转，用脚背外侧推球前进，如图 9-12 所示。

图 9-12　脚背外侧运球

五、抢截球

抢截球是指在比赛规则允许的范围内，运动员有目的地运用身体的某一部位，将对方控制下或传递中的球夺过来、踢出去或破坏掉的技术动作。常用的抢截球方法有正面抢球和侧面抢球等。

（一）正面抢球

动作要领：两脚前后开立，两膝微屈，身体重心下移，落于两脚。在控球队员运球脚触球后即将着地或刚刚着地时，抢球队员支撑脚用力蹬地，抢球脚以脚内侧对球，并屈膝向球跨出将球堵截。身体重心随即移至抢球脚，支撑脚前跨将球控制住，如图 9-13 所示。

（二）侧面抢球

动作要领：当与对方控球队员成平行跑动时，中心稍下移，靠近对手一侧的手臂紧贴身体。当对方靠近自己一侧的脚离地时，用肘关节以上部位冲撞对方相应部位，使其失去平衡，趁机将球控制在自己脚下，如图 9-14 所示。

图 9-13　正面抢球

图 9-14　侧面抢球

第三节　足球基本战术

足球战术是指在足球比赛中，为了战胜对方，根据主客观情况所采取的个人行动和集体配合的方法。足球战术可分为比赛阵型、进攻战术和防守战术三大部分。攻守战术中又各自包括个人战术、局部战术和整体战术。

一、比赛阵型

足球比赛阵型是指为了适应攻守战术的需要，队员在场上的位置排列和职责分工的基本形式。各阵型的名称按队员排列的形状而定。阵型的序列由后向前依次为守门员、后卫、前卫和前锋。由于守门员的职责是固定的，一般不列入比赛阵型中。较为常见的比赛阵型有 4—2—4、4—3—3、3—5—2 和 4—4—2 等。例如，4—4—2 阵型为 4 名后卫、4 名前卫和 2 名前锋。

二、进攻战术

（一）个人进攻战术

个人进攻战术包括了采取有效措施，摆脱对方防守队员；跑动到有利位置，接应队友传球；运球突破对方防线，寻求射门机会等，其目的是进球得分。

（二）局部进攻战术

局部进攻中常用“二过一”战术配合。“二过一”战术配合是指在局部地区两名进攻队员通过连续传球和跑位，突破一名防守队员的配合。

（1）斜传直插二过一：是指当对方防守队员逼近正在运球的进攻队员时，进攻队员将球传给队友，然后直插到对方防守队员身后的空当，接应队友传球的一种战术配合，如图 9-15 所示。

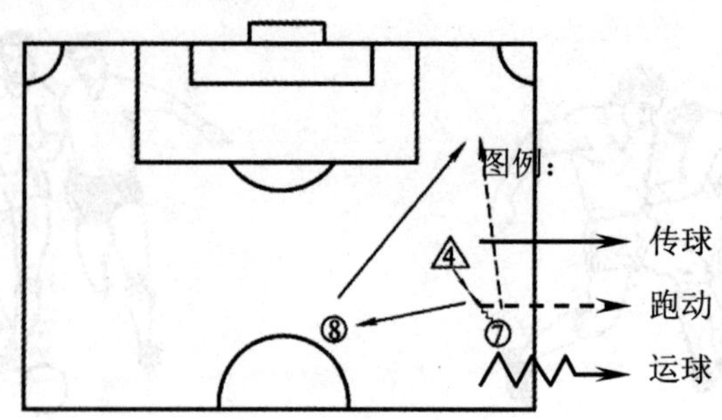

图 9-15　斜传直插二过一

（2）直传斜插二过一：是进攻队员将球直传给队友，当对方防守队员逼近控球队友时，队友将球传至对方防守队员身后的空当，进攻队员立即斜插入空当，接应队友的传球的一种战术配合，如图 9-16 所示。

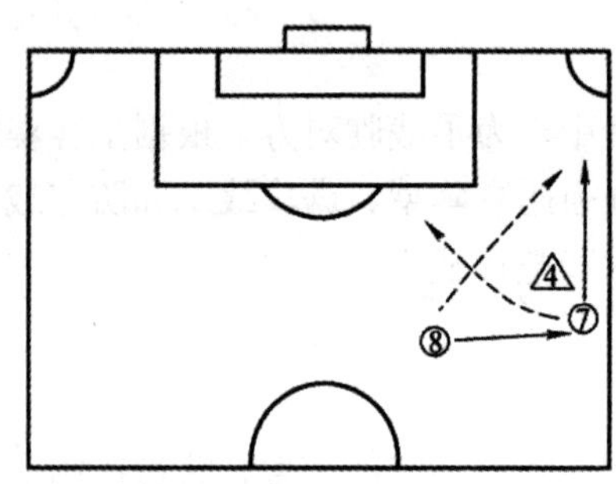

图 9-16　斜传直插二过一

（3）跳墙式二过一：是指当防守队员逼近正在运球进攻的队员时，进攻队员将球传给队友，队友接球后直接将球传至对方防守队员身后的空当，进攻队员快速切入空当，接应队友的传球的一种战术配合，如图 9-17 所示。

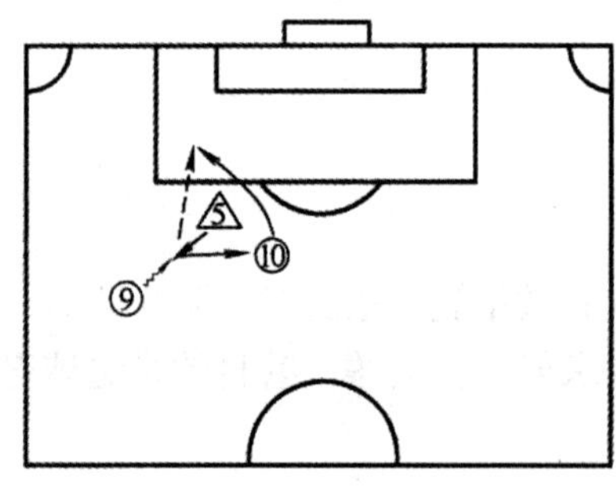

图 9-17　跳墙式二过一

（三）整体进攻战术

整体进攻战术主要包括边路进攻和中路进攻战术。

（1）边路进攻：是指在对方半场两侧地区发起的进攻。边路进攻可充分利用场地的宽度，拉开对方的防线，使对方边路场区的防守队员分散、防守相对薄弱，以便进攻队员利用对方边路的空当突破防线，再通过传中等方式，创造射门机会。

（2）中路进攻：是指在对方半场中部发起的进攻。中路进攻的特点是进攻人数多，

配合点多，破门机会多，但由于对方中路防守严密，突破难度较大。

三、防守战术

（一）个人防守战术

个人防守战术中运用较多的是选位和盯人。

（1）选位：是指防守队员根据位置职责和临场情况，选择适当的防守位置。防守队员选位的点，一般应在本队球门中心与被防守队员所构成的直线上。

（2）盯人：是指防守队员对进入本方防守区域内的对方队员实施监控，并及时封堵对方队员接球或传球。

（二）局部防守战术

常用的局部防守战术有保护、补位和围抢等。

（1）保护：是指一名防守队员在防守对方球员持球进攻时，另一名防守队员在其身后选择适当位置进行协助防守的战术配合。

（2）补位：是指一名防守队员的防守出现漏洞时，另一名防守队员及时上前弥补漏洞的战术配合。通过队友间的相互补位，可以有效地遏制和破坏对方的进攻。

（3）围抢：是指在局部区域内，多名防守队员同时围堵对方控球队员，以达到抢截或破坏对方进攻目的的战术配合。

（三）整体防守战术

整体防守战术主要包括人盯人防守、区域防守和混合防守等。

（1）盯人防守：是指每个防守队员都有各自明确的防守对象，对手移动到哪里就要紧跟盯防到哪里。

（2）区域防守：是指每个队员负责自己的防守区域，并在该区域内盯人防守。

（3）混合防守：是盯人防守与区域防守相结合的防守方法。一般情况下，对于对方中场组织队员和持球进攻队员采用盯人防守；对于其他对员采用区域防守。

第十章　篮球运动

篮球运动是以投篮、上篮和扣篮为中心的对抗性体育运动之一。两队参与，每队出场5名队员，目的是将球投入对方球篮框中得分，并阻止对方获得球权和得分。篮球比赛的形式多种多样，其中包括最流行的街头三人篮球赛。当今世界篮球水平最高的联赛是美国篮球职业联盟（NBA）比赛。打篮球不只是运动，也是一种很好的娱乐方式，可以增进朋友间的友谊。

第一节　篮球运动基本知识

一、篮球运动的起源与发展

篮球运动于1891年由美国的詹姆斯·奈史密斯博士发明，最初只是一种活动性游戏。詹姆斯·奈史密斯将两个桃篮挂于墙上作为篮筐，用足球作为比赛工具，以投足球入对方篮筐次数多的一方为胜方。因为游戏中使用了篮筐和足球，所以起名为篮球。

最初的篮球比赛，对场地大小、上场人数和比赛时间均没有严格的限制，只需双方参加比赛的人数相等即可。1892年詹姆斯·奈史密斯制定了13条篮球比赛规则，目的是使篮球比赛在公平对等的条件下进行，同时不允许粗野动作的发生。

1908年美国制定了全国统一的篮球比赛规则，该规则被翻译成多种语言出版，从此篮球运动在美洲、欧洲和亚洲逐渐发展起来，成为一项世界性的运动项目。

1936年第11届奥运会将男子篮球比赛列为正式比赛项目，1976年第21届奥运会又增加了女子篮球比赛，从此篮球运动登上了国际体育竞技舞台。随着篮球运动的发展，比赛规则也不断地被增删和完善，现行的篮球比赛规则有61条和57个手势图。

1895年篮球运动传入天津，并且在中国各大城市的大、中学校逐渐开展起来。至20世纪50年代末，我国篮球运动水平已接近世界先进水平。

目前，篮球运动正朝着高速度、高空优势、高超技巧和顽强对抗的方向发展。随着国际交往和学习研究的加强，篮球运动必将会被推向新的高潮。

二、篮球运动的特点

篮球运动的特点主要有以下几个：

（1）广泛性：篮球运动容易开展，活动量可大可小，参加者不受年龄、性别等限制。

（2）集体性：篮球运动的活动形式是以两队相互协同的形式展开的，竞赛过程中需要团队成员的配合，才能取得最佳的效果。

（3）对抗性：在狭小的场地范围内，参与者要快速地追击、抢夺、限制与反限制，通过进攻与防守向对方篮筐投篮或防止对方向我方篮筐投篮。因此，篮球运动具有很强的竞争性和对抗性。

（4）时空性：篮球比赛是在一定的时间内围绕空间的球和篮展开的攻守对抗。比赛中，参与者要以智慧运用各种技术和战术，争取有限的时间去争夺空间优势，这也是篮球运动独异的特点。

三、篮球场、篮球架和篮球

（一）篮球场

标准篮球场地是一块长 28m，宽 15m 的长方形平地。球场必须有明显的界线，如图 10-1 所示，界线距观众、广告牌或其他障碍物至少 2m。篮球场长边的界线叫边线，短边的界线叫端线。

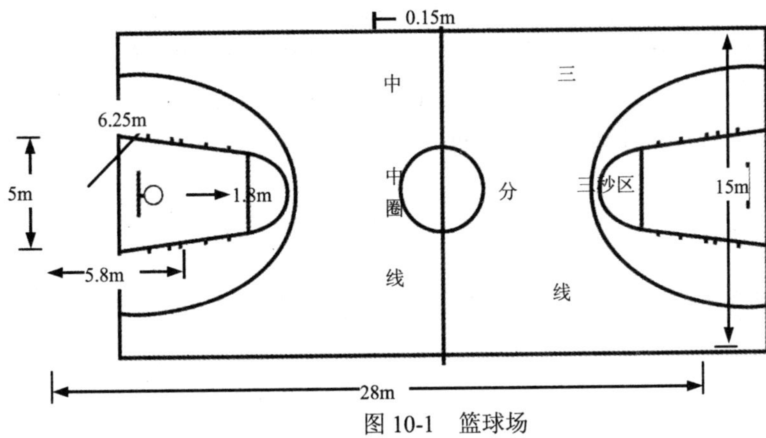

图 10-1　篮球场

（二）篮球架

篮球架包括篮板、篮筐（由篮圈和篮网组成）、篮板支架和 24s 钟。

（1）篮板是用坚硬木材或透明材料制成，厚 3cm，高 1.05m，长 1.80m。篮板下沿距地面 2.90m，如图 10-2 所示。

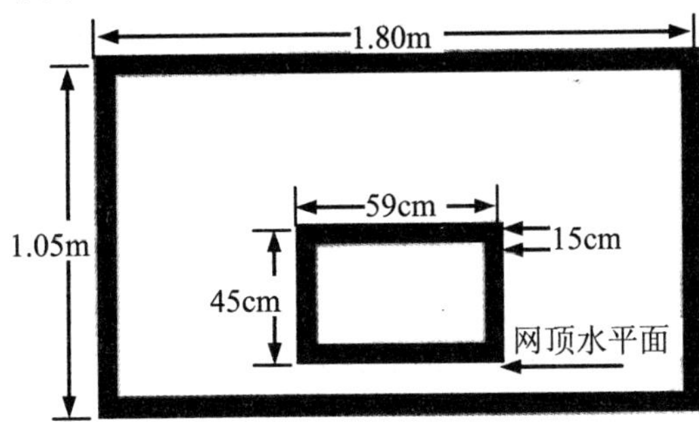

图 10-2　篮板

（2）篮圈由实心铁条制成，内径为 45cm，距地面的高度为 3.05 m；篮网用白色的细绳结成，悬挂于篮圈上，网长不得短于 0.40m，不得长于 0.45m。

（3）高度小于 2.75m 篮板支架，表面要包扎，包扎物的最小厚度为 15cm。

（三）篮球

篮球应是正圆体，颜色为橙色或者暗橙色，外皮必须用皮、橡胶或合成物质等材质制成。篮球的圆周尺寸不得小于 74.9cm，不得大于 78cm。篮球的重量不得少于 567g，不得多于 650g。冲气后，篮球从距地面（从球底部量起）1.80m 的高度落到比赛场地上时，其反弹高度（从球的顶部量起）不得低于 1.20m，不得高于 1.40m。

四、篮球比赛规则

下面简要介绍一下篮球运动的比赛规则，供大家在进行篮球运动时参考。

（一）比赛方法

一队五人，其中一人为队长，候补球员最多七人，但也可应主办单位要求而增加人数。比赛分四节，每节各 10min，各节之间休息 2min，中场休息 10 min。若比赛结束后两队积分相同，则举行 5 min 加时赛 ；若 5 min 加时赛后积分仍相同，则再次进行 5 min 加时赛，直至比出胜负为止。

（二）得分种类

球投入对方篮筐，经裁判认可后便得分。3 分线内投中得 2 分，3 分线以外投中得 3 分，罚球投中得 1 分。

（三）进行方式

两队各推选一名球员到中央跳球区（中圈内）准备跳球；主裁判员持球步入中圈执行跳球时，比赛正式开始；比赛过程中，由发球球员掷界外球，两队相互协同展开比赛。比赛进行到下半场的时候，双方要交换场地。

（四）选手的替换

每次替换选手都要在 20s 内完成，替换次数不限定。替换选手时，裁判可暂时中止球赛的计时。

（五）违例

违例是指球员在比赛过程中，不慎侵犯了比赛中的一些基本规定，如带球走、两次运球等。一般来说，违例是无意中发生的，不存在侵犯对方身体的行为。罚则是指对违反比赛规则行为的处罚。以下介绍几种常见的违例和对其进行的罚则。

1．时间方面的违例

（1）3s 违例：控球队员在对方的限制区内持续停留超过 3s。

（2）5s 违例：队员持球后，5s 内没有传球、投球或者运球。

（3）8s 违例：球队从后场控制球开始，8s 内没有使球进入前场（对方的半场）。

（4）24s 违例：进攻球队在场上控球时，24s 内没有投篮出手。

2．带球走

带球走是指在比赛过程中，持球队员一只脚向任意方向踏出一次或多次时，另一只脚（中枢脚）离开了地面。

要想判断持球队员是否带球走，关键是确定持球队员的哪一只脚是中枢脚。确定中枢脚的方法是：如果队员双脚着地或双脚离地时接到球，可以用任意一只脚作为中枢脚。双脚着地时或着地后，一只脚抬起的一刹那，另一只脚为中枢脚；如果队员在移动中接到球，接到球后哪只脚先着地哪只脚为中枢脚。

3．两次运球

两次运球是指球员在单手运球过程中，双手持球后未传球或投篮，仍继续单手运球。

4．脚踢球

脚踢球是指运动员故意用膝或者膝以下任何部位去击球、阻拦球。

5．跳球违例

（1）非跳球队员进入中央跳球区。

（2）裁判还没有扔球，跳球球员就提前起跳。

（3）球在上升的过程中没有上升到最高点的时候，跳球队员就跳起拨球。

（4）球未碰到非跳球队员或地面之前，跳球队员就抓住球或拍打球超过两次。

（5）球未被合法拍击前，非跳球运动员跳起。

罚则：在比赛过程中出现时间方面的违例、带球走、两次运球、脚踢球和跳球违例等均判对方在违例地点附近的边线或底线发界外球。

（六）犯规

犯规是指球员在比赛过程中，采用不正当的方式来获得得分，或者在防守时侵犯了进攻队员的身体，如打手、推人和带球撞人等行为。一般来说，犯规是故意发生的，包含了与对方队员的身体接触或违反体育道德的举止。

1．侵人犯规

侵人犯规是指比赛过程中，队员与对方队员的接触犯规，例如，队员通过伸展他的手、臂、肘、肩、髋、腿、膝或脚来拉、阻挡、推、撞、绊、阻止对方队员行进；队员将自己的身体扭曲成“反常”的姿势（超出自己的圆柱体）；队员对对方队员有任何粗暴的动作，都属于侵人犯规。

罚则：给犯规队员记一次侵人犯规以及判给对方球权或罚球，当判给对方球权或罚球时，按如下规定执行：

（1）对没有做投篮动作的对方队员进行了侵人犯规，由对方队员在靠近犯规地点的界线外掷界外球。

（2）对正在做投篮动作的对方队员进行了侵人犯规，如果对方队员投篮成功应计得分并判给其 1 次罚球；如果对方队员投篮未中，在 2 分区（或 3 分区）投篮，则判给其 2 次（或 3 次）罚球。

2．双方犯规

双方犯规是指防守队员和进攻队员大约同时相互发生侵人犯规的情况。

罚则：给每一位犯规队员都登记一次侵人犯规，不判给任何一方罚球。

3．违反体育道德的犯规

违反体育道德的犯规（又称故意犯规）是指队员不是运用技术和战术合理对抗，故意对对方队员发生的侵人犯规。

罚则：给犯规队员登记一次违反体育道德犯规，由被犯规队员罚球以及随后由被犯规队员从中场边线外发界外球。

罚球次数如下：

（1）如果对没有做投篮动作的队员发生犯规，应判给被犯规队员 2 次罚球。

（2）如果对正在做投篮动作的队员发生犯规，被犯规队员投球中篮应记得分并加判给其 1 次罚球。

（3）如果对正在做投篮动作的队员发生犯规，被犯规队员投球未中，应判给其 2 次或 3 次罚球。

五、篮球运动常用术语

为了便于描述篮球技术与战术，我们首先来学习一些常用的篮球运动术语。

（1）卡位：进攻者运用脚步动作把防守者挡在自己身后的一种步法。

（2）持球突破：持球者运球超越防守者的行为。

（3）扣篮：运动员单手或双手持球跳起，在空中自上而下将球扣进篮圈的动作。

（4）补篮：队员投篮不中时，同伴跳起在空中将球补进篮内的行为。

（5）一传：持球队员由防守转为进攻的第 1 次传球。

第二节　篮球基本技术

篮球技术是在篮球比赛中，队员为了攻守目的所运用的各种专门动作的总称。篮球技术包括进攻（包括脚步移动、传接球、运球、投篮和持球突破等）和防守（包括防无球队员和防有球队员）两大技术体系，其中脚步移动、传接球、运球、投篮四种基本技术较为常用。

一、脚步移动

脚步移动是在篮球比赛中队员为了争取时间和空间上的主动优势所采用的各种脚步动作的总称，是学习篮球技术和使用机动灵活战术的基础。脚步移动主要包括基本站立姿势、起动、跑、急停、滑步和转身等技术。下面将对这六种技术进行简要介绍，便于大家以后的学习和练习。

（一）基本站立姿势

基本站立姿势是脚步移动的准备姿势，以便于各种技术动作的开始和运用。

动作要领：两脚前后或左右开立，与肩同宽，两膝微曲，重心落于两脚间，上体稍前倾，两臂自然弯曲于体侧，两眼注视全场情况。

（二）起动

起动是队员在球场上由静止状态变为运动状态的一种起始动作，一般用于攻、守中抢占有利位置的行动中。起动包括向前和向侧起动两种方式。

动作要领：从基本站立姿势开始，向左侧起动时，重心左移，上体迅速左转，左脚不动，右脚前脚掌用力蹬地，并向左跨出，两臂自然摆动；向前或向右起动与向左起动的动作要领相仿，只是方向不同而已。

（三）跑

跑是最基本的移动技术，包括侧身跑、变速跑、变向跑、后退跑等技术。下面简要介绍侧身跑和变速跑的动作要领。

1．侧身跑

侧身跑是队员在跑动中为了抢位、摆脱防守、接侧向或侧后方的传球而采用的一种跑动方法。

动作要领：跑动过程中，两脚尖正对跑动方向，头和上体转向球的方向。

2．变速跑

变速跑是队员在跑动过程中改变跑的速度（加速或减速）的一种方法。

动作要领：跑动过程中，加速时，上体前倾，两脚掌连续交替向后蹬地，同时迅速摆臂；减速时，上体直起，加大步幅，用前脚掌抵地，缓冲减速。

（四）急停

急停是进攻队员在快速跑动过程中，突然制动并成静止状态的一种方法。常用的急停包括跨步急停和跳步急停两种方法。

1．跨步急停

动作要领：停步时，一只脚向前跨出一大步，脚跟着地过渡到全脚掌抵地，同时迅速屈膝，上体后仰。另一只脚紧随着地时，脚尖内旋，身体顺势侧转，前脚掌内侧蹬地。两臂曲肘张开，保持身体平衡。

2．跳步急停

动作要领：停步时，双脚起跳，上体稍后仰，两臂自然摆动，两脚同时平行落地，曲膝降重心，两臂曲肘张开，保持身体平衡。

（五）滑步

这是队员防守时移动的主要步法。常用的滑步包括侧滑步、前滑步和后滑步三种步法。

1．侧滑步

动作要领：开始滑步前，两脚左右开立，微屈膝，两臂侧张开。向左滑步时，身体重心左移，左脚向左跨出一步，落地的同时，右脚迅速滑行跟进，完成一步侧滑，然后重复以上动作，如图 10-3 所示。向右滑步时，动作相反。

图 10-3　向左侧滑步

2．前滑步

动作要领：开始滑步前，两脚前后开立，微屈膝，两臂前后张开。向前滑步时，身体重心前移，前脚向前跨一步，落地的同时，后脚迅速滑行跟进，完成向前滑一步，然后重复以上动作；向后滑步时，动作相反。

（六）转身

转身是队员以一脚做轴（中枢脚），另一只脚蹬地向前或向后跨出，身体顺势转动，以改变身体方向的一种方法。转身包括前转身和后转身两种方式。

1．前转身

动作要领：转身时（以右脚为中枢脚），左脚前脚掌向外蹬地，同时身体重心右移，左脚经体前向右跨一步，同时中枢脚以前脚掌为轴（脚跟提起）用力碾地旋转，身体顺势右转，如图 10-4 所示。

图 10-4　前转身

2．后转身

后转身和前转身的动作要领相仿，不同的是后转身时移动的脚向自己身后跨步使身体改变方向。

二、传接球

传接球是篮球比赛中队员之间有目的地转移球，以更好地配合全队进攻的有效手段。因此，传接球是组织全队进攻配合的纽带，也是提高进攻质量的重要环节。下面将对传接球方法进行简要介绍。

（一）传球

传球包括双手胸前传球、双手低手传球、双手头上传球、单手肩上传球、单手胸前传球、单手低手传球、单手背后传球、单手体侧传球和勾手传球等方法。下面将对双手胸前传球和单手肩上传球进行简要的介绍。

1．双手胸前传球

双手胸前传球是一种最基本、最常用的传球方法，适用于不同方向、不同距离的传球，其特点是准确性高，便于控制球。

动作要领：双手持球时，两脚开立，两膝微曲，重心落于两脚间，双手十指自然分开，两拇指相对成“八”字形，指根以上部位持球两侧，掌心空出，持球于胸腹之间；传球时，两臂迅速向传球方向前伸，当手臂将要伸直时，急促抖腕，同时两拇指用力下压，食、中指用力拨球，将球传出，如图 10-5 所示。

图 10-5　双手胸前传球

2．单手肩上传球

单手肩上传球是一种常用于中、远距离传球的方法，其特点是传球力量大，利于抢到后场篮板后发动长传快攻。

动作要领（以右手传球为例）：左脚向传球方向迈出半步，同时右臂引球至右肩上方，左手离球，左肩对着传球方向，重心落于右脚上。右脚内侧蹬地转身，同时迅速向前挥臂，手腕前曲，通过食、中指拨球，将球传出，如图 10-6 所示。

图 10-6　右手肩上传球

（二）接球

接球是队员获得球的动作，是抢篮板球和断球的基础。接球包括双手接球和单手接球两种方法。

1. 双手接球

双手接球包括双手接胸部高度的球、双手接头部高度的球、双手接低于腰部的球、双手接反弹球、双手接地滚球等方法。下面介绍双手胸前接球的动作要领。

双手胸前接球动作要领：两眼注视来球方向，两臂向来球方向伸出，十指自然分开。当双手触及到球时，手臂顺势引球，将球持于胸腹之间，如图 10-7 所示。

图 10-7　双手胸前接球

2. 单手接球

动作要领（以右手接球为例）：两眼注视来球方向，右臂微曲，伸向来球方向，手掌成勺形，五指自然分开。当手指触及到球时，右臂顺势引球，左手立即帮助右手，双手持球于胸腹间，如图 10-8 所示。

图 10-8　单手接球

三、运球

运球是持球队员用手连续按、拍从地面反弹起来的球的动作。运球不仅是比赛中个人进攻的有力手段，也是组织全队进攻和同伴间战术配合的桥梁。

运球包括高运球、低运球、体前变向换手运球、后转身运球、运球急停急起、胯下运球等方法。下面将对高运球、低运球、体前变向换手运球和胯下运球进行简要介绍。

（一）高运球

高运球是球反弹的高度在腰、胸之间的运球方法，一般用于无防守的快速运球。

动作要领（以右手运球为例）：运球时，微曲膝，上体稍前倾，目平视，以肘关节为轴，前臂自然伸曲，用右手按拍球的后上方，控制球的落点在身体右前方，球的反弹高度在胸腹之间。

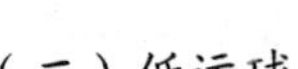

（二）低运球

当持球队员接近防守队员或防守队员来抢球时，持球队员为保护球或摆脱防守，常采用低运球方法。

动作要领：运球时，抬头、目视前方，深曲膝，上体前倾，用上体、腿和另一只手臂保护球。同时，用手短促地按拍球，控制球的反弹高度在膝关节以下。

（三）体前变向换手运球

当防守队员堵截运球队员的进攻路线或运球队员运球接近防守队员时，运球队员可运用体前变向换手运球摆脱和突破对手。

动作要领（以运球队员左手运球突破对手左侧为例）：运球队员左手运球，当对手向左侧移动堵截时，运球队员应向左侧加速运球吸引对手偏离正常防守位置，接着突然变向，用左手按拍球的左后上方，向右侧送拍球，左脚迅速向右前方跨出，上体左转并前倾探肩，换右手按拍球的后上方，加速运球突破对手，如图 10-9 所示。

图 10-9　体前变向换手运球

（四）胯下运球

动作要领（以右手胯下运球为例）：运球跨步急停后，两脚前后开立，左脚在前，重心落于两脚间，右手按拍球的右上方，使球从两腿之间穿过，换左手运球，右脚向左前跨出，完成一次胯下运球，如图 10-10 所示。

图 10-10　胯下运球

四、投篮

投篮是球员运用各种专业、合理的动作将球从篮筐上面投入球篮的方法，是比赛得分的唯一手段。投篮包括原地投篮、行进间投篮、跳起投篮、补篮和扣篮等方法，其中原地投篮、行进间投篮、跳起投篮是三种最常用的投篮手段。

（一）原地投篮

原地投篮可分为双手头上投篮、双手胸前投篮、单手头上投篮和单手肩上投篮四种方法。下面介绍原地单手肩上投篮的动作要领。

原地单手肩上投篮动作要领（以右手投篮为例）：从双手持球的基本站立姿势开始，左手扶球左侧，右手持球，右臂曲肘，置球于右肩上。投篮时，两脚掌蹬地，左手离球，右臂向前上方伸直时，手腕前曲，食、中指拨球，将球投出，如图 10-11 所示。

图 10-11　原地单手肩上投篮

（二）行进间投篮

行进间投篮是篮球比赛中广泛应用的一种投篮方法，包括单手肩上投篮、单手低手投篮、双手低手投篮、反手投篮和勾手投篮等方法。下面介绍行进间单手低手投篮和行进间单手肩上投篮的动作要领。

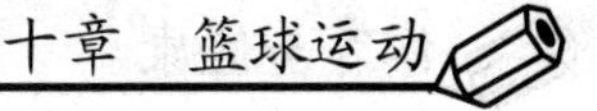

1．行进间单手低手投篮

动作要领（以右手投篮为例）：运球队员结束运球变为双手持球的同时，右脚跨出第一步；左脚跨出第二步落地时，前脚掌用力蹬地向前上方起跳，右腿曲膝自然上提，右手将球引至右肩侧上方；腾空到最高点时，左手离球，右手托球，右臂向前上方伸展；接近球篮时，手腕、手指上挑，将球投出，如图 10-12 所示。

图 10-12　行进间单手低上投篮

2．行进间单手肩上投篮

行进间单手肩上投篮，又称行进间高手投篮，与行进间单手低手投篮动作相仿，只不过最后的投篮动作由低手投篮变为高手投篮而已，如图 10-13 所示。

图 10-13 行进间单手肩上投篮

（三）跳起投篮

跳起投篮的特点是突然性、出手点高和不易防守。跳起投篮主要包括原地跳起投篮（单手肩上投篮和单手头上投篮等）和急停跳起投篮（接球急停跳起投篮、运球急停跳起投篮和跳起转身投篮）两种形式。无论哪种形式，最后的投篮出手都与原地单手肩上投篮的动作相同。原地跳起单手肩上投篮是跳起和投篮构成的组合动作，下面介绍其动作要领。

原地跳起单手肩上投篮动作要领：从基本姿势开始，双脚蹬地，同时双手持球快速上摆并举球至额头前上方，待身体达到至高点时，在空中完成原地单手肩上投篮，投篮后自然落地。

第三节　篮球基本战术

篮球战术是篮球比赛中队员所运用的攻守方法的总称，主要分为进攻和防守两种战术，其中，进攻战术包括传切配合、掩护配合和突分配合等战术；防守战术包括换防配合、补防配合和关门配合等战术。

一、传切配合

传切配合包括一传一切和空切两种配合。一传一切是指持球队员传球给同伴后自己立即切向篮下，接同伴回传的球进行投篮的方法；空切是指无球队员根据球的转移情况，从不同的方向迎球或侧向插入篮下接球的配合方法。练习提示：切入队员要善于把握切入的时机和方向。

二、掩护配合

掩护配合是指队员用自己的身体挡住同伴的防守队员，使同伴摆脱防守的配合方法。掩护配合包括前掩护（掩护队员站在被防守队员前面）、侧掩护（掩护队员站在被防守队员侧面）和后掩护（掩护队员站在被防守队员后面）三种形式。练习提示：运用时应注意掩护队员占位的合法性。

三、突分配合

突分配合是指持球队员突破防守后遇到补防或吸引对手注意力后，及时将球传给同伴，使同伴获得进攻机会的配合方法。练习提示：突破队员的动作要突然、快速；突破队员在突破过程中要随时观察场上情况，以及时分球或投篮。

四、换防配合

换防配合是指防守队员为了破坏进攻队员的掩护配合，彼此之间及时呼应并交换防守对手的一种配合方法。换防配合是破坏掩护配合的一种方法。练习提示：防守队员要及早呼应，迅速换防并抢占有利的防守位置。

五、补防配合

补防配合是指当防守队员被对手突破或绕过时，临近的其他防守队员主动放弃自己防守的对手，去补防突破队员的配合方法。练习提示：补防时，要正确应用技术，避免犯规；被对手突破的防守队员应积极追防，以补防同伴的对手。

六、关门配合

关门配合是指两个防守队员协同防守一个进攻队员的配合方法。练习提示：两名防守队员动作要迅速，配合要默契，两人要靠紧，不留空隙。

第十一章　排球运动

排球运动是参与者以身体的任何部位（手、手臂为主）在空中击球，使球不落地，既可隔网进行集体的攻防对抗性比赛，也可不设球网相互进行击球游戏的一种体育运动项目。在国际上有统一竞赛规则的运动形式称为竞技排球，如 6 人制排球、沙滩排球、残奥会坐式排球等。而主要以健身娱乐为目的，享受运动的乐趣，国际上还没有统一竞赛规则的运动形式称为娱乐排球，如软式排球、气排球、妈妈排球、4 人制排球、9 人制排球、草地排球、泥地排球、雪地排球、墙排球等。

第一节　排球运动基本知识

一、排球运动的起源与发展

排球运动于 1895 年由美国的威廉• G.摩根（Williams • G.Morgan）发明。他在体育馆内挂上网球网，用篮球胆在球网上空来回打，规定 9 局决胜负（连胜 3 分为 1 局）。威廉 • G.摩根给这种运动形式取名为“Mintonette（小网子）”。

1896 年，在美国马萨诸塞州斯普林菲尔德基督教青年会体育指导大会上，举行了历史上最早的“小网子”表演，得到了人们的热烈欢迎。大会期间，“Mintonette”被改名为“Volleyball（排球）”，并一直沿用到现在。

最初的排球比赛规则非常简单，双方上场人数不限，但需对等。1897 年，美国首次公布了 10 条排球比赛规则。1947 年，国际排联成立时颁布了第一本国际排球比赛规则，从此排球运动在世界范围内广泛传播。

国际排联于 1949 年在布拉格举办了第一届世界男子排球锦标赛，1952 年在莫斯科举办了第一届女子排球锦标赛。1964 年东京奥运会上，排球比赛被接纳为奥运会项目。1965 年在华沙举办了第一届男子世界杯排球赛，1973 年在乌拉圭举办了第一届女子世界杯排球赛。至此形成了排球锦标赛、世界杯排球赛和奥运会排球赛三项健全的世界大赛制度，各项赛事每隔四年举办一次。

排球运动于 1905 年传入中国，并在华南、华北和华东的各大城市和中学开展起来。1953 年中国排球协会成立。1954 年国际排球联合会正式承认并接纳中国排球协会为正式会员。从此，中国男、女排球队登上了世界排球比赛的舞台。

排球运动发展到今天，已成为遍及世界五大洲的体育运动项目之一，深受各国人民的喜爱。

二、排球运动的特点

排球运动的特点主要有以下几个：

（1）广泛性：排球场地、设备简单，比赛规则易掌握，运动量可大可小，适于不同年龄、不同性别和不同体质的人参与。

（2）技巧性：排球比赛中，队员击球时间短暂，击球空间多变，决定了排球运动的高度技巧性。

（3）对抗性：在一场排球比赛中，队员夺取一分往往需要六、七个回合的交锋，因此，排球运动具有很强的竞争性和对抗性。

（4）集体性：排球比赛过程中，除了发球外，其他环节都需要集体配合才能进行。没有集体配合，再好的战术也不能发挥作用。

三、排球场、排球网和排球

排球场包括比赛区域和无障碍区两部分：比赛区域为18m×9m的长方形，如图11-1所示。比赛场地边线外的无障碍区至少宽5m，端线外的无障碍区至少宽8m，比赛区域上空的无障碍空间至少高12.5m（从地面量起）。

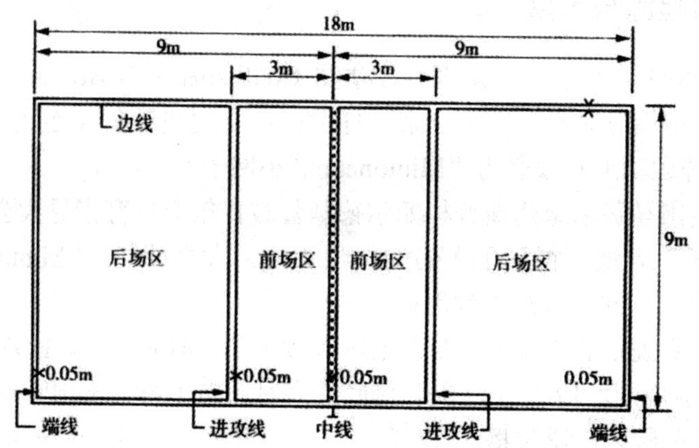

图11-1 排球场

排球网包括球网、标志带、标志杆和网柱四部分：

（1）球网为黑色，宽1m，长9.50～10m，网孔10cm见方。球网架设在中线上空，成年男子网高为2.43m，女子为2.24m；少年男子为2.24～2.35m，女子为2～2.15m。

（2）标志带是两条宽5cm，长1m的白色带子，分别系在球网的两端，垂直于边线。

（3）标志杆是有韧性的两根杆子，长1.80m，直径10mm，由玻璃纤维或类似材料制成，分别设置在标志带外缘球网两侧。

（4）网柱高2.55m，两网柱应垂直固定在两条边线以外0.50～1m的中线延长线上。

排球比赛所使用的球包括外壳（由柔软的皮革或合成革制成）和球胆（由橡皮或类似质料制成）两部分。球的圆周为65～67cm，重量为260～280g，气压为0.30～0.325kg/cm^2。

四、排球比赛规则

下面再来简要介绍一下排球运动的比赛规则，供大家在进行排球运动时参考。

（一）比赛方法

每队 12 名队员，其中 1 名为自由防守队员；每队各派 6 名队员（比赛开始时的上场队员为主力队员，其余为候补队员）在场地上进行比赛。

比赛采用五局三胜制：第一局～第四局，先得 25 分并领先对手 2 分队胜一局；第五局，先得 15 分并领先对手 2 分队胜一局；比分为 24 平或 14 平时，继续比赛直到领先对手 2 分为胜一局。第一局～第四局间休息 3min，第五局前休息 5min。

（二）得分种类

一方成功地使球落在对方场区内或对方犯规，经裁判认可得一分。

（三）进行方式

第一裁判主持抽签，决定发球权和双方场区；鸣哨后，两队在各自场区站好，发球方发球，开始比赛；比赛进行到第五局时要重新决定发球权和场区。

（四）选手替换

每一局每队有 6 次换人机会，可以同时换一人或多人；主力队员在同一局中可以退出比赛和再次上场一次，但是只能回到首发阵容时的位置；替补队员只能上场一次，可以替换任何一个主力队员，但只能由被他替换下场的主力队员替换。

（五）犯规

下面简要介绍几种常见的犯规行为和对其进行的罚则。

1．发球犯规

发球时，遇到下列任何一种情况，均判为发球犯规。

（1）发球队队员未依照上场阵容单的顺序，轮流发球。

（2）发球队员在击球时，或击球跳起落下时，踏及场区（包括端线）或发球区以外地面。

（3）发球队员在第一裁判员鸣哨后 8s 内没有将球击出。

（4）发球队员双手击球或单手将球抛出、推出。

（5）球发出后触及发球队其他队员。

（6）发球出界。

2．击球犯规

（1）排球比赛中，1 名队员（拦网队员除外）连续两次击球或球连续两次触及他身体的不同部位。

（2）比赛过程中，击球队员将球接住或抛出。

（3）后场队员在前场区完成击球，并且击球时球的整体高于球网上沿。

（4）队员对处于前场区内高于球网上沿的对方发球完成击球。

（5）击球出界。

3．拦网犯规

（1）拦对方的发球。

（2）拦网出界。

（3）队员从标志杆以外伸入对方空间拦网。

（4）后排队员或自由防守队员参与拦网。

4．球网附近的犯规

（1）队员的双脚或单脚全部越过中线并落在对方场区内。

（2）队员网下穿越进入对方空间妨碍对方比赛。

罚则：无论哪种犯规，若一队犯规，另一队得 1 分并得到发球权。

五、排球运动常用术语

为了便于描述排球技术与战术，我们首先来学习一些常用的排球运动术语。

（1）“M”型站位：也称“一二一二”站位，如图 11-2 所示。

（2）一传：本方接对方的发球称为一传。

（3）二传：一传队员接球后传给本队场上其他队员为二传。二传队员不能扣球，只能拦网和传球。

（4）一攻：在接起对方的发球后所组织的第一次进攻。

（5）吊球：队员利用手指轻击球体，使球越过球网落入对方场区空档的一种辅助性进攻手段。

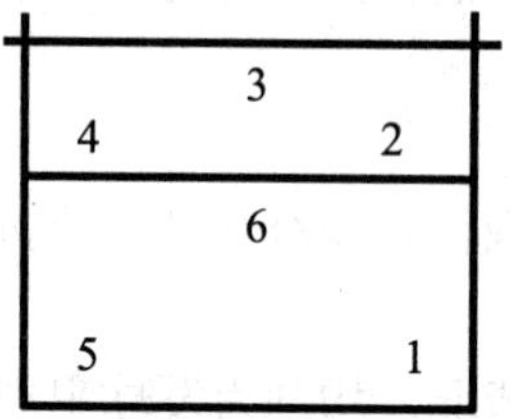

图 11-2 “M”型站位

第二节 排球基本技术

排球技术是在比赛规则允许的条件下，队员所运用的各种合理击球动作和配合动作的总称，主要包括准备姿势与移动、传球、垫球、扣球、发球和拦网等技术。

一、准备姿势与移动

准备姿势与移动是排球运动中运用最多的两项基本技术，它是完成传球、垫球、扣球、发球和拦球各项技术的前提和基础，并且对各项技术动作的运用起着串联作用。

（一）准备姿势

按照重心的高低，准备姿势可分为稍蹲、半蹲和低蹲三种。下面介绍半蹲准备姿势的动作要领。

半蹲准备姿势动作要领：两脚左右或前后开立（根据场上情况，可以左脚在前或右脚在前），稍比肩宽，脚跟提起，膝微曲，脚尖和膝稍内扣；上体前倾，重心前移，肩超膝，膝超脚尖；两臂自然弯曲，置于腹前，目视来球。

（二）移动

移动的目的主要是及时接近球，保持好人和球的位置关系。移动的基本步法包括并步与滑步和交叉步等。

1．并步与滑步

并步与滑步常用于来球距身体一步左右远时的移动。

动作要领（以向前移动为例）：从两脚前后开立的准备姿势开始，后脚用力蹬地，前脚向来球方向跨出一步，后脚迅速跟上，呈准备姿势。连续并步移动称为滑步。

2．交叉步

交叉步常用于来球距身体 3m 远时的二传、拦网和防守，其特点是步子大、动作快，便于制动。

动作要领：从准备姿势开始，向右移动时，上体稍向右转，左脚从右脚前面向右交叉跨一步，然后右脚再向右跨一大步，同时身体转向来球方向，呈准备姿势。

二、发球

发球是比赛的开始，也是进攻的开始，是得分、破坏对方一传和进攻的重要手段。发球过程分为准备姿势、抛球和击球三个环节。发球技术包括正面上手发球、上手飘球、勾手飘球、正面下手发球、侧面下手发球和高吊球等。下面对正面上手发球和侧面下手发球进行简要介绍。

（一）正面上手发球

正面上手发球的特点是力量大、速度快、弧度平、旋转强和落点易于控制。

（1）准备姿势：面对球网站立，两脚前后自然开立，左脚在前，两膝微曲，上体前倾，左手持球于胸前。

（2）抛球：左手将球垂直平稳地抛向右肩的前上方，置于头上三个球左右高。同时右臂抬肘约与肩平，前臂后引，手掌置于头后上方，上体略向后移，挺胸、展腹、身体重心后移至右脚。

（3）击球：身体重心前移，收腹，同时带动右臂迅速向肩前上方挥动，在最高点伸直手臂，用力掌击球的后中部。在触球的刹那，手腕适当地向前推压，如图 11-3 所示。

图 11-3　正面上手发球

（二）侧面下手发球

侧面下手发球的特点是发球动作较简单，容易掌握，稳定性较大，但攻击性较小。

（1）准备姿势：右肩对网站立，两脚左右开立，与肩同宽，上体稍前倾，重心落于两脚间或稍偏右脚，左手置球于腹前。

（2）抛球：左手将球抛置胸前，距身体约一臂远，同时右臂摆至身体右侧后下方，上体稍右转。

（3）击球：右脚内侧蹬地，身体左转，带动右臂向前摆动，在腹前用全掌击球下部，将球击出。击球时手臂要伸直，眼睛要看着球。

三、传球

传球是排球运动中的一项最基本的技术，是进行比赛和组织战术的基础。传球的种类多种多样，下面对正面双手传球（简称正传）和背传进行简要介绍。

（一）正传

正传是传球中最基本的方法，是掌握和运用其他各种传球技术的基础。

（1）动作要领：传球前采用稍蹲姿势，身体站稳，上体挺直看球，双手自然抬起，置于脸前；当球至距额前上方一个球左右的位置时，开始双脚蹬地、伸膝、伸双臂，张开双手，从脸前向前上方击球，将球传出，如图 11-4 所示。

（2）传球手型：当手触球时，两手自然张开呈半球状，手腕稍后仰，以拇指、食指和中指拖住球的后下部，两拇指相对，接近“一”字形，两手间要有一定的距离（不超过球的直径），如图 11-5 所示。

（3）传球的用力：传球时主要是利用蹬地、伸膝、向上展体和伸臂协调动作，配合手指和手腕的弹力将球传出。

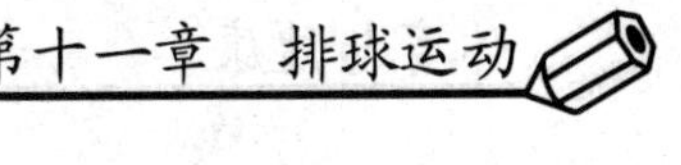

图 11-4　正面双手传球

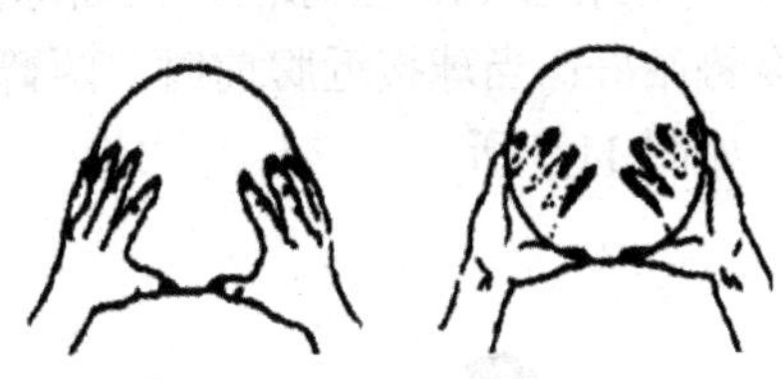

图 11-5　正面双手传球手型

（二）背传

背传是二传队员背对传球目标的传球。背传主要用于组织进攻。下面介绍背传的动作要领。

背传动作要领：传球时，上体保持正直或稍后仰，两膝半曲，重心落于两脚间，双手自然抬起，置于脸前，目视来球方向；迎球时，微仰头挺胸，下肢蹬地，同时上体向上方伸展；触球时，手腕后翻，掌心向上击球底部（手型与正传的手型相同），同时下肢蹬地、展腹、抬臂、伸肘，通过手指和手腕的弹力把球向后上方传出，如图 11-6 所示。

图 11-6　背传

四、垫球

垫球主要是用于接发球、接扣球和接拦网球等，有时也用来组织进攻。它包括正面双手垫球、体侧垫球、跨步垫球和挡球等方法。下面将对正面双手垫球和跨步垫球进行简要介绍。

（一）正面双手垫球

正面双手垫球是双手在腹前垫击来球的一种垫球方法，是各项垫球技术的基础，只有掌握这种技术，才能进一步学习和运用其他垫球技术。

（1）动作要领：垫球前，判断球的落点后迅速移动到落点，身体正对来球方向，呈准备姿势站好；当球接近腹前时，两臂夹紧前伸，含胸收肩，收腕抬臂将球准确地垫在小臂上，如图 11-7 所示。

图 11-7　正面双手垫球

（2）手型：两手手指上下相叠，掌根紧靠。两拇指平行相靠，紧压在上层手指中指的第二节上，两臂伸直相夹，如图 11-8 所示。

（3）击球点与垫球部位：击球点应保持在腹前约一臂处；垫球部位为前臂腕关节以上 10cm 左右桡骨内侧平面为宜，如图 11-9 所示。

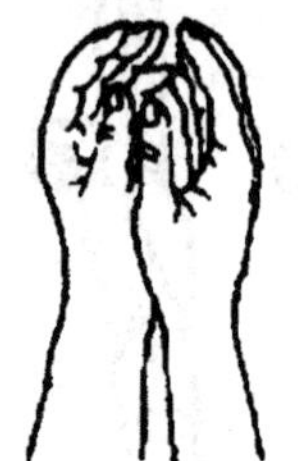

图 11-8　垫球手型

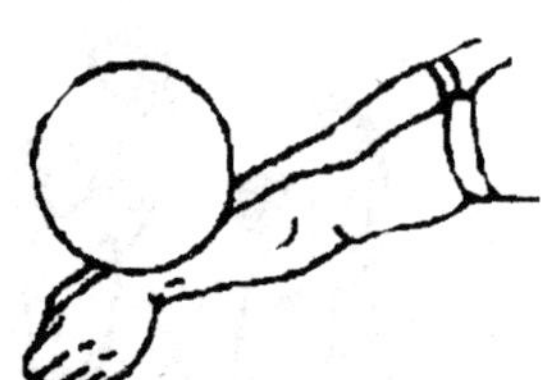

图 11-9　垫球部位

（二）跨步垫球

跨步垫球是当球距身体一步左右，但速度很快或位置较低，队员来不及移动正对时，迅速向前或向侧跨出一步垫球的动作。跨步垫球在接发球和防守中广泛应用，也是学习其他高难度垫球动作的基础。

动作要领：垫球前，首先判断来球的落点，然后迅速向来球方向跨出一步，曲膝制动，重心移至跨出的脚上。两臂夹紧伸直插入球下，用两前臂击球的后下部，将球平稳地向目标方向垫出。

五、扣球

扣球是排球基本技术中攻击性最强的一项技术，是得分和得发球权的主要手段，其特点是击球点高、球速快、变化大。扣球技术包括正面扣球、自我掩护扣球和勾手扣球等方法。下面将对正面扣球进行简要介绍。

正面扣球的动作要点如下（以两步助跑右手扣球为例）：

（1）准备姿势：采用稍蹲姿势，两臂自然下垂，观察来球，做好向各个方向助跑起跳的准备。

（2）助跑：助跑时，左脚先向前迈一小步（便于寻找和对正方向），接着右脚再迅速跨出一大步，同时两臂绕体侧向后引。左脚及时跟上右脚，踏在右脚之前，两脚尖稍向右转，曲膝制动同时两臂自后积极向前摆动。

（3）起跳：助跑制动之后，两臂用力向上摆，同时两脚猛力蹬地向上起跳。

（4）空中击球：起跳后，挺胸展腹，上体稍向右转，右臂向后上方抬起，身体成反弓形；挥臂时，身体左转，收腹，带动肩、肘、腕各部分关节呈甩鞭动作向前上方挥动；击球时，五指微张呈勺形，以掌心击球的后中部，同时曲腕、曲指向前推压，将球扣出。

（5）落地：落地时，前脚掌先着地，然后过渡到全脚掌着地，顺势曲膝收腹，以缓冲下落的力量，如图 11-10 所示。

图 11-10　正面扣球

六、拦网

拦网是排球的基本技术之一，是防守的第一道防线，也是得分的重要手段之一。拦网分单人拦网和集体拦网两种，两者的个人动作要领相同，只不过后者更注重相互间的协调与配合。下面主要讲解单人拦网的动作要点。单人拦网的动作要点如下：

（1）准备姿势：面对拦网，两脚左右开立，与肩同宽，两膝微曲，两臂在胸前曲肘距网 30～40cm。

（2）移动：为了及时对正对方的进攻点，拦网队员需要及时移动。常用的移动步法有并步与滑步和交叉步等。

（3）起跳：原地起跳时，两膝弯曲（弯曲程度因人而异，以发挥最高弹跳力为原则），重心降低，双脚用力蹬地，同时两臂在体侧划小弧用力上摆，带动身体垂直起跳。

（4）空中击球：起跳过程中，两手经额前并平行球网向网上沿的前上方伸出，两臂平行伸直，前臂靠近网，两肩尽量上提；拦网时，两臂尽力过网伸向对方上空，两手自然张开，曲指、曲腕呈勺形，以便包住球；手触球时，两手要突然紧张，手腕下压盖住球的前上方。

（5）落地：落地时，面对对方，曲膝缓冲，同时曲肘向下收臂，如图 11-11 所示。

图 11-11　拦网

第三节　排球基本战术

排球战术是指运动员在比赛中根据比赛规则、排球运动规律、双方具体情况和临场的发展变化，有意识地合理地运用技术和相互配合，采取的各种有针对性的个人或集体的配合行动的总称。排球基本战术主要包括阵容配置、进攻战术和防守战术等。

一、阵容配置

阵容配置是指根据场上 6 名队员的技术水平和战术思想，合理地组合队员和安排阵型的一种配备，目的是为了充分发挥场上每个队员的特长和作用。阵容配备主要有“四二”阵容配备和“五一”阵容配备。

（一）“四二”阵容配备

“四二”阵容配备是上场队员中有 4 名进攻队员和 2 名二传队员。4 名进攻队员中有 2 名主攻队员和 2 名副攻队员。主（副）攻队员站在对角的位置上。这种配备方法主要适于初学者和一般水平的球队采用。

（二）“五一”阵容配备

“五一”阵容配备是上场队员中有 5 名扣球手和 1 名二传手，通常二传队员在对角位

置上，配备 1 名有进攻能力的扣球手接应二传队员。这种配备方法比较适于水平较高的球队采用。

二、进攻战术

（一）“中一二”进攻战术

“中一二”进攻战术的阵型：二传手站位于 3 号，5 号垫球至 3 号，3 号传球给 2 号或 4 号扣球进攻，如图 11-12 所示（实线为传球路线，虚线为队员移动路线）。它的特点是分工明确、战术简单、易于掌握，但是战术掩护变化少，容易被对方识破。

（二）“边一二”进攻战术

“边一二”进攻战术的阵型：二传站位于 2 号，6 号垫球至 2 号，2 号传球给 3 号或 4 号扣球进攻，如图 11-13 所示。它的特点是战术变化较多，两个攻击手位置相邻，便于掩护配合。

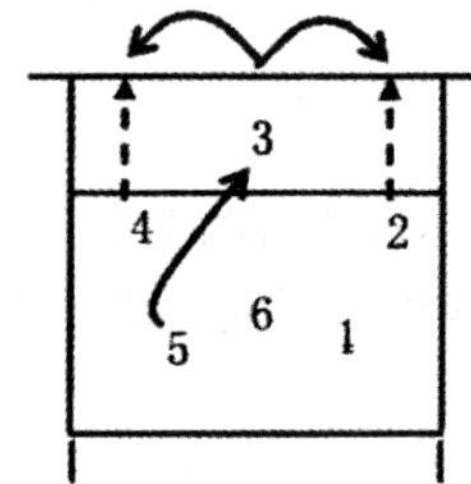

图 11-12　“中一二”进攻战术

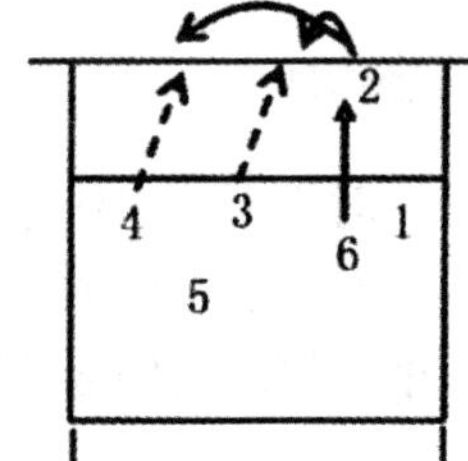

图 11-13　“边一二”进攻战术

三、防守战术

防守战术是组织进攻或反攻战术的基础，主要包括接发球防守、接扣球防守和接传、垫球防守等防守战术。

（一）接发球防守

在排球比赛中，发球是比赛的开始，接好对方的发球是组织进攻的前提，因此接发球防守技术在排球比赛中占有重要位置。下面简要介绍 5 人和 4 人接发球防守战术。

（1）5 人接发球防守战术：5 人接发球防守战术是比赛中最基本、最常用的接发球方法，它的阵型是除前排 1 名二传手或后排准备插上的二传手外，其余 5 名队员都参与接发球。5 人接发球时，球员的位置应根据本方一攻战术来确定。

（2）4 人接发球防守战术：4 人接发球防守战术的阵型是除前排 1 名二传手和后排准备插上的二传选手外，其余 4 名队员都要参与接发球。它的特点是可以缩短插上和扣快球队员跑动的距离，有利于提高进攻的速度。

（二）接扣球防守

接扣球防守战术由拦网和后排防守两部分组成。根据前排参与拦网人数的多少，可把接扣球防守战术分为无人拦网、单人拦网、双人拦网和三人拦网防守战术四种。下面简要介绍一下双人拦网防守战术。

双人拦网防守战术适用于当对手的扣球力量较大，线路变化多时，其方法有包括“边跟进”防守和“心跟进”防守。

（1）“边跟进”防守：“边跟进”防守的阵型是队员呈“M”型站位时，2 号和 3 号网前拦网，4 号后退至攻防线后参与后场防守，1 号或 5 号跟进保护和防守对方吊球。它适用于对方进攻力量强、扣球多、吊球少时。其优点是加强了拦网。缺点是边上的队员既要防直线，又要跟进防前区，比较困难。

（2）“心跟进”防守：“心跟进”防守的阵型是队员呈“M”形站位时，2 号和 3 号网前拦网，4 号后退至攻防线后参与后场防守，6 号队员专职跟进、保护拦网和防吊球。它适用于对方经常打吊结合时。其优点是加强了前区的防守能力，缺点是后排防守队员之间的空当较大。

（三）接传、垫球防守

排球比赛中，当对方无法组织进攻，被迫用传、垫球将球击入本方时，我方的防守便称为接传、垫球防守。由于来球的攻击性小，我方的防守阵型为除二传队员外，其他的队员在各自的位置上准备接球后组织进攻。

第十二章　网球运动

网球是一项隔着球网、用球拍击打橡胶制空心球的运动，分为单打和双打，适合社会各阶层与年龄段人群，网球比赛的观众数目也十分多。现代网球运动诞生于 19 世纪的英国伯明翰，在 20 世纪中期，网球在世界各地得到广泛发展，并成为一项世界性的体育运动，其比赛规则自 1920 年代起就几乎没有更改。网球在首届奥林匹克运动会举办时即被列为比赛项目，但 1928 至 1984 年间一度被排除在正式项目外。1988 年网球重新成为了正式比赛项目，尤其是四大满贯赛事特别受到关注。

第一节　网球运动基本知识

一、网球运动的起源与发展

网球运动的由来和发展可以用四句话来概括：孕育在法国，诞生在英国，开始普及和形成高潮在美国，现在盛行全世界，被称为世界第二大球类运动。

网球运动最早起源于 12～13 世纪法国传教士在教堂回廊里用手掌击球的一种游戏。法国国王路易十世在位期间，古式网球在法国宫庭中出现，成为皇室贵族消遣的室内运动。14 世纪中叶，古式网球由法国传入英国，在英国得到迅速发展。

1873 年，英国少校沃尔特·克洛普顿·温菲尔德将早期的网球打法加以改进，使之成为夏天在草坪上进行的一种体育活动，并取名“草地网球”。同年，他出版了一本小册子《草地网球》，对这项活动进行宣传和推广。因此，他被称为“近代网球运动的创始人”。

1877 年 7 月，首届草地网球锦标赛，即温布尔登第一届比赛在英国举行，由亨利·琼斯担任裁判。他主持修改了比赛规则，这些比赛规则大都沿用至今。

1881 年，第一个全国性的网球协会，即美国全国草地网球协会成立。该协会于当年在罗得岛的纽波特港举行第一届美国草地网球男子单打和男子双打锦标赛。1891 年，法国首次举行男子单打和男子双打锦标赛，女子单打始于 1897 年。

1904 年，澳大利亚草地网球协会成立，并于 1905 年开始主办澳大利亚锦标赛，设男子单打、男子双打两个项目。1922 年又增加了女子单打、女子双打和混合双打三个项目。

当前，网球运动已经成为深受世界人们喜爱的一项运动。温布尔登网球锦标赛、美国网球公开赛、法国网球公开赛和澳大利亚网球公开赛，是当前世界上网球赛中最有声望的“大满贯”。每年的赛季中都会吸引世界一流的网球高手，也是众多网球球迷不会错过的大赛事。

二、网球运动的特点

网球运动的特点主要有以下几个：

（1）网球运动中，脚步移动、跳跃、转体和挥拍等这些动作的强度都要大于羽毛球运动。因此网球运动不仅锻炼身体的柔韧性和协调性，更能考验一个人的耐力。

（2）网球运动中球速快，变化多，长期从事网球运动能够培养人的机智勇敢、沉着冷静和敢于拼搏的优良品质。

（3）网球运动时尚高雅，能够充分施展个性，放松身心，逐渐成为当下流行的一种健身方式。

三、网球运动场地、网球拍和网球

（一）网球运动场地

1．网球场的种类

网球场根据其表面的不同可以分为草地球场、红土球场、硬地球场和地毯球场四种。

（1）草地球场：草地球场是历史最悠久、最传统的一种场地。其特点是球落地时与地面的摩擦小，球的反弹速度快。在草地球场上，对球员的反应、奔跑的速度和技巧等要求非常高。英国的一些网球场多是草地球场。但是，草地球场对草的特质和规格要求极高，加之气候的限制以及球场保养与维护费用的昂贵，很难被推广使用。

（2）红土球场：红土球场与常见的各种沙地和泥地等都可称为软性场地。其特点是球落地时与地面有较大的摩擦，球速较慢。球员在跑动中特别是在急停和急回时会有很大的滑动余地，因此，球员必须具备比在其他场地上更出色的体能、移动和奔跑能力。法国网球公开赛所使用的为红土球场。

（3）硬地球场：硬地球场是最普通和最常见的一种场地。它一般由水泥和沥青铺垫而成，上面涂有红色或绿色的塑胶面层，表面平整、硬度高。球的弹跳非常有规律，并且球的反弹速度很快。现在大部分的比赛都是在硬地网球场上进行的。

（4）人造草地球场：人造草地球场是一种“便携式”可卷起的网球场，其表面是塑胶面层、尼龙编织面层等。一般用专门的胶水粘接于具有一定强度和硬度的沥青、水泥或混凝土底基的地面上。这种球场室内、室外都可采用，而且，场地保养非常简单。

2．网球场的规格

一片标准网球场地的占地面积不小于 36.6m（长）×18.3m（宽）。在这个面积内，有效网球运动场地是一个长方形，长为 23.77m，单打场地宽为 8.23m，双打场地宽为 10.97m。

如果是室内网球场，端线 6.40m 以外的上空净高不小于 6.40m，室内屋顶在球网上空的净高不低于 11.50m。

球场两侧安装的网柱用于支撑球网，网柱间距为 12.80m，网柱顶端与地面距离为 1.07m，球网中点距地面的高度为 0.194m。

在网球场中，场地线的颜色一般选用白色或黄色。除端线的最大宽度可以达到 10cm 外，其他所有场地线的宽度均应在 2.5~5cm 之间。比赛中所有测量均以场地线的外沿为准。

网球运动场地的尺寸和名称如图 12-1 所示。

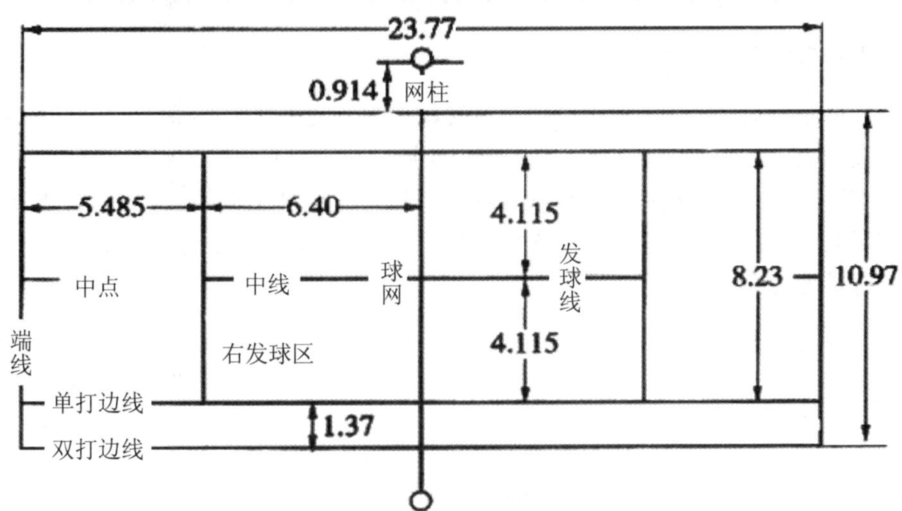

图 12-1　网球运动场地

（二）网球拍和网球

网球和网球拍如图 12-2 所示。

20 世纪 80 年代之前，大部分的网球拍是木制或金属材料。随着技术的进步，现在网球拍大都采用复合材料，如碳纤维、玻璃纤维和克维拉纤维等。这些新型材料使球拍更轻、更硬、更耐用。

网球从外表看一般为黄色或白色。网球的内胆是多橡胶化合物，中间是一层外观装饰布，最外面包有一层绒毛，用来增强球的弹性和耐磨程度。

图 12-2　网球和网球拍

四、网球比赛规则

（一）比赛项目

网球的比赛项目包括男子单打、女子单打、男子双打、女子双打、混合双打、男子团体和女子团体。男子比赛一般采用 5 盘 3 胜制，女子比赛多采用 3 盘 2 胜制。

（二）接发球选择和场区选择

网球比赛第一局开始时，通过掷钱币或转球拍的方式来决定选择权。决胜方如果选择发球权（发球/接发球），场区选择权归对方；决胜如果选择场区，发球权归对方。

在网球比赛中，每局结束以后交换发球权。此时，发球方成为接球方，接球方成为发球方。比赛双方应在每盘的第 1、3、5 等单数局结束后，以及每盘结束双方局数之和为单数时，进行场地交换。

（三）计分方法

1．得分

本方得 1 分：发球员发出的球落地前触及接球员的身体或穿戴物。

对方得 1 分：发生下列任何一种情况，均判对方得分。

（1）在球第二次着地前，未能还击过网。

（2）还击的球触及对方场区界线以外的地面、固定物或其他物体。

（3）还击空中球失败。

（4）故意用球拍触球超过一次。

（5）运动员的身体、球拍，在发球期间触及球网。

（6）过网击球。

（7）抛拍击球。

2．胜一局

（1）每胜 1 球得 1 分，先胜 4 分者胜一局。

（2）双方各得 3 分时为“平分”，平分后，净胜 2 分为胜一局。

3．胜一盘

（1）一方先胜六局为胜一盘。

（2）双方各胜五局时，一方净胜两局为胜一盘。

（3）在每盘的局数为六平时，有以下两种计分制：

1）长盘制：一方净胜两局为胜一盘。

2）短盘制（即抢七）：先得 7 分者胜该局及本盘。

（四）发球规则

1．发球员位置

发球员应站在端线后，中点和边线的假定延长线之间的区域里。每局开始时，从端线后的右区（图中的 A 位置）开始发球，发出的球应落在对角的对方发球区有效范围内（图中的右发球区）。如图 12-3 所示。

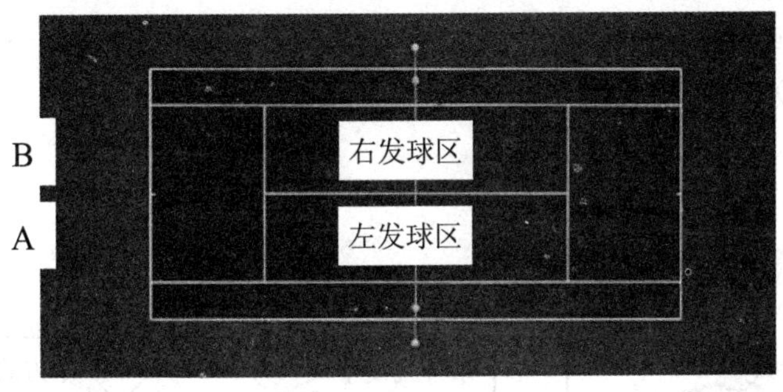

图 12-3　发球

发球员在整个发球动作中，不得通过行走或跑动改变站立的位置，两脚只准站在规定位置，不得触及其他区域。

比赛分数为偶数时，在右区（图中的 A 位置）发球；分数为奇数时，要换到左区（图中的 B 位置）发球。

2．发球失误

发球失误包括未击中球；发出的球，在落地前触及固定物（球网、中心带和网边白布除外）；违反发球站位规定。第一次发球失误后，发球员应在原位置上进行第二次发球。

3．发球无效

发球无效包括发球触网后，网球落到对方发球区内；接球员未作好接球准备。发球无效后需要重新发球。

（五）双打规则

前面介绍的规则，在单打和双打中都适合。另外，在双打中还有一些特殊的规定。

1．发球次序

每盘第一局开始时，由发球方决定由何人首先发球，对方则同样地在第二局开始时决定由何人首先发球。第三局时由第一局中未发球方的球员发球，第四局由第二局中未发球的球员发球。以下各局均按此次序轮换发球。

2．接球次序

与发球次序一样，在每盘开始之前要决定接球次序，即先接球的一方应在第一局开始时，决定何人先接发球，并在这盘单数局继续先接发球。对方同样应在第二局开始时决定何人先接发球，并在这盘双数局继续先接发球。他们的同伴应在每局中轮流接发球。

第二节　网球基本技术

一、握拍法

网球拍有三种基本的握拍方式，即东方式、西方式和大陆式。下面以右手为例介绍网球拍的握法。

为了能够更加直观地理解握拍的方法，这里我们先介绍一下拍柄上 8 个面的名称（此时拍面垂直于地面），如图 12-4 所示。

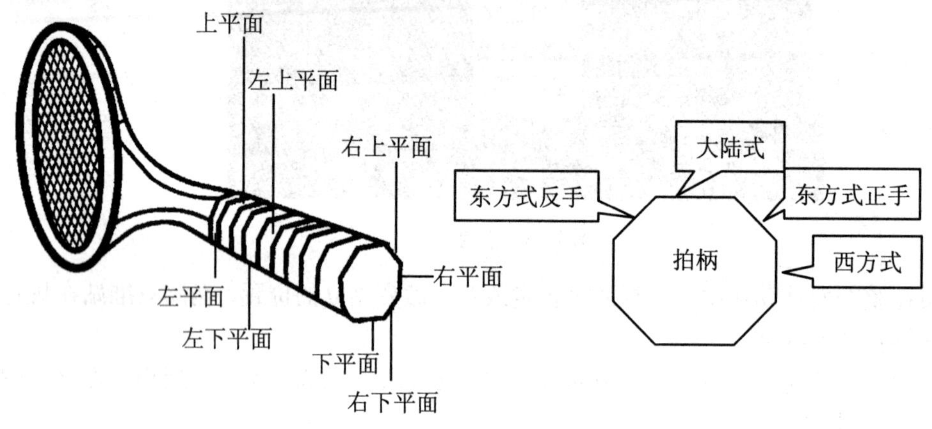

图 12-4　拍柄与球拍握法

（一）东方式

东方式握拍法俗称“握手式”握拍法，其中包括正手握拍和反手握拍，如图 12-5 所示。

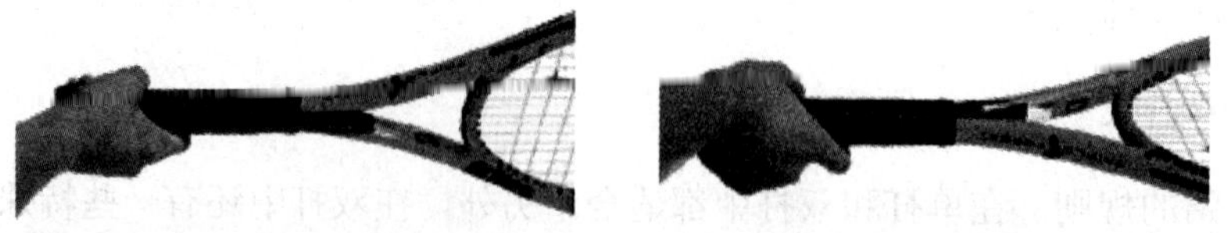

图 12-5　东方式正手、反手握拍方法

正手握拍时拇指与食指形成的“V”形虎口处在球拍的右上斜面。反手握拍法是在正手握拍法的基础上，虎口沿逆时针旋转两个平面。

东方式正手握拍法适用于正手上旋击球。此方式握拍就像在与别人握手一样，比较自然，易于控制球拍，不易导致伤痛。局限之处在于，击反手球时需要换握成东方式反手。

东方式反手握拍法适用于反手上、下旋击球及发球。打下旋球时，可令拍面自然打开，使发出的球有强烈的旋转。局限之处在于，击正手球时需要换握成东方式正手。

（二）西方式

西方式握拍法俗称“一把抓”，虎口处在拍柄的右平面，如图 12-6 所示。

西方式适用于正反手上旋击球。采用此方式握拍时，正反手击球之间不必换握，但拍面的控制需要一个习惯和适应的过程。

（三）大陆式

大陆式握拍法俗称“握锤式”握拍法，虎口处在拍柄的上平面，如图 12-7 所示。

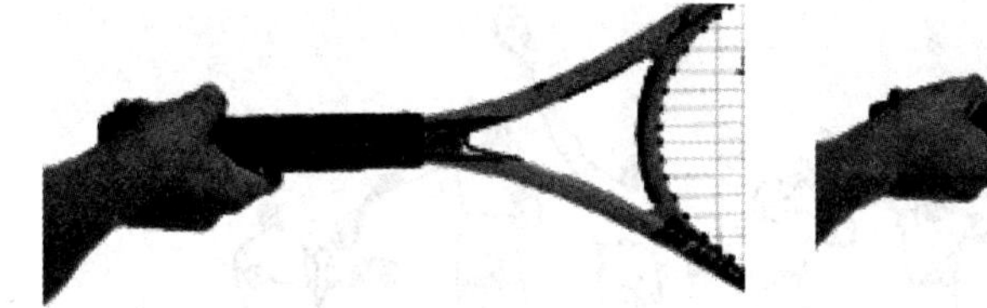

图 12-6　西方式握拍方法

图 12-7　大陆式握拍方法

大陆式握拍法适合用于击打任何类型的球，在发球、打截击球、过顶球、削球以及防守球时采用这种握拍效果更好。

二、站位姿势

网球运动中有 4 种站位姿势，即开放式、半开放式、中间式和关闭式。这里以钟表盘为例对站位姿势进行介绍。

（一）开放式

开放式站位是左右脚几乎平行的站位姿势。以钟表盘为基准，右脚站在钟表盘的中间，左脚站在 8 点到 10 点这个区间。击球时，主要是靠右脚蹬地和转腰带动的力量。

此站位便于击球后的回位，可以适应快节奏的比赛。它是当今网坛很多人的主要步法，如大小威廉姆斯、萨芬、费德勒等一线选手。

（二）半开放式

半开放式的站位时，右脚站在中间，左脚站在 10 点到 11 点之间。半开放式站位容易发力，击球后相对容易回位。

（三）中间式

右脚站在钟表盘的中间，左脚站在 11 点到 12 点的位置，这种站位被称为中间式。它发力容易，然而威力却不小，因此，中间式更适合业余选手和网球新手去学习。

（四）关闭式

右脚踩在钟表盘的中间，左脚踩在 12 点到 3 点的位置，这样的击球方式称为关闭式击球。这个步法在网球运动初期，使用的人非常多。但是，此类步法不适合回位，因此，现在不提倡大家使用。

在网球比赛中，往往不是单纯的某一种脚步运用，而是各种步法的交叉综合。远距离时，可以用大步、快跑；近距离时，一般用小步；接近球时，用小碎步进行调整。

三、常见发球方法

发球是网球运动中很重要的一项技术，一般发球姿势如图 12-8 所示。发球时多采用大陆式或东方式握拍方法，发球一般有平击发球、切削发球和旋转发球三种。

图 12-8　网球发球

（一）平击发球

平击发球时，击球点应在右眼的前上方，以拍面中心平直对准球，击球的后中上部，身体充分向上向前伸展，以获得最高击球点，提高发球命中率。这种发球方法不但球速快，而且反弹低，因此，又被称为“炮弹式发球”。

（二）切削发球

切削发球是一种以右侧旋转（略带下旋）为主的发球法。发球时把球抛到右侧斜上方，球拍快速从球的右上方往左下方切削击球。切削发球不但球速快、威胁大，而且容易提高发球命中率，因此，切削发球被世界各国多数运动员所采纳。

（三）旋转发球

旋转发球时把球抛到头后偏左的位置，击球时身体尽量后仰成弓形，利用杠杆力量对球进行迎击，球拍快速从左向右上方挥动，从下向上擦击球的背面，并向右带出，使球产生右侧上旋。

旋转发球上旋成分多于切削发球，发出去的球产生一个从上向下的弧形飞行轨迹过网，落地后会反弹到对方的左侧，迫使对方离位接球。

四、常见击球方法

和羽毛球运动一样，发球仅是网球运动中击球的开始，发球后的接发球和击球更为重要。常见的击球技术包括抽击球、截击球、高压球、挑高球和放小球。

（一）抽击球

抽击球技术可分为正拍抽击球、反拍抽击球、侧身抽击球等。包括平击、上旋和下旋等各种抽击法。

1．正拍抽击球

（1）来球时，向右侧转体，转动髋的同时转动双肩，同时，带拍后引，做弧线运动。

（2）肘关节弯曲并稍抬起，同时，左手向前自然伸出，以保持身体平衡。

（3）右脚向右转与端线平行，左脚成 45° 向右迈出。

（4）当来球在 1m 左右时，以肩为轴，借助转腰、髋及蹬腿的力量，挥动手臂，以拍面的中心击球的中部。

（5）击球后，球拍沿着球飞行的方向继续向上挥动，肘关节向前上方跟进前伸，身体由侧身对网转向正面对网，拍子随挥至左肩上方结束。

（6）动作放松，马上还原到回击下次来球的准备状态。

整个过程如图 12-9 所示。

图 12-9　正拍击球

2．反拍抽击球

整个过程如图 12-10 所示。

图 12-10　反拍击球

（1）来球时，向左侧转体，转动髋的同时转动双肩，向后引拍。此时，右肩侧对网。

（2）右脚向左前方 45° 迈出，重心移向左脚。握拍手腕回勾，肘关节弯曲并且贴近身体。

（3）击球时，手腕紧锁，肘关节外展，转腰回身，重心前移，挥拍由下向上至身体左前方。

（4）拍面垂直于地面，以拍面的中心击球。

（5）击球后，身体由侧身对网转向正面对网，拍子随挥至左肩上方结束。

（6）动作放松，马上还原到回击下次来球的准备状态。

3．平击、上旋和下旋

（1）平击球：球拍正对来球成直角击球。击出后，球并不旋转，但速度很快。在地面反弹时较低，易于控制球路和球速，如图 12-11 左图所示。

（2）上旋球：打上旋球时，将球从下往上擦打。击出后，球飞行弧度高、下落快，落地后反弹较高，如图 12-11 中图所示。

（3）下旋球：打下旋球时，将球从上往下擦打。击出后，球产生下旋并向前飘行，落地后反弹很低，如图 12-11 右图所示。

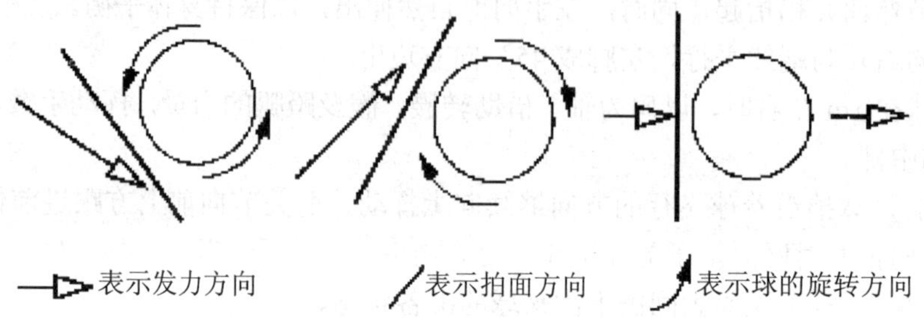

图 12-11　平击、上旋和下旋

（二）截击球

截击球是指来球落地之前被凌空击回的技术，也被称为“拦网”。在现代网球比赛中，截击球是一项重要的技术。截击球技术包括中场截击和近网截击。

1．中场截击

中场截击时一般站位于发球线中点附近。中场截击可分为正拍截击和反拍截击。下面以正拍截击为例介绍击球的技术要点。

（1）当对方击球时，脚跟提起，转胯转肩，同时左脚向侧前方作 45° 跨步。以转肩来带动球拍后摆，但后摆动作不超过肩，肘关节微屈，手腕弯曲形成 45° 左右，拍面略开。

（2）截击时手腕紧固，击球点在左脚尖的沿长线上，以短促而有力的动作向前迎击来球，触球部位为球的中下部。

（3）由于中场截击球距离较长，所以击球后的跟进动作，随着球的行进路线要稍长些，但不能太长，否则会影响下次击球的准备动作。

（4）击球后，向网前迈进，准备近网截击或打高压球。

反拍截击时，准备姿势与正拍击球相同。所不同的是，击球时右脚向侧前方 45° 跨出，重心前移在后脚上，击球点位于右脚尖前面。

2．近网截击

近网截击站位比中场截击要靠前，位于发球线前 1.0～1.5m。它是在中场截击基础上网前得分的主要手段。判断落点的准确以及击球的果断，能给对方以致命的一击。这里同样以正拍为例介绍技术要点。

（1）通过判断对方来球的质量（包括球速、球离网高度及球的角度）来迅速调整位置，控制拍面。

（2）身体重心向前，转体，同时带动完成后摆动作，后摆动作小，击球点在身体侧前方。

（3）左脚应向侧前方跨出，同时重心落在左脚上，肘关节与身体距离不应太远。

（4）击球时，手腕紧固，以短促有力的动作向前向下击球。如来球快而平，拍面应稍开，击球中下部；如来球快而高并略带上旋，拍面应垂直于地面，击球中部。

（5）击球动作短促简单，因此，击球后随球动作小，应迅速准备下次截击。

反拍近网截击时，前期准备动作与正拍截击动作相同。所不同的是，击球时右脚跨出，重心转移至在右脚上。

（三）高压球

高压球是在头上进行大力扣杀的一种击球方法。当自己上网时，对方挑高球，这时可在头部上空用扣杀动作还击来球。高压球的握拍和击球与发球时动作相似。稍有不同的是，由于对方击过来的球下落速度要比发球快，所以击球时要以较小的身体动作，较短而直接的后摆收拍，完成击球动作。高压球的技术要点如下：

（1）确定对手在高挑球时，应马上侧身转体，抬头注视来球并用短促的垫步向后退，重心在两脚前脚掌上。

（2）持拍手上举至头部位，向后引拍，拍头下垂至肩后好像“骚背”。

（3）当球落至头前上方时，迅速挥拍击球，猛击球的后上方。

（4）击球结束，随挥动作尽量像发球结束动作一样完整，球拍落在身体左下方，并迅速保持好身体平衡。

如果跳起打高压球，应用后脚起跳，随后转体、收腹。击球后用左脚着地，同时右脚向前跨，准备再上网截击。

（四）挑高球

挑高球就是使球高高飞越球网，落入对方后场区域，它是比赛中常使用的战术。当对方上网时，可用挑高球迫使对方后退，为自己赢得回到场中有利位置的时间。

击球时拍面朝上，由后下方向前上方平缓挥拍击球，击球的中下部，动作要柔和，但手腕不能放松。为了更好的控制球的高度和深度，球拍在球上停留时间应稍长一些。

（五）放小球

放小球就是将球轻轻击到对方网前。和挑高球一样，放小球一般是比赛中的一种战略。当对方在端线以外的地方时，突然施放小球，将对方引至前场，消耗对方体力，同时造成心理上的压力。

当准备放小球时，击球前的准备动作与正、反拍抽击球动作相同，球拍后引，侧身对网，拍头高于设想的击球点。击球时拍面稍开，动作柔和，击球的下部，使之产生下旋，并加以适当的前推或上托动作，使球有适当的弧线落在对方球场近网处，一般离网不超过1.5m。击球后，身体重心向前跟进，以自然协调的姿势完成随球动作。

第三节　网球基本战术

网球运动的战术包括单打战术和双打战术。

一、单打战术

单打战术分为发球战术、接发球战术、上网战术、底线战术。

（一）发球战术

站在右区发球时，站位应靠近中点，发直线球来迫使对方反手接球；站在左区发球时，站位可以距中点稍远，这样便于以更大斜线发到对方反拍区，同时扩大自己正拍防守的区域。由于发球不受对方支配，一般多用大力平击发球使对方造成接发球失误，或用切削发球、上旋发球发至对方防守较差地区。

（二）接发球战术

接发球时，站位应尽量在端线内半米左右，在对方可能把球发到范围内的角分线上，这样可以压制对方，自己上网。击球时，可以采用抽击球，将球回击到对方底线两角；也可运用旋转使球旋向两边线外，造成对方左右奔跑；或运用切削球打到近网两角；或运用挑高球挑过发球上网者头顶等。

（三）上网战术

上网战术指在发球或接发球后，冲到离网较近的位置，不等对方回击的球落地便进行空中截击或高压的一种战术。上网时尽可能站在距离球网约 2m 处，近网进攻威胁性大，封网角度小，防守控制面积大。

（四）底线战术

采用底线战术时，击球位置在端线上或靠近端线，击球时，用快速力量、准确、凶狠取胜对方，使看来是防守性的打法具有攻击性。在底线击球时要利用整个场地，可以使用斜线对拉打法大范围调动对手，以争取时间，寻找有利的进攻时机。

二、双打战术

双打比赛是两人配合的比赛项目，因此，在战术上需要两个人的默契协作。

双打时，一般是正拍打的好的队员站右边，反拍打的好的队员站左边。发球者站在底线后面的中线与边线之间的一半处，比单打站位稍靠边线，因为另一边有同伴防守。

如果对方接发球回击过来的是中场球，由上网运动员争取截击，发球运动员随时移动补位。情况复杂时，可以通过呼叫“我的”“你的”互相提示。如果来球在两人之间时，一般由正拍击球者回击；来球在两人之间，但球是斜线球时，由离球距离近的运动员迎击。

第十三章　游泳运动

游泳运动是指运用头部、躯干、手臂、腿的动作，使身体在水中活动或游进。主要包括竞技游泳、实用游泳等。各种游泳又有多种不同的泳式和技术要求。此外，有一些运动项目，如跳水运动、水球、潜水运动、花样游泳等，均以游泳为基础。

第一节　游泳运动基本知识

一、游泳运动的起源与发展

现代游泳运动起源于英国，17 世纪 60 年代流行于约克郡地区。1828 年，英国在利物浦乔治码头修造了第一个室内游泳池。1837 年，在英国伦敦成立了第一个游泳组织，同时举办了英国最早的游泳比赛。1869 年，在伦敦成立了大城市游泳俱乐部联合会（现英国业余游泳协会）并将游泳运动确立为专门的运动项目。

在 1896 年的首届奥运会上，人们将竞技游泳列入了正式的比赛项目。此时的竞技游泳不分泳姿，是真正的“自由式”，只有 100m、500m 和 1200m 三项。之后，竞技游泳比赛项目逐步地被规范化。

1900 年第二届奥运会时，仰泳被列为奥运会竞赛项目；

1904 年第三届奥运会时，蛙泳被列为奥运会竞赛项目；

1908 年第四届奥运会时，成立了国际业余游泳联合会，并审定了当时的世界纪录，制定了国际游泳比赛规则；

1912 年第五届奥运会时，女子游泳被列为奥运会竞赛项目；

1956 年第十六届奥运会时，蝶泳被列为奥运会竞赛项目。

至此，竞技游泳最终被定型为蝶泳、仰泳、蛙泳、自由泳 4 种泳姿。这 4 种泳姿一直沿用至今。

二、游泳运动的特点

游泳运动的特点主要有以下几个：

（1）游泳运动是一项对体能要求较高的运动项目，参加者具有良好的耐力和体力。

（2）游泳运动对场地要求不高，既可以选择室内游泳池，也可以选择比较安全的公开水域。参加者不受年龄、性别的限制。

（3）游泳运动对技巧性要求不高，只要掌握动作的基本要领，兼备足够的体力，任何人都可以参与此项运动。

（4）游泳运动具有很强的竞争性，可磨练参与者的意志。

三、游泳运动的分类

游泳运动包括作为比赛项目的游泳、实用游泳和大众游泳，如图 13-1 所示。

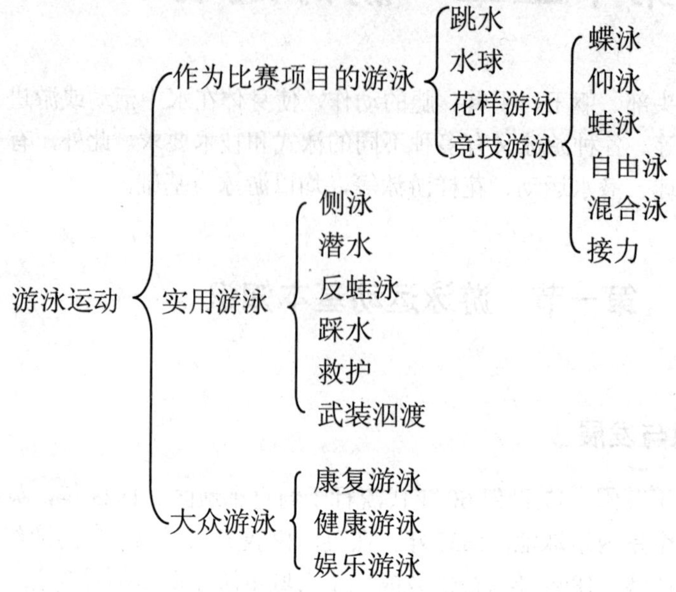

图 13-1　游泳运动的分类

在现代奥运会和世界游泳锦标赛中，作为比赛项目的游泳包括竞技游泳、跳水、水球和花样游泳 4 个部分。其中，竞技游泳包括蝶泳、仰泳、蛙泳、自由泳、混合泳和接力（包括自由泳与混合泳）6 个大项 32 个小项。

（1）自由泳：男、女 50m、100m、200m、400m，女子 800m、男子 1500m。

（2）仰泳：男、女 100m、200m。

（3）蛙泳：男、女 100m、200m。

（4）蝶泳：男、女 100m、200m。

（5）个人混合泳：男、女 200m、400m。

（6）自由泳接力：男、女 4×100m、4×200m。

（7）混合泳接力：男、女 4 ×100m。

2008 年北京奥运会上新增了男、女 10km 马拉松游泳项目。

竞技游泳作为比赛项目被人们广泛接受，除此之外，偏重于实用性的实用游泳和具有娱乐性质的大众游泳也有所发展。实用游泳是指在军事和生产生活中实用性较强的游泳方式。大众游泳是一种以增强体质为宗旨，以丰富人们文化生活为目的的大众游泳活动。

四、竞技游泳比赛场地设施

（一）游泳池

国际标准游泳池长 50m，宽至少 25m，深 2m 以上。设有 8 条泳道，每条泳道宽 2.5m，如图 13-2 所示。

（二）分道线

分道线由直径 0.05～0.15m 的单个浮标连接而成，其长度和赛道长度一致，并固定在凹进两端池壁的挂钩上。挂钩的位置应该保证分道线两端的浮标能够浮在水面上。第一和第八泳道的外侧分道线距离池壁为 2.5m，如图 13-3 所示。

图 13-2　游泳池

图 13-3　分道线

（三）出发台

出发台设在泳池两端每条泳道的中央位置上，其前缘高出水面 0.5～0.75m，表面面积为 0.5m×0.5m 并覆盖防滑材料，表面倾斜度不超过 10°，厚度大于 0.04m。出发台两侧和前端均设有深入台体 0.03m 的握手槽，两侧握手槽宽度不小于 0.1m，前端握手槽有宽度不小于 0.4m。握手槽的作用是保证使用前倾式出发姿势的运动员能够在前方或两侧抓住平台。出发台侧面如图 13-4 所示。

图 13-4　出发台侧面

仰泳出发握手器安装在水面上方 0.3～0.6m 处，既可以与水面平行安装，也可以与水面垂直安装，且要保证与池壁表面平行，但不突出池壁。

五、竞技游泳比赛规则

（一）出发与触壁

（1）蝶泳、蛙泳、自由泳、混合泳和接力的各项比赛必须从出发台起跳出发，仰泳项目在水中出发。

（2）在裁判长发出连续哨音信号后，比赛选手需脱去外衣。发出第一声长哨音信号后，参加蝶泳、蛙泳、自由泳、混合泳和接力的各项比赛项目的运动员应站到出发台前沿的后方；而参加仰泳比赛项目的运动员应在第一声长哨音信号后下水，在裁判长发出第二声长哨音信号时迅速游回池端，两手与肩同宽握住扶手器，两臂放松，两脚掌蹬住池壁，脚与水面同高，两脚不要露出水面。

（3）在蝶泳、蛙泳、自由泳、混合泳和接力的各项比赛中，当发令员发出“各就位”的口令后，运动员应至少有一只脚在出发台的前缘做好出发准备，手臂位置不限；而仰泳运动员听到口令后两臂应立即将身体拉起，接近出发台。仰泳运动员听到口令后两臂应立即将身体拉起，接近出发台。

（4）当所有运动员都处于静止状态时，发令员发出“出发信号”（鸣枪、电笛、鸣哨或口令）。运动员在听到“出发信号”后才能做出发动作，否则视为犯规。

（5）在自由泳和仰泳比赛中，到达终点时运动员可以只用一只手触壁，而在蛙泳和蝶泳比赛中，必须双手同时触壁。

（6）接力比赛当中，任何一个运动员必须在其队友触壁 0.03s 之后离开出发台，否则这个队将被自动取消比赛资格。（运动员可以在队友触壁的时候做出发动作，但是脚必须接触出发台。）

（二）转身

奥运会游泳比赛使用的是 50m 长的标准池，所有距离在 50m 以上的比赛都必须在途中折返。在个人混合泳的比赛过程中，要求运动员分别使用四种不同的泳姿游相同的距离，顺序依次是蝶泳、仰泳、蛙泳和自由泳。当从仰泳转换到蛙泳时，运动员必须保持仰泳的姿势直到触及池壁才可转身。

（三）技术犯规

适用于各个泳姿的技术犯规包括：游出本泳道或干扰他人；转身不触池壁；在浅水行走或跨越；使用有利于浮力与速度的器材等。各种泳姿的比赛中还有专门的技术犯规规定。

（1）蛙泳：出发后或转身后的第二次划水之前，头未露出水面；腿部动作不对称、不平行，有垂直上下打腿动作；两手先后触壁。

（2）蝶泳：腿、臂动作不对称、不平行；手臂未同时在水面上前移；两手先后触壁。

（3）仰泳：出发时脚趾露出水面；出发下潜时打腿位置高于头部 15cm；游进中改变仰卧姿势。

（4）自由泳：中途改变泳姿。

（5）混合泳：仰泳转身时在未触壁前改变仰卧姿势；自由泳游程中采用蛙泳、仰泳或蝶泳泳姿。

第二节　游泳基本技术与战术

为了使初学者适应水环境，掌握水的特性，消除对水的恐惧，在学习游泳前需要有熟悉水性的过程，掌握水中行走、呼吸、漂浮和滑行等游泳最基本的技能，为以后学习各种游泳技术打下良好基础。①水中行走：体会水的阻力；②呼吸练习：了解掌握水中呼吸的特点、方法和规律；③漂浮练习：了解人体在水中浮沉的原理，体会水的浮力，具备在水中保持平浮的能力；④滑行练习：掌握人体在水中游动时的正确姿势，能在水中保持平衡，具备借助推力、蹬力所产生的反作用力，取得滑行速度和游距的能力。

一、蛙泳的基本技术和练习技巧

蛙泳是古老的游泳姿势之一，因其动作结构模仿青蛙而得名。蛙泳有很多优点，例如，呼吸节奏容易掌握，游动声音小，容易观察和判断游动方向，每个动作周期结束后都有短暂的滑行放松时间。但是，蛙泳的臂、腿变化方向较多，其内部技术结构是四种泳姿中最为复杂的。由于运动员在水下移臂和收腿都会给前进带来很大的阻力，使行进速度下降，所以它是四种泳姿中速度最慢的一种。

（一）蛙泳技术

1．身体姿势

身体俯卧，保持自然伸直，收腹塌腰呈流线型。手臂向前伸直，掌心向下，头置于两臂之间，两腿并拢，如图 13-5a 所示。身体纵轴与水平面的夹角变化区间为 5°～15°。

当吸气时，下颚露出水面，肩部升起，身体与水平面的角度增大到 15°。在吸气后，头没入水中，提臀蹬夹腿，此时臀部高于肩膀。蛙泳动作的分解如图 13-5 所示。

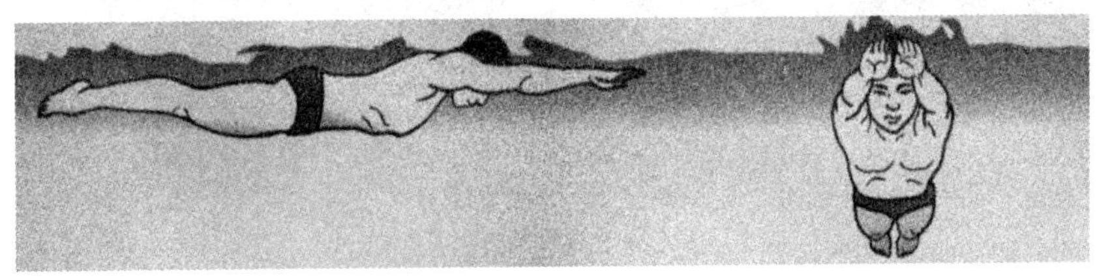

a）

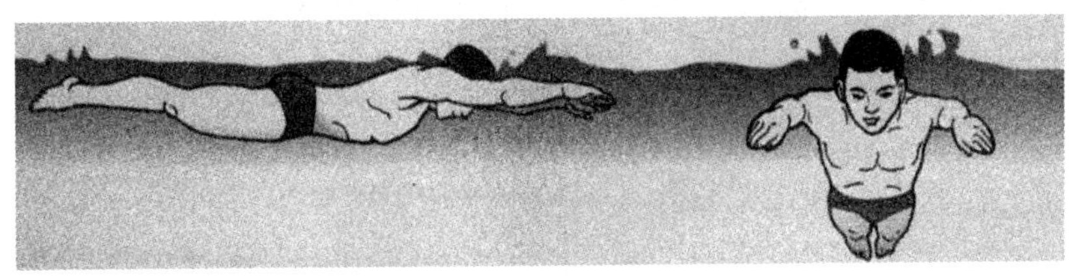

b）

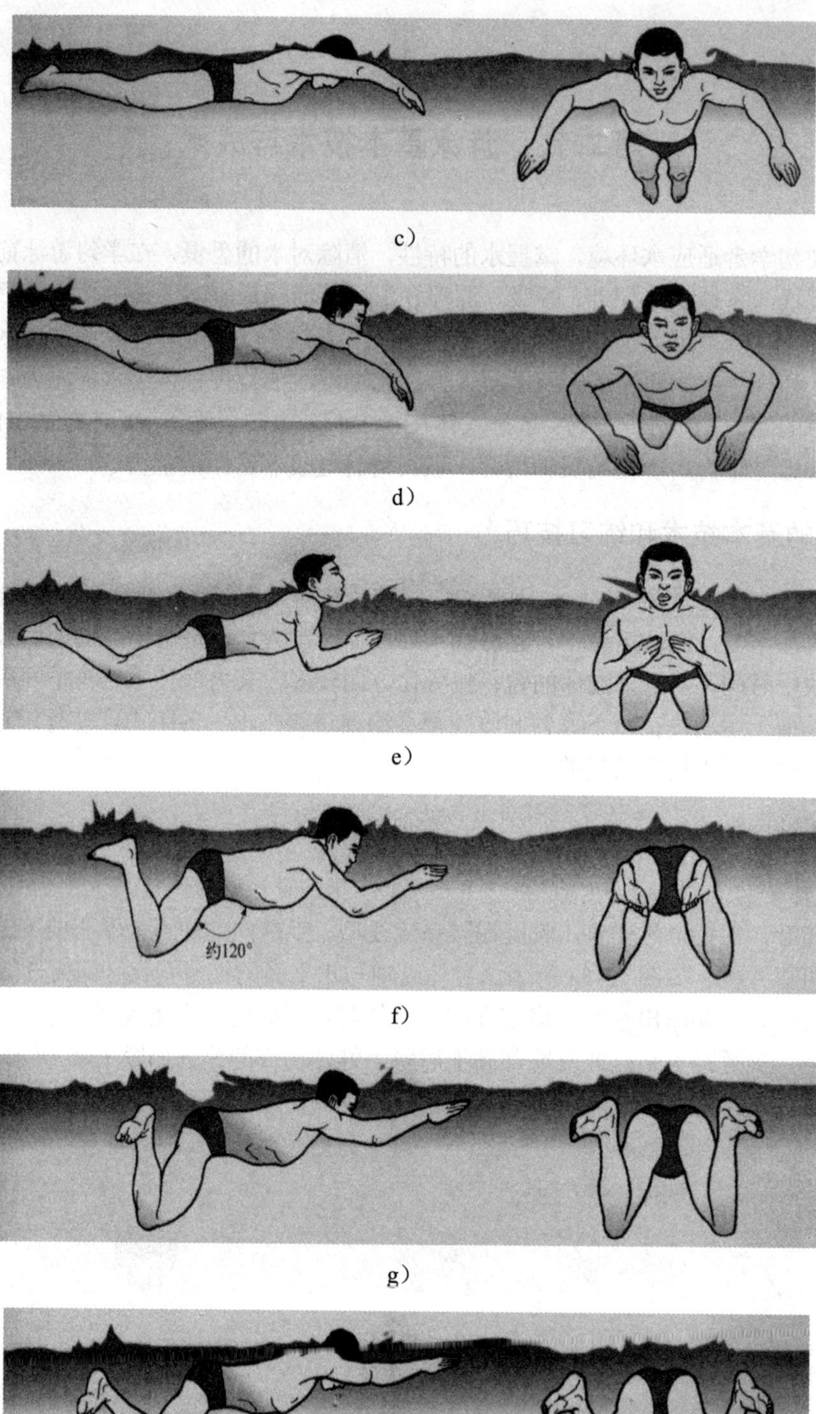

c)

d)

e)

f)

g)

h)

i）

图 13-5 蛙泳动作的分解

2．腿部动作

蹬腿是蛙泳推进力的主要来源之一，可分为收腿、翻脚、蹬夹腿和滑行四个阶段且这几个阶段应连贯进行。两腿动作对称进行，收腿为蹬腿作准备，翻脚是收腿的结束和蹬夹腿的开始。

（1）收腿：是把腿收到最有利于蹬水的位置。首先屈膝屈髋，由大腿带动小腿前收，前收的同时两膝逐渐分开。两脚和小腿在大腿正面投影截面内，如图 13-5f 所示，两脚后跟尽量向臀部靠近。收腿开始与收腿结束状态如图 13-5e 和图 13-5f 所示。

收腿后，大腿与躯干成 120°～130°，如图 13-5f 所示，两膝分开最大时与肩同宽，如图 13-6 所示。

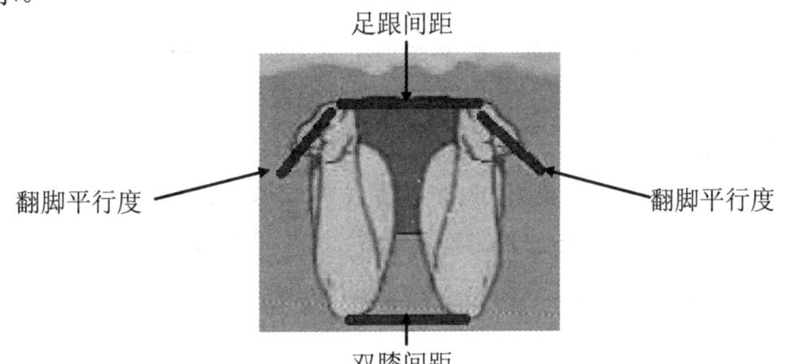

图 13-6 收腿时膝盖间距、足跟间距及翻掌平行度

（2）翻脚：当收腿动作将近完成时，脚仍向臀部靠近，两膝内扣，两脚外转，脚尖向外，使脚和小腿内侧对好蹬水方向，小腿离开大腿的投影截面，翻掌时的状态如图 13-5g 所示。翻脚结束时，两脚之间的距离大于两膝之间的距离。

（3）蹬夹腿：翻脚后，大腿发力向后蹬出，通过伸髋、伸膝、伸踝，以大腿、小腿的内侧面和脚掌快速地做弧形蹬夹动作。蹬腿结束后，两腿并拢伸直。蹬夹腿动作如图 13-5g 和图 13-5h 所示。注意蹬夹腿时，双膝间的距离要保持不变。

（4）滑行：蹬腿结束后，借助蹬夹腿产生的推进力向前滑行，此时双腿并拢，收腹塌腰，身体呈流线型且保持较高位置，以减少迎面阻力，并为下一轮动作做好准备，如图 13-5i 所示。

3．臂部动作

臂部动作与腿部动作协调运动，可以使游动更加省力，而且能提高游动速度。臂部动作可以分解为抓水、划水、收手和伸臂四个阶段，如图 13-5 所示。

（1）抓水：由两臂前伸滑行开始，两肩关节略内旋，掌心转向斜下方对准划水方向，如图 13-5b 所示，稍勾腕，成准备划水姿势（俗称抱水动作）。

（2）划水：划水开始，两臂慢慢分开，当两臂夹角为 40°～45° 时，手臂向外旋转屈肘，形成屈臂高肘划水，之后向两侧、后下方划水，直至两臂之间角度为 120° 时，划水结束准备收手。肘关节弯曲的角度随着划水的进行不断减小，到划水即将结束时，肘关节弯曲的角度约为 90°。划水过程如图 13-5c 和图 13-5d 所示。

（3）收手：当两臂之间角度为 120° 时，靠肘伸肩。手臂开始向里向上运动，掌心由向后转向内，收到头部下方。整个收手过程要快速、圆滑的完成。收手结束时，肘关节低于手，上臂与前臂成锐角。收手过程如图 13-5e 所示。

（4）伸臂：两臂从头下同时向前伸出、伸直，掌心由向内转为向下。

4．臂、腿和呼吸配合技术

蛙泳的臂、腿和呼吸配合一般是蹬腿一次，划臂一次，呼吸一次。由于腿、臂和呼吸配合时间的不同，形成不同的技术特征。

一般的配合技术是：两臂做抓水和划水动作时，抬头吸气，腿自然伸直。收手的同时收腿，手开始向前伸。收腿结束翻好脚掌，当伸臂动作进行到 2/3 时，做蹬夹腿动作，然后滑行吐气。

（二）练习方法

蛙泳练习的顺序是先练腿部动作，后练手臂动作和呼吸方法，再练臂腿配合和完整动作配合。

1．腿部动作练习

俯卧长凳上，前臂支撑上体，按照收、翻、蹬夹和停四拍分解练习，如图 13-7 所示，熟练后将四拍合为一拍，一次完成腿部的整套动作。之后俯卧池边感觉腿在水中所受阻力，做腿部动作的练习时注意收腿角度及翻脚和蹬腿的路线。

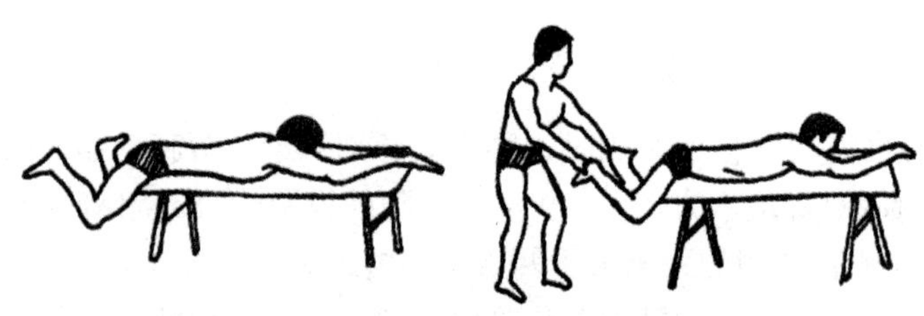

图 13-7　岸上的腿部练习

在水中双手抓池槽，由同伴帮助做腿部练习，如图 13-8 所示，着重感觉大腿，小腿、膝盖和脚的运动轨迹。熟练之后，用脚蹬池壁滑行，做腿部练习，如图 13-9 所示。

2．臂部和呼吸动作练习

在岸上呈站立姿势，上体前倾。两臂前伸并拢，掌心朝下，按照抓水、划水、收手和伸臂四拍分解练习，如图 13-10 所示，熟练后将四拍合为一拍，一次完成臂部的整套动作。手臂动作熟练后，配合呼吸，再做练习。

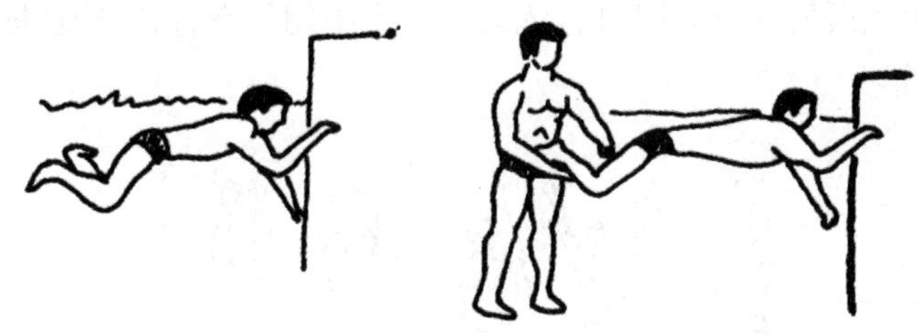

图 13-8　由同伴帮助做腿部练习

图 13-9　蹬壁滑行，做腿部练习

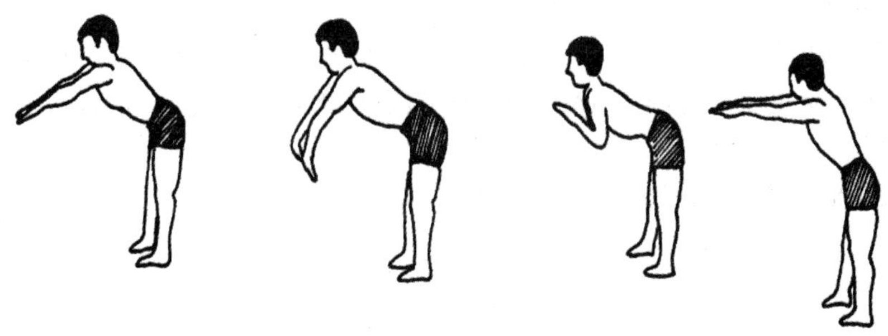

图 13-10　在岸上做臂部练习

站在齐腰深的水中做臂部动作练习时，弯腰将上体没入水中，做手臂与呼吸配合练习，如图 13-11 所示，划水不要用力，重点体会划水路线。熟练后由同伴抱住大腿或用大腿夹住浮板，做臂与呼吸的配合练习。

图 13-11　在水中做臂部练习

3．完整动作配合练习

在岸上保持站立姿势，两臂向上伸直并拢，一只腿撑地，另一只腿做腿部动作练习，如图 13-12 所示。熟练后再配合呼吸进行练习。在水中闭气滑行，重复陆上练习动作，熟练后配合呼吸进行练习。

图 13-12　在岸上做完整动作的配合

（三）常见的错误动作及纠正方法

（1）收腿之后没翻脚。在陆上进行练习时，收腿之后着重体会翻脚的感觉，在水中练习时，强制性地做翻脚动作。

（2）蹬腿时两膝距离变大，蹬得过宽。在做水中的腿部练习时，由同伴帮助保持两膝间距离，矫正不良姿势。

（3）做蹬夹腿动作时只蹬不夹。在脚蹬出去，两膝未伸直之前，就应积极向内夹水。

（4）划水时手摸水，拖肘。注意划水时的动作要领，开始划水时臂内旋并勾手腕；划水时肘应高于手，形成屈臂高肘。

（5）吸不到气或吸气时喝水。由于在水中未吐气或气未吐尽，在抬头出水后有吐气动作，吸气时间不够，造成吸不到气或喝到水。练习者可加强水中原地的臂与呼吸配合练习，要在出水瞬间将气吐尽。

二、仰泳的基本技术和练习技巧

仰泳是人体呈仰卧姿势在水中进行游泳的一种姿势。仰泳的实用性强，适宜在水中拖运物体，救护溺水者。

仰泳包括反蛙泳和爬式仰泳（简称反爬泳）。反蛙泳是最早出现的一种仰泳，动作近似蛙泳，而身体姿势与蛙泳相反。爬式仰泳的动作与自由泳的动作大致相同，即面朝上两臂轮流划水，两腿上下交替打水。

反蛙泳与爬式仰泳相比，游动时相对费力，而且游动速度较慢，因此在游泳比赛中，仰泳项目均采用爬式仰泳泳姿。

（一）爬式仰泳技术

1．身体姿势

身体自然伸展，仰卧呈流线型，头和肩部稍高，腰腹和腿部保持水平，身体纵轴与水平面成 5°～7°。由于头部在游泳过程中起到掌握方向的作用，所以要求头部稳定，始终保持正直姿势，躯干以身体纵轴为基准，随着两臂的轮流划水动作而自然转动。仰泳动作的分解如图 13-13 所示。

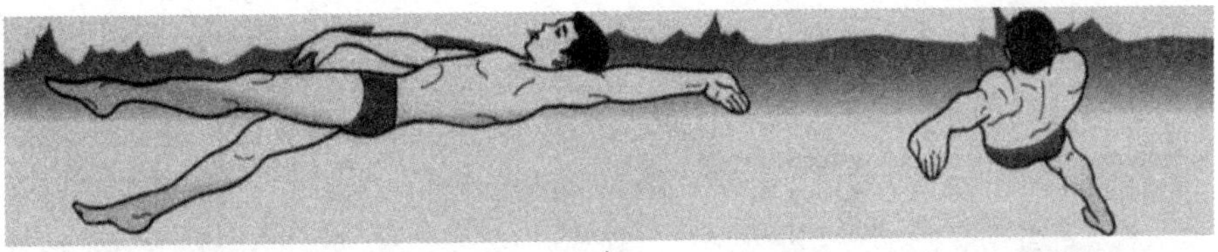

a）

b）

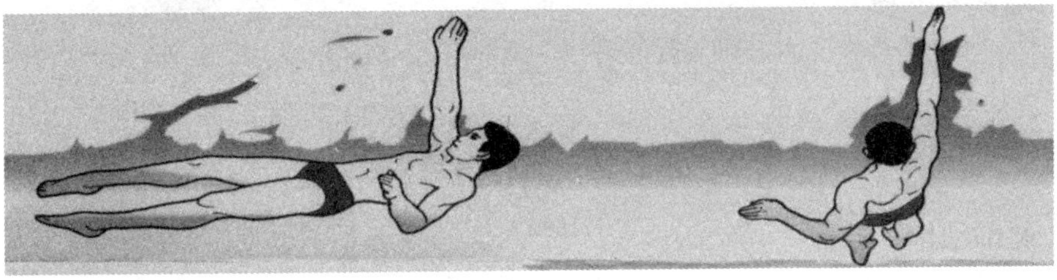

c）

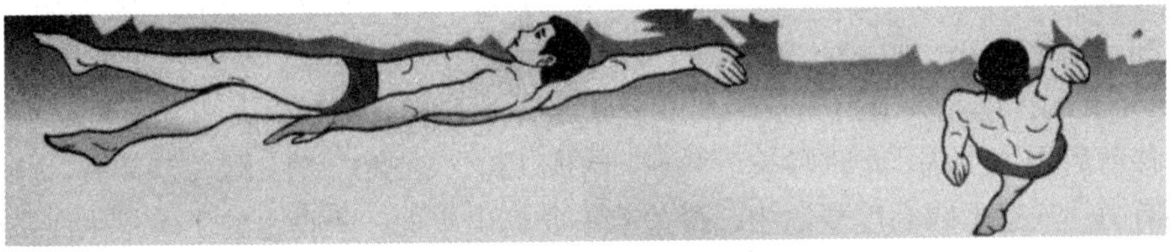

（d）

e）

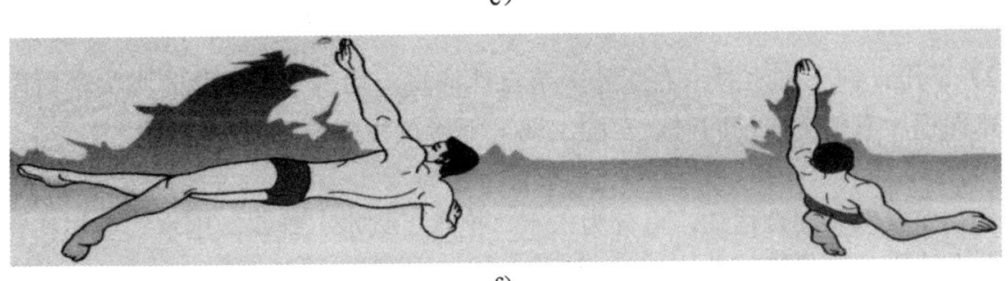

f）

g）

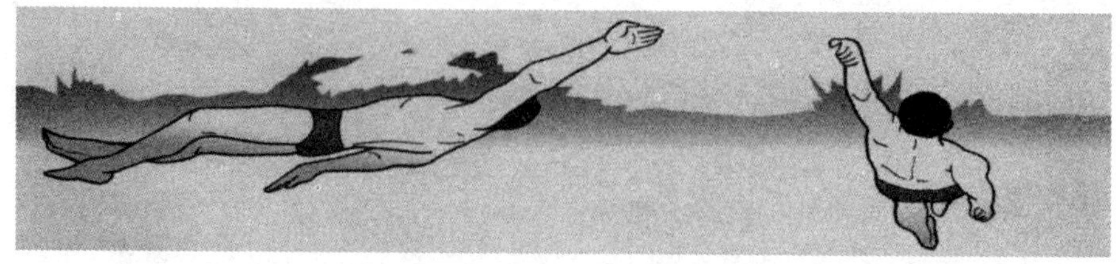

h）

图 13-13　仰泳动作的分解

2．腿部动作

腿部动作是保持身体高平仰姿、控制身体摇摆和产生推力的决定因素。仰泳腿部动作的重点可概括为“上踢下压”，即“屈腿上踢、直腿下压”的鞭打动作。腿部动作分解如图 13-13a、图 13-13b、图 13-13c 和图 13-13d 所示。

（1）上踢：以髋关节为支点，其中一条腿（以右腿为例）由大腿发力带动小腿及脚，稍向下移动后用力上踢，此时膝关节微屈，约成 130°～140° 角，踝关节伸展，脚向内转，动作要有力。注意上踢高度要适中，膝关节不要露出水面，两脚跟的上下最大距离约 40～50cm，如图 13-14 所示。上踢过程如图 13-13a、图 13-13b 和图 13-13c 所示。此时左腿稍向下移动，准备上踢。

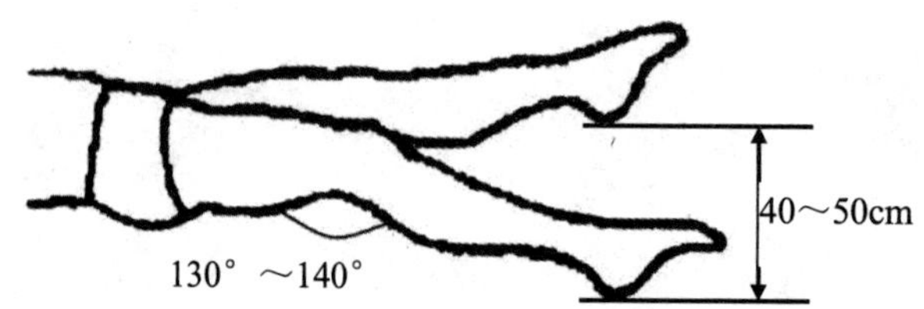

图 13-14　上踢时膝关节角度及两脚跟之间的距离

（2）下压：向下打水时，右腿膝关节自然伸直，用力下压，此时脚尖稍向内旋，以加大踢水面积。右腿下压的同时，左腿上踢。下压过程如图 13-13d 所示。

3．臂部动作

臂部动作要双手配合运动，可分为入水、抱水、划水、推水、出水和空中移臂六个阶段，这几个阶段是连贯进行的。

（1）入水：左臂入水时保持伸直状态，肩关节外旋，手的小指朝下，拇指朝上，掌心向外，手与前臂之间的角度为 150°～160°，入水点在肩延长线与身体纵轴之间。同时右臂向后下方做推水动作，如图 13-13a 所示。

（2）抱水：当左臂切入水中后，利用移臂的惯性使手臂向外侧下滑并向上向身后转腕，肩臂内旋，使手和小臂对好划水方向，同时开始屈臂至 150°～160°，使手掌和前臂增大划水面，配合上体转动成抱水姿势。同时，右臂提出水面，如图 13-13b 所示。

（3）划水：当左臂下滑至与身体纵轴成 40°～50° 角时开始屈臂划水，如图 13-15 所示，手后划的速度要快于肘。划水至肩侧时，手距水面约 15cm，屈臂角度大约为 90°。这时手、前臂、上臂同时向脚的方向做推水动作，如图 13-13c 所示。

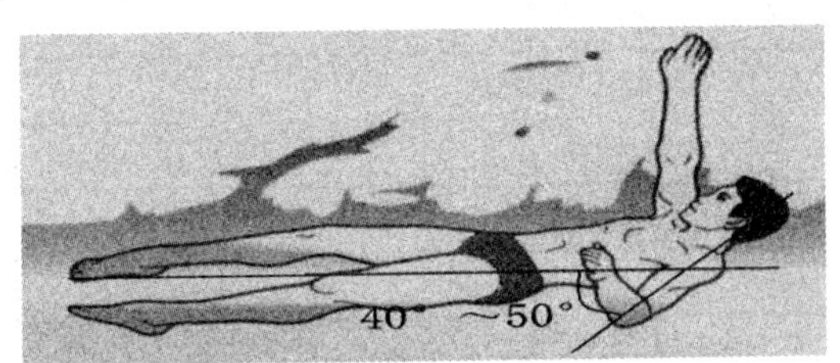

图 13-15 左臂下滑至与身体纵轴成 40°～50° 角

（4）推水：肘关节将靠近体侧时，向后下方自然下压，肩关节向上提，同时内旋，以肩为轴按由下至上再向下的 S 形划水路线划动，如图 13-16 所示。左臂靠近大腿旁时结束划水。同时，右臂在空中沿肩线上方做圆周运动，当左臂结束划水时，右臂正好入水。

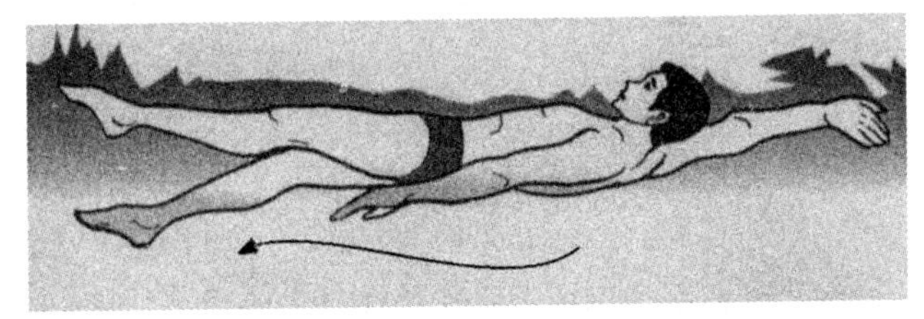

图 13-16 S 形划水路线

（5）出水：划水结束后，借助手掌下压的反作用力，手背朝上，以肩带动上臂和前臂，将左臂立即提出水面。同时，右臂入水后，做抱水动作，如图 13-13e 所示。

（6）空中移臂：左臂出水后沿肩线上方做圆周运动，移动过程中保持手臂伸直。右臂做划水运动，左臂入水时，右臂出水，如图 13-13f、图 13-13g 和图 13-13h 所示。

4．双臂配合

一般情况下，当一臂出水时，另一臂刚好入水；当一臂处于划水中段时，另一臂在空中移臂至一半。在整套臂部动作中，两臂几乎都处在完全相反的位置上，这样配合能保证动作的连贯性和速度的均匀性。

5．臂、腿和呼吸的配合

（1）臂与呼吸的配合：一般情况下是两次划水一次呼吸，即以一只手臂为标准，开始出水移臂时吸气，其他阶段在慢慢呼气。高速游进时也有一次划水一次呼吸的技术。需要注意的是呼吸过于频繁会导致动作紊乱。

（2）腿、臂配合技术：在划水过程中，腿的上踢和下压动作要保持身体的平衡与协调，避免身体的过分转动和臂部下沉。

现代仰泳技术采用 6 次打腿 2 次划臂的配合，也有少数人采用 4 次打腿 2 次划臂的配合。仰泳 6 次打腿 2 次划臂的动作配合如表 13-1 所示。

表 13-1　仰泳 6 次打腿 2 次划臂的动作配合表

臂部动作		腿部动作	
右臂	左臂	右腿	左腿
抱水	出水移臂开始	上踢	下压
划水	移臂中间	下压	上踢
推水	移臂结束入水	上踢	下压
出水移臂开始	抱水	下压	上踢
移臂中间	划水	上踢	下压
移臂结束入水	推水	下压	上踢

（二）练习方法

仰泳练习的顺序是先练腿部动作，后练手臂动作和呼吸方法，再练臂腿配合和完整动作配合。

1．腿部动作练习

在岸上单脚支撑站立，另一条腿向后伸并以大脚趾着地。以大腿带动小腿屈腿踢出，注意膝盖弯曲角度。然后大腿带动小腿直腿后压。双腿交替练习。然后坐在池边做腿部的模仿练习。熟悉打水的感觉并掌握动作要领，逐渐加快打水频率，如图 13-17 所示。

在水中做腿部练习时，可以双手反抓池槽，身体仰浮于水中，按照动作要领，做腿部打水动作。也可以保持身体纵轴与分道线成平行状态，一只手抱住分道线，还可以抱住浮板仰卧滑行，平稳之后，练习腿部动作，如图 13-18 所示。

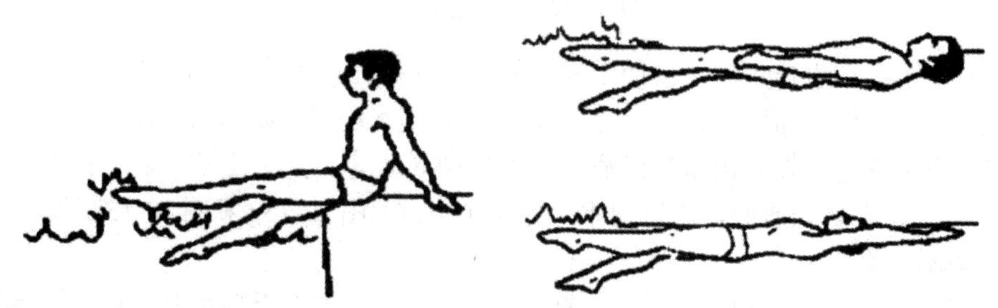

图 13-17　坐在池边做腿部练习　　图 13-18　在水中仰卧做腿部练习

2．臂部动作练习

仰卧在长凳上，先做单臂的要领练习，熟练之后做双臂配合呼吸的练习，如图 13-19 所示。之后在水中由同伴抱住大腿或大腿夹住浮板做臂部与呼吸的配合练习，如图 13-20 所示。

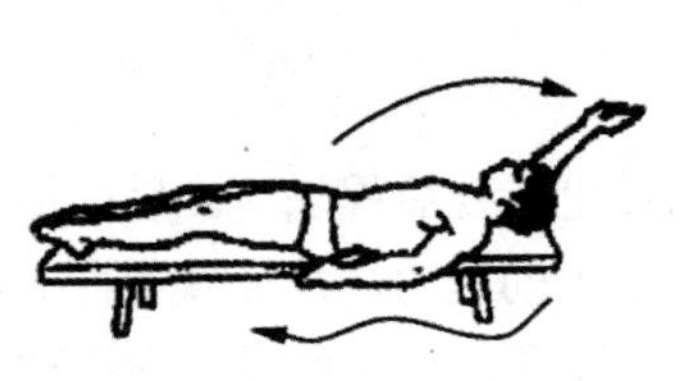

图 13-19 仰卧长凳练习手臂动作

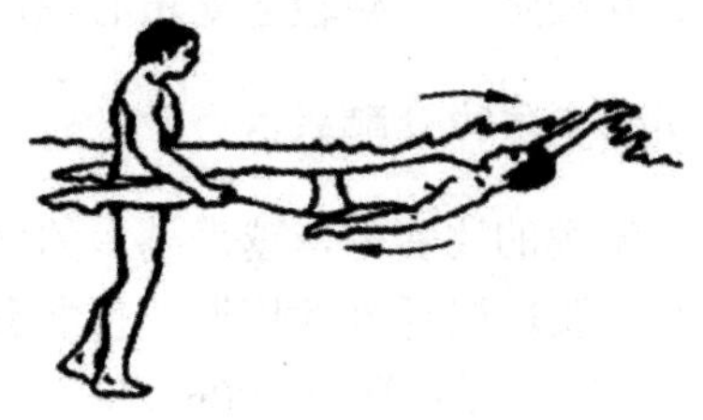

图 13-20 由同伴帮助在水中练习手臂动作

3．完整动作配合练习

在岸上保持站立姿势，将腿部和臂部的动作协调起来，如图 13-21 所示，熟悉其运动规律。熟练后再配合呼吸进行练习。之后在水中仰浮滑行，一臂放体侧，另一臂做臂部练习，如图 13-22 所示。熟练后做双臂的配合练习，最后配合呼吸，做完整动作练习。注意做臂部练习的同时，两腿要不停地打水。

图 13-21 在岸上做完整动作配合练习

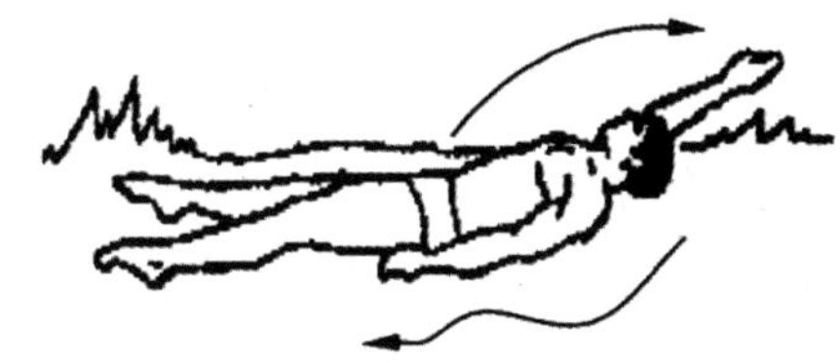

图 13-22 在水中作完整动作配合练习

（三）常见的错误动作及纠正方法

（1）害怕呛水抬高头，导致身体没有展平。身体自然平直地仰卧水中，将下颌抬高，两耳没入水中。

（2）大腿动作过大，膝关节露出水面，将踢水动作做成挑水动作。在做腿部练习时，控制大腿运动的幅度。

（3）打腿频率较慢，导致划水时身体下沉。练习者应在划水时积极打腿。

（4）移臂时肘关节弯曲。当划水结束时将手紧靠大腿。

三、游泳基本战术

游泳比赛战术一般可分为心理战术、比赛游程中的体力分配战术、出发战术和转身战术等。能否达到预期的效果，关键在于运动员能否根据比赛中的实际情况恰当的应用战术。

（一）心理战术

运动员训练水平的正常发挥，不仅取决于运动员的竞技状态，而且还取决于运动员的心理状态。运动员应排除杂念，保持冷静，并充满信心。除此之外，领队、教练员及运动员之间也应相互鼓励，以减轻运动员心理压力。

（二）游程中体力分配战术

在短距离游程的比赛中，越来越多的优秀运动员更重视后程加速。后程加速战术，从理论上来说是克服白肌纤维的惰性，使之逐渐发挥更大的肌力，从而获得冲刺时的优势。在 200m 游泳比赛中要重视后 100m 和第三个 50m 的速度，目前世界优秀运动员在第三个 50m 游程中，不仅不降低频率和速度，甚至还有所提高。

（三）游中长距离的战术

前程保持一定的速度，中程到后程速度逐渐递增，这种战术目前被认为是中长距离比赛最佳战术。这种战术要求运动员身体素质好，即要有耐力又要有速度。

（四）出发战术

恰当的起跳是可以争取 0.1s~0.2s 的时间，对比赛成绩影响很大。因此，在赛前的裁判实习或练习时，运动员要测算裁判发令到枪响的时间，争取掌握最佳的起跳时间。

运动员在出发时，为提高入水后的滑行速度，节省时间多采用前倾式入水。前倾式入水是指在出发时运动员双手抓住出发台前端或两侧的握手槽，上体前倾的一种入水方式。

（五）转身战术

转身战术的关键点主要有以下三个方面。

（1）游近池壁不减速，甚至还加速，手触壁的时间正是臂划水前伸的时间。

（2）旋转的速度快。

（3）蹬壁有力流线型好。

转身后滑行时尽量水平放松，且距水面不要太深，以免影响上浮出水时间。

（六）终点抢边战术

游近池壁时要加速，精准地判断好到池壁距离。最后一个动作抢边时，臂尽量前伸用手指触边，不要用整个手掌去触边。抢边时头部要保持水平，以便臂的前伸。

（七）接力比赛的战术

在自由泳接力比赛中，成绩最好的运动员放在第一棒，成绩第二好的运动员放在最后一棒。第一棒若取得好成绩，则可以鼓舞全队的士气，这是常规的排列方法，但当了解对手的情况时也可以改变棒次排列。

接力比赛中前一棒运动员的触壁和下一棒运动员的起跳时间能否衔接好，也是接力比赛中很关键的一环。最好的衔接时间是在池中游进的运动员手触边的一瞬间，出发台上的运动员脚离台。能否配合默契需在赛前反复训练，以提高运动员的灵敏度和反应力来赢得时间，弥补速度之差。

总之，战术应根据项目的编排、预决赛的时间、运动员的实力以及对手的特长等实际情况做合理、科学的安排。

第十四章　健美操

健美操是一项以有氧运动为基础，以健、力、美为特征，融体操、舞蹈、音乐为一体的身体练习。它既是健身美体、陶冶情操的大众健身方式，又是竞技运动的一个项目。健美操以其自身固有的价值和魅力，风靡全世界，深受广大青年学生及群众的喜爱。

第一节　健美操基本知识

一、健美操的起源与发展

健美操的起源可追溯到两千多年前。古希腊人对身体美的崇尚举世闻名。他们喜爱采用跑跳、投掷、柔软体操和健美舞蹈等各种体育项目进行身体美的锻炼。而古印度很早就有瑜伽术，其中的一些姿势与当前流行的健美操所常用的基本姿势是一致的。由此可见，古代人对健身健美的追求是现代健美操形成与发展的基础。

19 世纪末 20 世纪初，欧洲出现了许多体操流派，他们在理论和实践上的创新对健美操的发展起到了推波助澜的作用。20 世纪 80 年代初，随着遍及全球的健身热和娱乐体育的发展，健美操以其强大的生命力风靡世界。

美国是对世界健美操的发展有着重要影响的国家。影视明星简 · 方达根据自己的健身体会和经验，撰写了《简 · 方达健美术》一书。该书自 1981 年出版后，引起了世界的轰动，从而促进了健美操在世界范围内的推广。自 1985 年开始，美国正式举办一年一度的健美操锦标赛，并确定了竞赛项目和规则，使健美操发展成为竞技性运动项目。

世界性的健美操热是于 20 世纪 70 年代末传到我国的。当时北京、上海、广州等地相继举办了各种健美操培训班。随后通过各种新闻媒介对国外各种健美操的介绍，逐步推动了健美操在我国的广泛开展。

1984 年，原北京体育学院成立了健美操研究组，接着上海体育学院成立了健美操教研室，率先开设了健美操课程。一些大专院校根据国家教委对高等院校体育教学的要求，逐步开设了健美操普修或选修课，从而把我国的健美操从社会引向了学校。

1986～1988 年，健美操在我国得到了长足的发展。我国继 1986 年 4 月在广州举行了首次“全国女子健美操邀请赛”后，1987 年 5 月在北京又成功地举办了首届正式的竞技健美操比赛——“长城杯”健美操邀请赛。

为了有组织、有计划地推动全国大学生健美操运动的开展，1992 年 2 月，在北京成立了中国大学生体育协会健美操、艺术体操分会。1992 年 9 月，中国健美操协会在北京正式成立，这标志着我国健美操运动进入到一个崭新的发展阶段。

二、健美操的分类与特点

（一）健美操的分类

目前，健美操种类繁多，分类方法也各不相同。根据健美操的目的和任务，可以将其分为健身健美操和竞技健美操两大类。

1．健身健美操

健身健美操也称为“大众健美操”，其主要目的在于健身。由于其动作简单易学，活泼流畅，节奏感强，并按一定顺序来锻炼身体的各个部位，颇具实效性和针对性，因此，适合各种年龄和不同层次的人锻炼。

2．竞技健美操

竞技健美操是根据比赛规则与规程的要求组编的具有较高技术难度及艺术性，以竞技为主要目的的健美操。由于其动作难度、运动强度和密度较大，技术复杂，且有规定时间和特定动作的要求，因此主要适合青年男女练习。竞技健美操比赛共设 5 个项目：男子单人、女子单人、混合双人、三人和集体六人健美操。

（二）健美操的特点

健美操的特点主要有以下几个：

（1）集健美和健身于一体。健美操是以健身为基础，为使人体健康健美地发展而编排的。它是一项既注重外在美的锻炼，又强调内在美的培养的人体运动方式，对人的身心影响较为全面。

（2）鲜明的节奏感和韵律感。健美操是一种必须在音乐的伴奏下才能进行的身体练习，音乐是健美操的灵魂。健美操的音乐多取材于迪斯科、爵士和摇滚等现代音乐，以及具有鲜明节奏感和韵律感等特点的民族乐曲，从而使健美操富有鲜明的节奏感和韵律感。

（3）动作的多变性和协调性。健美操的每节操很少是单个部位的局部动作，大多为多部位的同步运动。例如，在完成大幅度的上肢动作时，常伴有腰、髋、膝、踝和头部等的动作。这不仅可使身体各部位的活动次数大幅增加，而且还能有效地改善和提高人们身体的协调性。

（4）广泛的群众性。健美操是一项富有趣味性的运动，它符合现代人追求健美、自娱自乐的需要；同时由于其练习形式多样，各种人群都能从中找到适合自己的练习方式，因而，健美操是男女老幼所青睐的一项运动。此外，由于健美操不受气候的影响，对场地、器材条件的要求也不高，因此这项运动具有广泛的群众性。

三、比赛场地与着装要求

1．比赛场地

（1）赛台：赛台高 80～140cm，面积不得小于 14m×14m，后面有背景遮挡。

（2）竞赛地板和竞赛区：竞赛地板位于赛台中心，面积为 12m×12m，其上方以宽度为 5cm 的黑色标记带圈定竞赛区，标记带是竞赛区的一部分。其中，单人、混双和三人健

美操的竞赛区面积为 7m×7m，集体六人赛的竞赛区面积为 10m×10m。

2．着装要求

运动员须穿适合运动的健美操服和运动鞋，着装整洁、美观、大方，不允许使用悬垂饰物，如皮带、飘带和花边等。女运动员的头发须梳系于后，头发不得遮住脸部；允许化淡妆，禁止佩戴首饰。

四、健美操比赛规则

1．比赛时间

成套动作的时间为 1′45″，有加减 5″的宽容度。

2．难度动作

成套动作必须包括下列各类难度动作各一个：① 动力性力量；② 静力性力量；③ 跳与跃；④ 平衡与柔韧。最多允许做 12 个难度动作。

3．评分方法

裁判分为艺术裁判、完成裁判、难度裁判、视线裁判、计时裁判和裁判长。艺术裁判、完成裁判、难度裁判分别评出艺术分、完成分和难度分。

（1）艺术分：主要包括操化动作、难度动作、过渡/连接和托举动作的成套创编（2 分）；音乐的使用（2 分）；操化动作组合（2 分）；比赛场地的使用（2 分）；表现力与同伴配合（2 分）。最高分为 10 分，以 0.1 加分。

（2）完成分：含技术技巧、合拍与一致性。从 10 分起评，对每个完成错误给予减分。

（3）难度分：根据难度动作级别给分，按照加分的方法评分，从 0 分起评。但以下情况将给予减分：超过 12 个难度动作、超过 6 次地面动作或超过 2 次成俯卧撑落地，每超过一个扣 1.0 分；难度动作重复或难度动作缺组，每次扣 1.0 分。

另外，如果比赛时运动员身体的任何部位触及标记带以外的场地，将被判为出界，每次扣 0.1 分。以下情况裁判长将给予减分，如违例动作每次扣 1.0 分等。

艺术分、完成分与难度分相加为总分。从总分中减去难度裁判、视线裁判与裁判长的减分为最后得分。

第二节　健美基本动作

健美操基本动作练习是按照人体生理解剖结构分部位进行练习，因此可以有重点地、系统地改善和发展身体的各个部位。掌握基本动作就可以为尽快地掌握复杂动作和成套动作打好基础。

一、手型

健美操手型主要有掌和拳两种，如图 14-1 所示。

（1）掌：包括分掌和合掌。①分掌：五指用力分开，手腕保持一定的紧张程度；②合掌：五指并拢伸直。

（2）拳：五指弯曲紧握，大拇指紧扣食指和中指的第二指节。

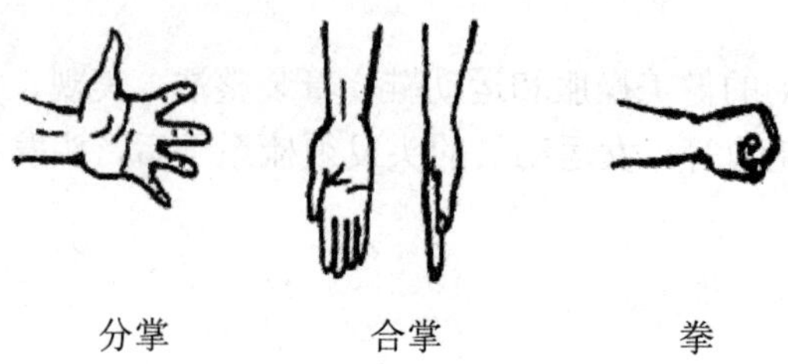

图 14-1　健美操手型

二、身体各部位基本动作

1．头、颈部动作

头、颈部动作由屈、转、绕和绕环等动作组成，如图 14-2 所示。

图 14-2　头、颈部动作

（1）屈：指头颈关节角度的弯曲，包括前、后、左、右屈。

（2）转：指头颈部绕身体垂直轴的转动，包括左、右转。

（3）绕和绕环：指头以颈为轴心的弧形和圆形运动，包括左、右绕和左、右绕环。

动作要求：做各种形式头颈动作时，上体保持正直，速度要慢，头颈移动的方向要准确，颈部被动肌群充分伸展。

2．肩部动作

肩部动作由提肩、沉肩、绕肩、肩绕环和振肩等动作组成，如图 14-3 所示。

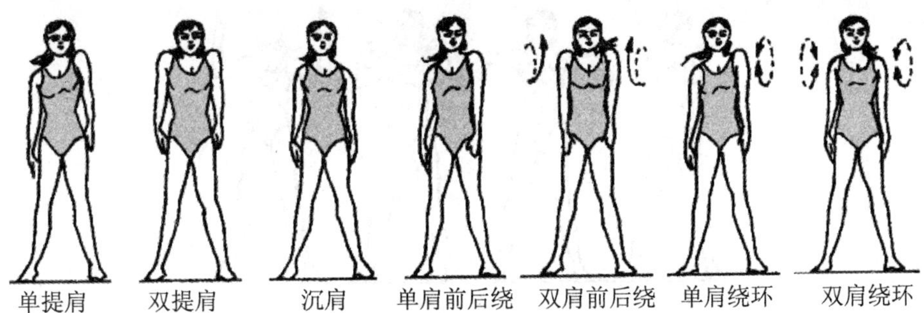

图 14-3　肩部动作

（1）提肩：指肩胛骨做向上的运动，包括单肩、双肩的同时提和依次提。

（2）沉肩：指肩胛骨做向下的运动，包括单肩、双肩的同时沉和依次沉。

（3）绕肩：指以肩关节为轴做小于 360° 的弧形运动，包括单肩向前、后绕，双肩同时或依次向前、后绕。

（4）肩绕环：指以肩关节为轴做 360° 及 360° 以上的圆形运动，包括单肩向前、后绕环，双肩同时或依次向前、后绕环。

（5）振肩：指固定上体，肩急速向前或向后的摆动，包括双肩同时前、后振和依次前、后振。

动作要求如下：

（1）提肩时尽力向上，沉肩时尽力向下，动作幅度大而有力。

（2）绕肩时，上体不能摆动，两臂放松，头颈不能前探；动作连贯，速度均匀，幅度大。

（3）振肩动作要有速度、力度和弹性。

3．上肢（手臂）动作

上肢（手臂）动作由举、屈、摆、绕、绕环、振和旋等动作组成。

（1）举：指以肩为轴，臂活动范围不超过 180° 而停止在某一部位的动作，包括单臂和双臂的前、后、侧举，以及不同中间方向的举（如侧上举、侧下举等），如图 14-4 所示。

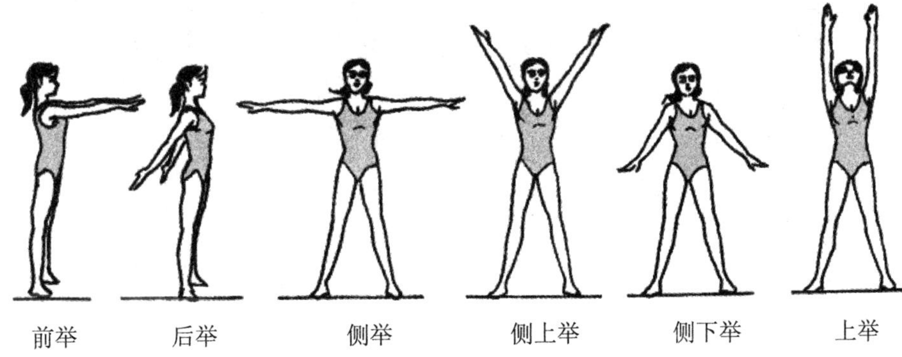

图 14-4　举臂

（2）屈：指肘关节产生了一定的弯曲角度，包括胸前屈、胸前平屈、肩侧屈、肩上侧屈、肩下侧屈、肩上前屈、腰间屈、背后屈、头上屈和头后屈，如图 14-5 所示。

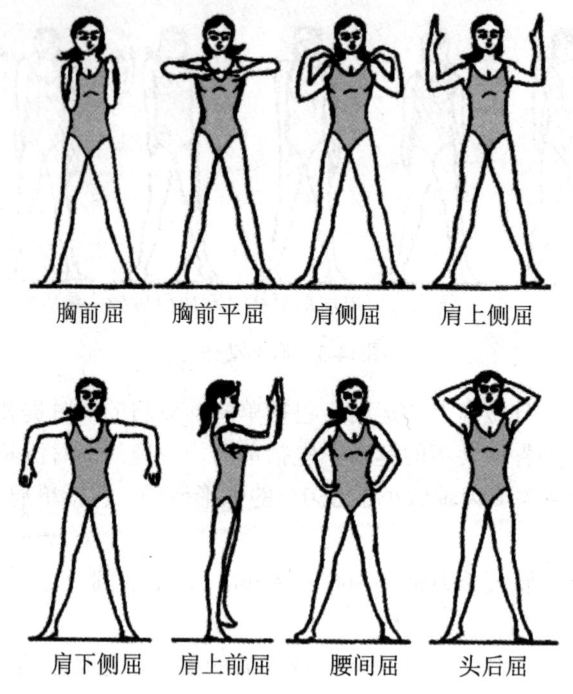

图 14-5　屈臂

（3）摆：指以肩或肘关节为轴，向身体各方向做钟摆式运动（如图 14-6a 所示），包括单臂和双臂同时或依次向前、后、左、右摆。

（4）绕：指双臂或单臂向内、外、前、后做 180° 以上 360° 以下的弧形运动。图 14-6b 所示为双臂向内外绕。

（5）绕环：指以肩关节为轴，双臂或单臂做 360° 及 360° 以上的圆形运动，包括向前、向后、向内的绕环。图 14-6c 和图 14-6d 所示为单臂前后绕环和双臂前后绕环。

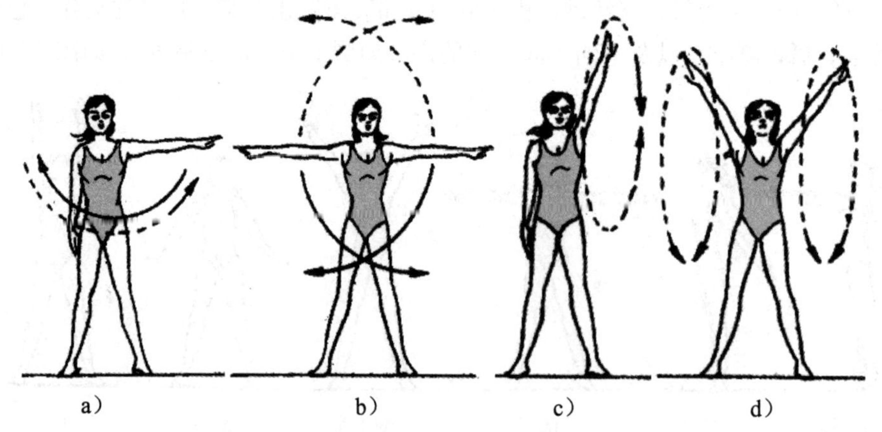

图 14-6　手臂摆、绕、绕环

（6）振：指以肩为轴，手臂用力摆至最大幅度，包括侧举后振、上举后振和下举后振，如图 14-7 所示。

（7）旋：指以肩或肘为轴做臂的旋内或旋外动作，如图 14-8 所示。

动作要求：

（1）做臂的举、屈伸时，肩下沉，做臂的摆动时，起与落要保持弧形。

（2）上体保持正直，位置准确，幅度要大，力达身体最远端。

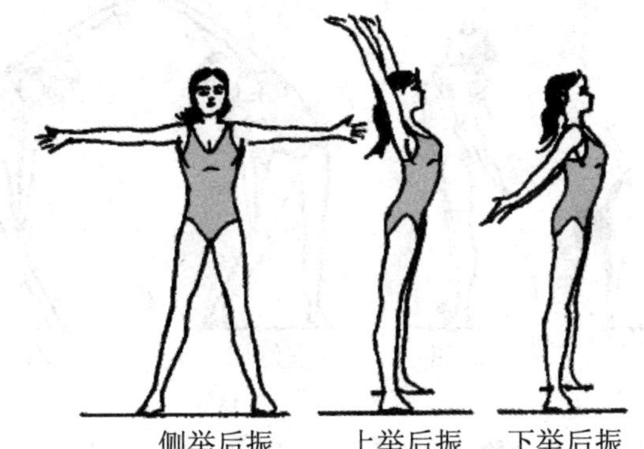

图 14-7　振臂

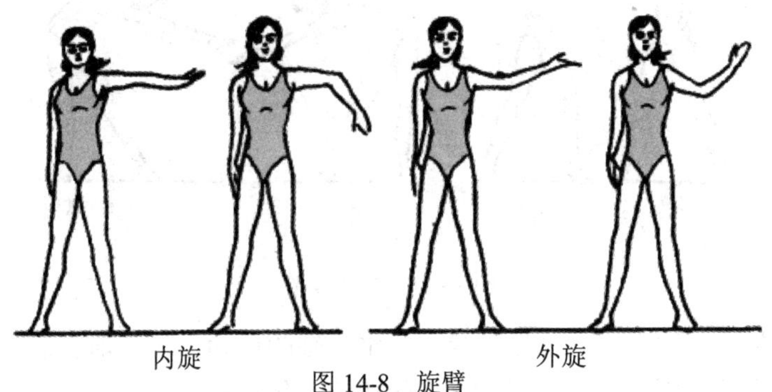

图 14-8　旋臂

4．胸部动作

胸部动作由含胸、展胸和移胸等动作组成，如图 14-9 所示。

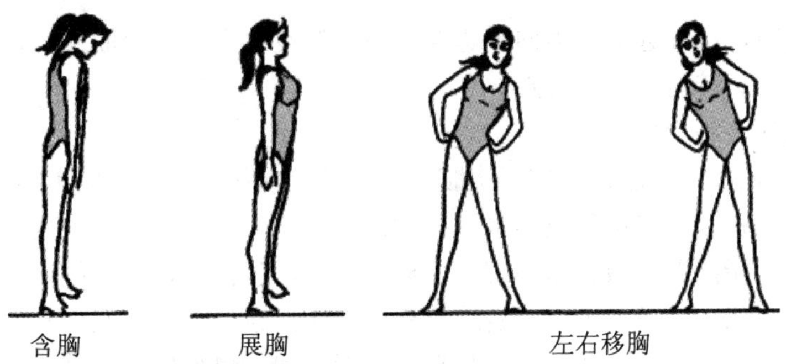

图 14-9　胸部动作

（1）含胸：指两肩内合，缩小胸腔。

（2）展胸：指两肩外展，扩大胸腔。

（3）移胸：指髋部固定，胸做向左、右水平的移动。

动作要求：练习时，收腹、立腰。含、展、移胸要达到最大极限。

5．腰部动作

腰部动作由屈、转、绕和绕环等动作组成，如图 14-10 所示。

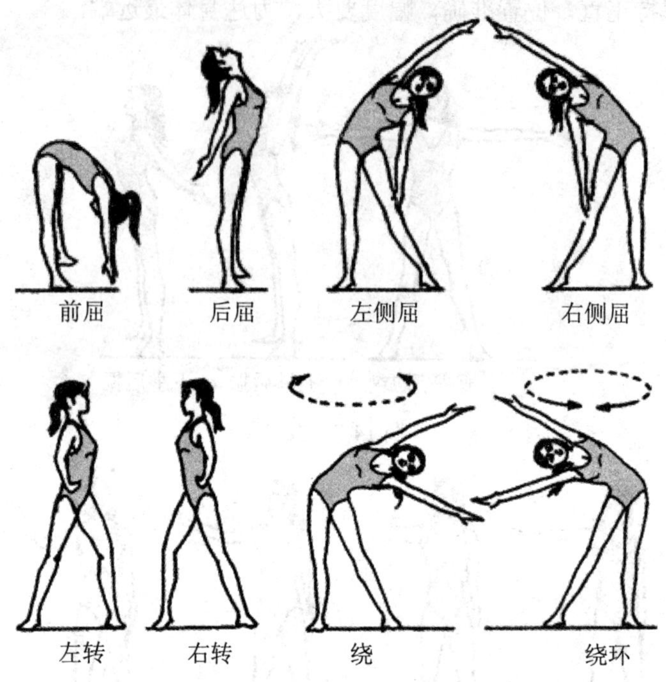

图 14-10　腰部动作

（1）屈：指下肢固定，上体沿矢状轴和水平轴的运动，包括前、后、左、右屈。

（2）转：指下肢固定，上体沿垂直轴的扭转，包括左、右转。

（3）绕和绕环：指下肢固定，上体沿垂直轴做弧形和圆形运动。它包括左、右绕和绕环。

动作要求如下：

（1）练习时，身体远端尽力向外延伸，绕环幅度要大，充分而连贯，速度放慢。

（2）腰前屈、转时，上体立直。

6．髋部动作

髋部动作由顶髋、提髋、摆髋、绕髋和髋绕环等动作组成，如图 14-11 所示。

（1）顶髋：指髋关节做急速的水平移动，包括前、后、左、右顶髋。

（2）提髋：指髋关节做急速向一侧上提的动作，包括左、右提髋。

（3）摆髋：指髋关节做钟摆式的连续移动动作，包括左、右侧摆和前、后摆。

（4）绕髋和髋绕环：指髋关节做弧形、圆形移动，包括向左、右绕和绕环。

动作要求：髋关节做顶、提、绕和绕环时，应平稳、柔和、协调，稍带弹性，上体要放松。

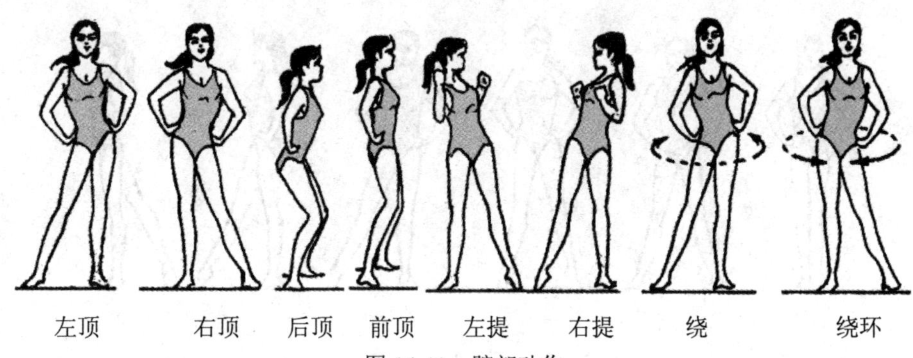

图 14-11　髋部动作

7. 下肢动作

下肢动作是由滚动步、交叉步、跑跳步、并腿跳和侧摆腿跳等动作组成，如图 14-12 所示。

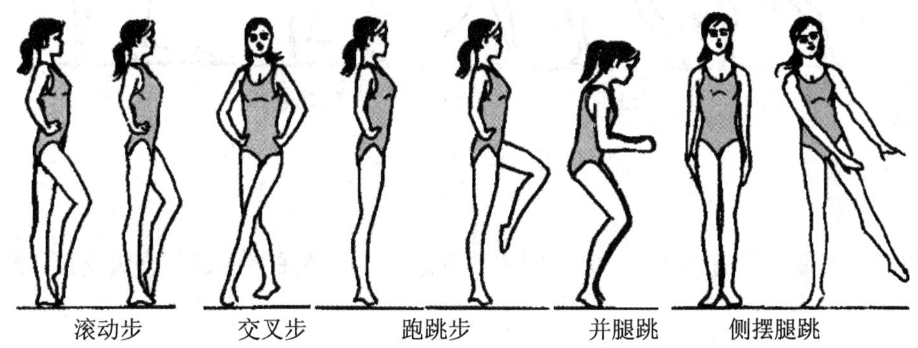

图 14-12　下肢动作

（1）滚动步：两脚同时交替做由前脚尖至全掌依次落地动作。

（2）交叉步：一脚向另一脚前或后交叉行进。

（3）跑跳步：两脚交替进行，跑后支撑阶段有一次跳的过程。

（4）并腿跳：双腿并拢，直膝或屈膝跳。

（5）侧摆腿跳：单腿跳起，同时另一腿向外侧摆动。

动作要求：跳跃要轻松自如，有弹性，注意呼吸配合。

三、基本站立

基本站立包括立、弓步和跪立，如图 14-13 所示。

1. 立

（1）直立：指头颈、躯干和脚的纵轴保持在一条直线上。

（2）开立：指两脚左右分开与肩同宽或宽于肩。

（3）提踵立：指两脚跟提起，用前脚掌站立。

（4）点地立：指一腿直立（重心在站立脚上），另一腿向各方向伸直，脚尖点地，包括侧点立、前点立、后点立。

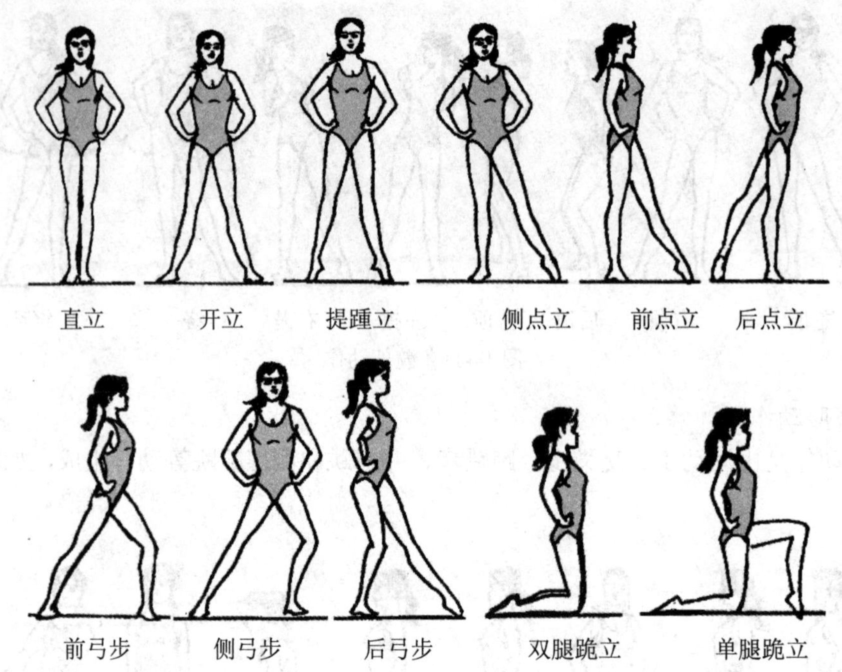

图 14-13　基本站立

2．弓步

这是指一腿向某方向迈出一步，膝关节弯曲成 90°左右，膝部与脚尖垂直，另一腿伸直，包括左、右腿的前、侧、后弓步。

3．跪立

这是指大腿与小腿成直角的跪姿，包括双腿跪立和单腿跪立。

动作要求如下：

（1）站立时头正直，上体保持挺直、沉肩、挺胸、收腹、收臀、立腰、立背、直膝。

（2）提踵立时，两腿内侧肌群用力收紧，起踵越高越好。

（3）弓步时，前弓步和侧弓步的重心在两腿之间，后弓步的重心在后腿。

四、健美操规则规定的 7 个基本步伐

国际体操联合会健美操委员会出版的《竞技性健美操规则》中把健美操的步伐分为以下 7 大类：踏步、开合跳、吸腿跳、踢腿跳、弓步跳、弹踢腿跳和后踢腿跳，如图 14-14 所示。

（1）踏步：两脚交替不间断地做屈膝上提然后踏地的动作，包括脚尖不离地的踏步、脚离地的踏步和高抬腿的大幅度踏步。

（2）开合跳：并腿跳至开立，分腿跳至并立。

（3）吸腿跳：单腿跳起，同时另一腿屈膝向前、侧上提。

（4）踢腿跳：单腿跳起，同时另一腿直腿向前、侧方向踢出，包括小幅度和大幅度的踢腿。

（5）弓步跳：并腿跳起，落地时成前（侧、后）弓步。

（6）弹踢腿跳：单腿跳起，同时另一腿经屈膝向前、侧方向弹踢。

（7）后踢腿跳：两脚交替有短暂腾空过程（类似跑步），小腿向后屈。

动作要求如下：

（1）踏步：落地时，由脚尖过渡到脚跟着地；屈膝时，胯微收。两臂前后自然摆动。

（2）开合跳：分腿时，两腿自然外开，膝关节沿脚尖方向弯曲；跳起与落地时，屈膝缓冲。

（3）吸腿跳：大腿用力上提，小腿自然下垂。

（4）踢腿跳：踢腿时，须加速用力，上体保持正直、立腰。

（5）弓步跳：跳成弓步时，把握住身体重心。

（6）弹踢腿跳：大腿抬起至一定角度后，小腿自然伸直，膝关节稍有控制。

（7）后踢腿跳：髋和膝在一条线上，小腿叠于大腿。

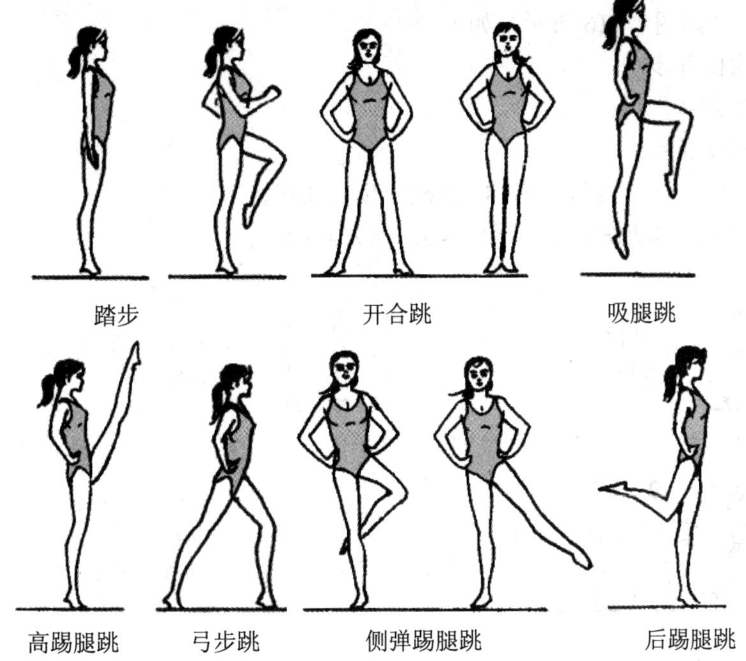

图 14-14　健美操基本步伐

第四、健美套路

套路示例：健美操大众锻炼标准测试套路（一级）

（一）组合 1（4×8×2）

动作说明（如图 14-15 所示）如下：

（1）8 次踏步。

（2）8 次走步。

（3）动作同（2）。

（4）4 次半蹲。

（5）至（8）的动作同（1）至（4）。

图 14-15　一级套路组合 1 动作图解

（二）组合 2（4×8×2）

动作说明（如图 14-16 所示）如下：

（1）4 次侧并步。

（2）4 次侧并步。

（3）2 次交叉步。

（4）1～4　1 次交叉步，5～8　2 次迈步后屈腿。

（5）至（8）的动作同（1）至（4），但方向相反。

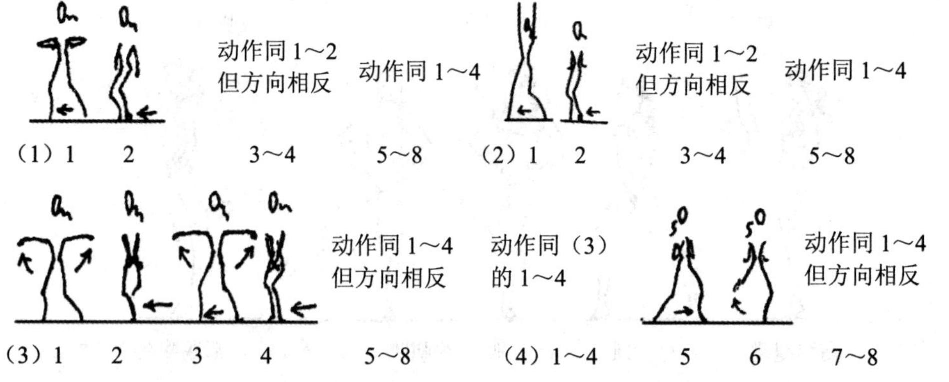

图 14-16　一级套路组合 2 动作图解

（三）组合 3（4×8×2）

动作说明（如图 14-17 所示）如下：

（1）2 次一字步。

（2）2 次 V 字步。

（3）4 次小马跳。

（4）1～4　2 次迈步侧点地，5～8　1 次半蹲。

（5）至（8）的动作同（1）至（4），但方向相反。

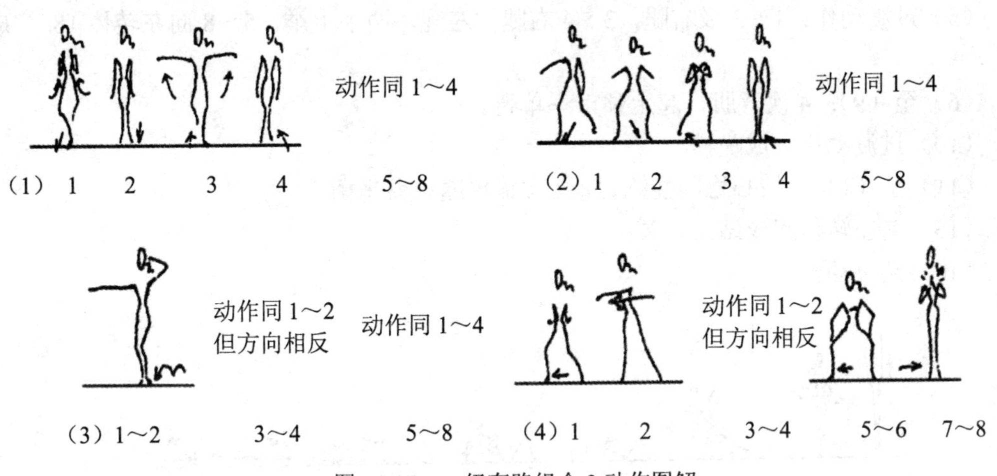

图 14-17　一级套路组合 3 动作图解

（四）组合 4（4 × 8 × 2）

动作说明（如图 14-18 所示）如下：

（1）8 次跑步。

（2）3 次开合跳。

（3）2 次迈步吸腿。

（4）1～4　2 次前点地，5～8　2 次侧点地。

（5）至（8）的动作同（1）至（4），但方向相反。

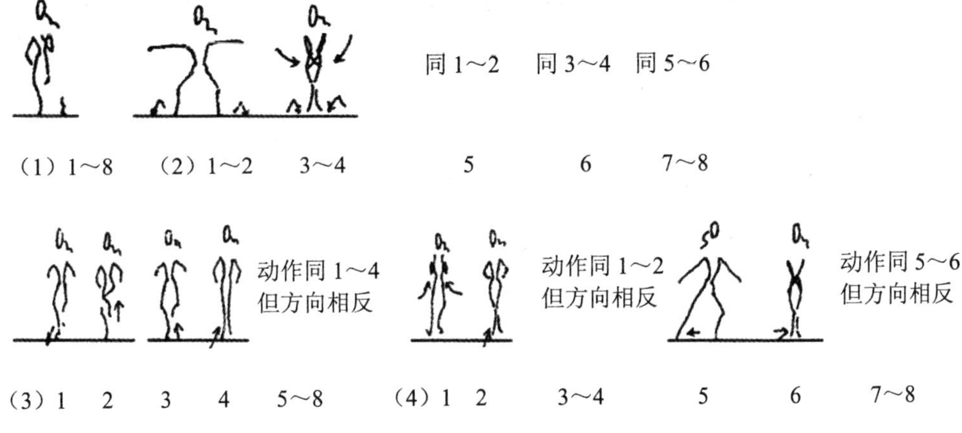

图 14-18　一级套路组合 4 动作图解

（五）力量练习（12 + 16 × 8）

动作说明（如图 14-19 所示）如下：

1～4 预备动作，　5～8 从站立到屈腿仰卧。

（1）至（4）：4 次仰卧收腹。

（5）过渡动作：1～2 吸右腿，3～4 右腿并左腿，两手上举，5～8 向左转体 180° 成俯卧。

（6）至（9）：4 次背肌，起上体，举单臂。

（10）过渡动作：成跪撑。

（11）至（14）：核心稳固性练习，4 次跪单腿单臂平衡。

（15）向左转体起成站立。

（16）结束动作。

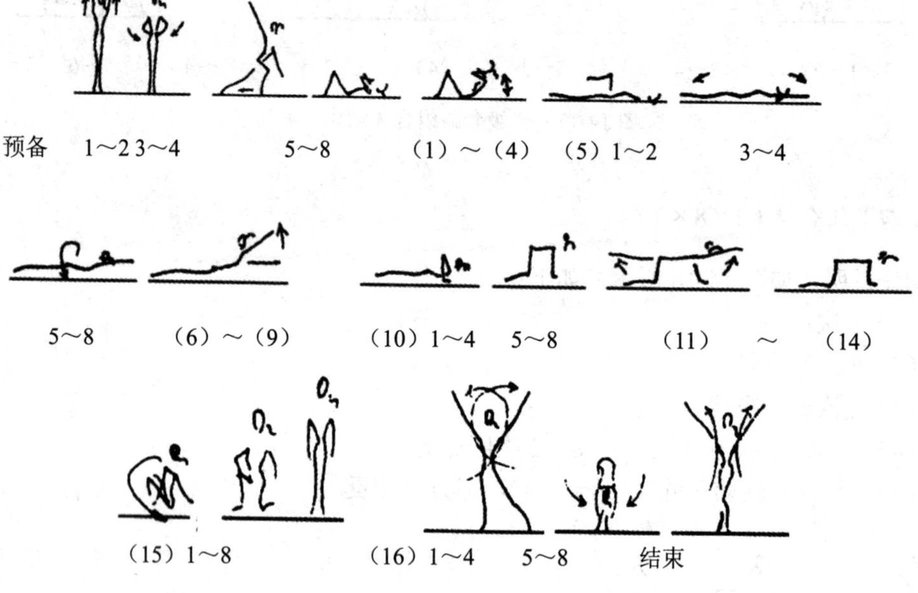

图 14-19　力量练习动作图解

第十五章　武术运动

武术，打拳和使用兵器的技术，是中国传统的体育项目。武术又称国术或武艺，中国传统体育项目。其内容是把踢、打、摔、拿、跌、击、劈、刺等动作按照一定规律组成徒手的和器械的各种攻防格斗功夫、套路和单势练习。武术具有极其广泛的群众基础，是中国人民在长期的社会实践中不断积累和丰富起来的一项宝贵的文化遗产。武术是中国民族的优秀文化遗产之一。

第一节　武术运动基本知识

一、武术运动的起源与发展

武术起源于我国古代的生产劳动。在古代的狩猎和战争中，人类为了生活和自卫掌握了一些简单的攻防格斗技能，如拳打、脚踢、躲闪和摔跤等，为武术的发展奠定了基础。

武术发展于封建社会时期。秦汉以来，盛行角力、击剑。明清时期，流派林立，拳种纷显。拳术有长拳、猴拳、少林拳和内家拳等几十家之多；同时形成了太极拳、形意拳和八卦拳等主要的拳种体系。到了近代，为了适应时代的变化，武术逐步成为中国近代体育的有机组成部分。民国时期，民间出现了许多拳社和武士会等武术组织。1928 年，在南京成立了中央国术馆。1936 年中国武术队赴柏林奥运会参加表演，从此武术运动在国际范围内传播。

中华人民共和国成立后，武术运动得到了蓬勃发展。1958 年中国武术协会成立，武术成为表演项目，并于次年正式成为国家体育竞赛项目。1987 年在横滨举行了第一届亚洲武术锦标赛。1990 年武术首次被列入第十一届亚运会比赛项目，同年 10 月国际武术联合会在北京宣告成立，并于 1991 年在北京举办了第一届世界武术锦标赛，以后每隔两年举办一次。1994 年，国际武联被世界单项体育联合会正式接纳入会，进一步确立了武术比赛的国际体育地位。2008 年武术成为奥运会的表演项目，为武术运动的进一步发展奠定了基础。

二、武术运动的特点

（1）广泛的适应性。武术运动的内容丰富，形式多样，不受年龄、性别、体质、季节和场地等的限制，人们可以根据自己的需要和条件，选择适合自己的项目进行锻炼。

（2）攻防技击性。武术运动基本表现形式有两种：徒手的和器械的攻防动作，如踢、打、摔、拿和扎等。人们通过武术锻炼，不仅能够增强体质，还能够掌握一些攻防技击术，为国防建设服务。

（3）内外合一，形神兼备。所谓内是指心、神、意和气等内在的心志活动和气息运行；外是指手、眼、身、法和步等外在的形体运动。武术运动对内能够理脏腑、理经脉和调精神；对外能够利关节、强筋骨和壮体魄，使人们的身心得到全面的锻炼。

三、比赛场地

武术比赛在地毯上进行，场地的规格由比赛内容决定：

（1）单练和对练项目的场地为 14m×8m 的长方形，四周内沿边线宽 5cm，场地的两长边中间各有一条长 30cm，宽 5cm 的中线标记。比赛场地四周至少有 2m 宽的安全区。

（2）集体项目的场地为 16m×14m 的长方形，四周内沿边线宽 5cm。比赛场地四周至少有 1m 宽的安全区。

（3）武术比赛场地上空至少有 8m（从地面量起）的无障碍空间。

（4）两个武术比赛场地之间相距 6m 以上。

四、武术比赛通用规则

（一）比赛性质

（1）按比赛类型分个人赛、团体赛和个人及团体赛。

（2）按年龄分成年赛（18 周岁以上的，包括 18 周岁）、少年赛（12～17 周岁）和儿童赛（不满 12 周岁）。

（3）按以往比赛成绩分甲级赛和乙级赛。

（4）按内容分单练项目、对练项目、集体项目和综合项目。

（二）比赛项目

比赛项目包括传统武术套路（如长拳、太极拳、南拳、剑术和棍术等）、其他武术套路（除传统武术套路以外的武术套路）和武术健身拳操三项。

（三）扣分

裁判员对场上运动员所出现的明显错误，视情节轻重给予相应的扣分，包括以下几点：

（1）比赛过程中，运动员的器械和服装违反规定（比赛时，运动员必须穿比赛服和武术鞋或运动鞋）。

（2）运动员上场比赛时佩戴耳环、项链和手镯等饰品。

（3）比赛过程中，场上队员身体的某一部位接触界线外地面。

（4）除太极拳外，运动员参加其他拳术比赛时必须系软腰带。

五、武术套路比赛规则

（一）得分种类

比赛满分为 10 分；长拳、剑、刀、枪和棍的评分标准为动作规格分值 6 分，劲力协调分值 2 分，精神、节奏、风格、内容、结构和布局分值 2 分。

（二）进行方式

参加比赛的个人或团体听到点名上场，向裁判长行礼，开始比赛；在规定时间内完成武术套路；结束全套动作后并步站立，向裁判员行礼，计时结束；比赛结束后，按照个人或团体的总分高低排列名次。完成各种武术套路的规定时间如下：

（1）长拳、南拳、刀术、剑术、枪术和棍术自选套路不得少于 80s。如按年龄分组比赛，成年组不少于 80s，少年组不少于 70s，儿童组不少于 1min。

（2）太极拳自选套路为 3～4min（到 3min 时，裁判长鸣哨示意）；太极拳规定套路为 5～6min（到 5min 时，裁判长鸣哨示意）。

（3）太极剑集体项目为 3～4min（到 3min 时，裁判长鸣哨示意）。

（4）其他项目单练不得少于 1min；对练不得少于 50s。

（三）武术竞赛剑术套路的内容规定

（1）弓步不少于 4 次，仆步和虚步不少于 2 次。

（2）不得少于八组不同组别的主要剑法。

（3）剑术套路必须有三种不同组别的平衡，其中必须有两种持久性平衡。

（4）必须有指定动作。

（四）武术套路比赛礼仪

（1）抱拳礼：并步站立，右手成立掌，掌指向上，左手握拳，左拳右掌相抱于胸前（右手指根线与左拳棱相齐），齐胸高，两手距胸 20～30cm，目视前方。

（2）抱刀礼：并步站立，左手抱刀，曲臂抬刀，刀背贴于前臂外侧，刀刃向上，横于胸前；右手成立掌，掌指向上，掌心附于左手拇指第一指节处，齐胸高，两手距胸 20～30cm，目视前方。

（3）持剑礼：并步站立，左手持剑，曲臂抬剑，剑身贴前臂外侧斜横于胸前；右手成立掌，掌指向上，掌心附于左手食指根节，齐胸高，两手距胸 20～30cm，目视前方。

（4）持枪（棍）礼：并步站立，左手持枪（棍）把（靠把端 1/3 处），曲臂于胸前，枪（棍）身直立；右手成立掌，掌指向上，附于左手拇指第二指节上，两手距胸 20～30cm，目视前方。

第二节 武术基本功

武术基本功是指以武术运动中具有共性的基础训练为内容，以获得和运用武术技法必备的各种能力为锻炼目的的一类运动。它包括肩臂、腰、腿、手、步和跳跃等的练习。

一、肩臂练习

肩臂练习的目的是增进肩关节柔韧性和发展臂部力量。肩臂练习包括压肩、单臂绕环和双臂绕环等。

（一）压肩

预备姿势：面对肋木站立，距离肋木一大步，两脚左右开立，与肩同宽。

动作说明：两手抓握肋木，上体前俯并做下振压肩动作，如图 15-1 左图所示；做压肩动作时，也可以两人面对面站立，互相扶按肩部，做体前曲的向下振压肩动作，如图 15-1 右图所示；也可由助手协助做搬压肩部的练习。

要点：挺胸、塌腰、收髋，伸直臂、腿，振幅逐步加大，压点集中于肩部，由小到大增加外力。

（二）单臂绕环

预备姿势（以右臂绕环为例）：左弓步站立，左手扶按左膝，右臂垂于体侧。

动作说明：向后绕环时，右臂由下向前、向上、向后绕环一周，如图 15-2 所示；向前绕环时，右臂由下向后、向上、向前绕环一周。练习时，左右臂交替进行。做左臂绕环时，换右弓步站立。

要点：臂伸直、肩放松，以肩为轴划立圆，逐渐加速。

图 15-1　压肩　　　　图 15-2　单臂绕环

（三）双臂绕环

预备姿势：开步站立，两臂垂于体侧。

动作说明：以肩关节为轴，两臂分别向前和向后做直臂绕环。顺、逆时针绕环交替进行，如图 15-3 所示。

要点：身体挺直，臂伸直，肩放松，绕环协调和顺。

图 15-3　双臂绕环

二、腰部练习

腰部练习的目的是增进腰部灵活性和协调控制上下肢运动的能力。腰部练习包括下腰、甩腰和涮腰等。

（一）下腰

预备姿势：开步站立，两臂伸直上举。

动作说明：腰向后弯，抬头、挺腰，双手撑地身体成桥形。

要点：挺膝、挺髋、顶腰，全脚掌着地。

（二）甩腰

预备姿势：开步站立，两臂伸直上举。

动作说明：以腰、髋关节为轴，上体做前后曲和甩腰动作，两臂跟着甩动，两腿伸直。

要点：两腿伸直，腰部放松，后甩时抬头挺胸，甩腰动作紧凑而有弹性。

（三）涮腰

预备姿势：两脚开立，略宽于肩，两臂自然垂于体侧。

动作说明：上体前俯，两臂向左前下方伸出，以髋关节为轴，两臂经前、向右、向后、向左翻转绕环。左右涮腰交替进行。

要点：两腿伸直，翻转绕环协调、和顺。

三、腿部练习

腿部练习的目的是发展腿部的柔韧性、灵活性和力量等素质。腿部练习包括正压腿、侧压腿、竖叉、正踢腿、外摆腿、理合腿和后扫腿等。

（一）正压腿

预备姿势：面对肋木或一定高度的物体，并步站立。

动作说明：左腿抬起，脚跟放在肋木上，脚尖勾起，踝关节曲紧，两手扶按在左膝上或两手抓握左脚。两腿伸直，立腰、收髋，上体前曲，并向前下方做压振动作，如图 15-4 所示。练习时两腿交替进行。

要点：收胯，正髋，直体向前、向下压振。

（二）侧压腿

预备姿势：侧对肋木或一定高度的物体，并步站立。

动作说明：右腿支撑，脚尖稍外撇。左腿抬起，脚跟放在肋木上，脚尖勾起，踝关节曲紧。右手立掌（掌心朝上）向头后伸展，尽量摸到左脚尖。左掌附右胸前。两腿伸直，立腰、开髋，右臂带动上体向左侧压振，如图 15-5 所示。练习时两腿交替进行。

要点：立腰，展髋，支撑腿脚尖外展，直体向侧下压振。

（三）竖叉

预备姿势：并步站立。

动作说明：两手左右扶地或两臂侧平举，两腿前后分开成直线（左腿在前）。左腿后侧着地，脚尖勾起。右腿前侧或内侧着地，脚面绷直扣于地面，两臂立掌侧平举，掌指向上，如图 15-6 所示。练习时两腿交替进行。

要点：挺胸、立腰、沉髋、挺膝。

图 15-4　正压腿

图 15-5　侧压腿

图 15-6　竖叉

（四）正踢腿

预备姿势：并步站立，两臂侧平举，立掌，掌指向上。

动作说明：左脚上前半步，左腿支撑，右腿挺膝，脚尖勾起向前额处猛踢。目平视。练习时两腿交替进行。

要点：挺胸、收腹、立腰。踢腿时，迅速収髋、收腹，脚尖勾起，脚踢过腰后加速用力，踢腿动作加快。踢腿落下时，脚面绷直。

（五）外摆腿

预备姿势：同正踢腿。

动作说明：右脚向右前方上半步，右腿支撑。左脚脚尖勾紧，向右侧踢起，经面前向左侧上方外摆，直腿落于右腿内侧。目平视，如图 15-7 所示。可用左手掌在左侧上方迎击左脚面，也可不做。练习时两腿交替进行。

要点：展髋，直腿成扇形外摆，幅度要大。

（六）后扫腿

预备姿势：两脚并立，两臂自然垂于体侧。

动作说明：两脚开立成左弓步，两掌伏地干右腿内侧，手指向前。左脚尖里扣，左腿曲膝全蹲，右腿伸直，成右仆步姿势，同时上体右转并前俯。两掌随体右转在右腿内侧扶地。以左脚前脚掌为轴，右脚贴地向后扫转一周。

要点：转体、俯身、撑地、扫转要连贯协调，一气呵成。

（七）里合腿

预备姿势：同正踢腿。

动作说明：右脚向右前方上半步，右腿支撑。左脚脚尖勾起里扣并向左侧踢起，经面

前向右侧上方直腿里和，落于右腿外侧，如图 15-8 所示。可用右手掌在右侧上方迎击左脚面，也可不做。练习时两腿交替进行。

要点：合髋，外摆腿，幅度要大。

图 15-7 外摆腿

图 15-8 里合腿

四、手型手法练习

手法练习是运用拳、掌和勾三种手型，结合上肢冲、架、推和亮等运动方法，操练上肢手法的基本方法。下面对手型和手法进行简要介绍。

（一）手型

（1）拳。动作说明：四指并拢卷握，拇指紧扣食指和中指第二指节，如图 15-9 所示。

（2）掌。动作说明：四指并拢伸直，拇指弯曲紧扣于虎口处，如图 15-10 所示。

（3）勾。动作说明：五指的第一指节捏拢在一起，并曲腕，如图 15-11 所示。

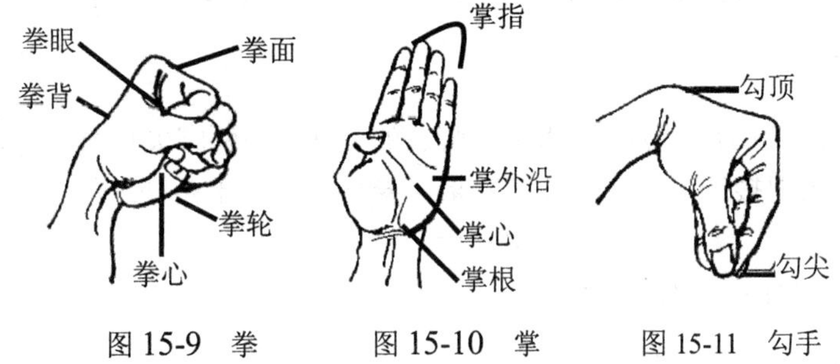

图 15-9 拳　图 15-10 掌　图 15-11 勾手

（二）手法

常用的手法有冲拳、推掌和亮掌。

1．冲拳

冲拳分平拳和立拳两种。其中，平拳拳心向上，立拳拳眼向上。

预备姿势：两脚左右开立，与肩同宽，两拳抱于腰间，拳心向上，肘尖向后。

动作说明：挺胸、收腹、直腰，右拳从腰间猛力冲出，左肘向后牵拉。同时左转腰顺肩内旋臂，力达拳面，臂要伸直，与肩平。目平视。练习时两手交替进行。

要点：出拳要快速有力，要有寸劲，做好拧腰、顺肩、急旋出拳手臂的动作。

2．推掌

预备姿势：与冲拳相同。

动作说明：右拳变掌，前臂内旋，以掌跟为力点向前猛力推出，左肘向后牵拉。同时左转腰顺肩，臂伸直与肩平，目平视。练习时两手交替进行。

要点：挺胸、收腹、直腰，出掌快速有力，有爆发力，做好转腰、顺肩、沉腕和翘掌动作。

3．亮掌

预备姿势：与冲拳相同。

动作说明：右拳变掌经体前向右、向上划弧，至头部右前方时抖腕亮掌，掌心向前，虎口朝下，臂成弧形，头随右手动作左转。亮掌时双眼注视左方。练习时两手交替进行。

要点：抖腕、亮掌同时转头。

五、步型练习

步型练习的目的是增进腿部力量，以提高两腿的稳固性。基本步型包括弓步、马步、虚步、仆步和歇步等。

（一）弓步

动作说明：两脚前后开立一大步（约为本人脚长的4～5倍），前脚脚尖稍内扣，前腿曲膝半蹲（大腿接近水平），膝与脚尖垂直。后腿挺膝伸直，脚尖内扣斜向前方，两脚全脚掌着地。上体正对前方，目平视，两手抱拳于腰间，拳心向上。

要点：前腿弓，后腿绷，挺胸、塌腰、沉髋，前后脚成一直线。

（二）马步

动作说明：两脚左右开立（约为本人脚长的 3 倍），两脚尖正对前方，曲膝半蹲，膝盖不超过脚尖，大腿接近水平，全脚掌着地，身体重心落于两脚之间，双手抱拳于腰间，拳心向上。

要点：挺胸、塌腰，脚跟外蹬。

（三）虚步

动作说明：两脚前后开立，后脚外展45°，后腿曲膝半蹲。前脚脚尖虚点地，稍内扣，脚面绷平。前腿膝微曲，重心落于后腿上。双手叉腰，目平视。左脚在前为左虚步，右脚在前为右虚步。

要点：挺胸，塌腰，虚实分明。

（四）仆步

动作说明（以左仆步为例）：两脚左右开立，右腿曲膝半蹲，大腿与小腿靠紧，臀部接近小腿，右脚全脚掌着地，脚尖和膝关节外展。左腿挺直平仆，脚尖里扣，全脚掌着地。两手抱拳于腰间，拳心向上，眼向左方平视；右仆步为仆右腿，动作要领与左仆步相仿。

要点：挺胸，塌腰，沉髋，两脚全脚掌着地。

（五）歇步

动作说明（以左歇步为例）：两腿交叉靠拢全蹲，左脚在前，全脚掌着地，脚尖外展。右脚前脚掌着地，膝部贴于左腿外侧，臀部坐于右腿接近脚跟处。两手抱拳于腰间，拳心向上。眼向左前方平视；右歇步为右脚在前，动作要领与左歇步相仿。

要点：挺胸塌腰，两腿靠拢并贴紧。

六、跳跃练习

练习跳跃动作的目的是增加腿部力量，提高弹跳能力。跳跃主要包括腾空飞脚和旋风脚等。

（一）腾空飞脚

预备姿势：并步站立，两臂自然垂于体侧。

动作说明：右脚向前一步，蹬地跃起，上体略后仰。左脚向前、向上摆踢。同时两臂由下向前、向头上摆起至头顶上方，右手背迎击左手掌；在空中，右腿向前、向上弹踢，脚面绷直。同时左腿曲膝，收控于右腿侧，脚面绷直，脚尖向下；两手击响后，左手迅速摆至左侧方变勾手，勾尖向下，略高于肩，同时右手迎击右脚面。上体微前倾，目平视，如图 15-12 所示。

图 15-12　腾空飞脚

要点：右腿在空中踢摆时，脚距地面的高度必须过腰；左腿在击掌的一瞬间，曲膝收控于右腿侧；两手击响动作在腾空的最高点完成，必须连续、准确、响亮；在空中，上体正直，微前倾，不要坐臀。

（二）旋风脚

预备姿势：开步站立，两臂自然垂于体侧。

动作说明：左脚向左侧上一步，同时左手向前、向上摆起，右臂伸直向后、向下摆动。右腿随即向左脚左侧上步，脚尖内扣，准备蹬地跳起，同时左臂向下摆动并曲肘收至右胸前，右臂向上、向前抡摆，上体左转前俯；重心右移，右腿曲膝蹬地跳起，左腿提起向左上方摆动，上体向左上方翻转，同时两臂向下、向左上方抡摆。身体旋转一周，左手在面前迎击右脚掌，右腿作里合腿，左腿自然着地，如图 15-13 所示。

要点：右腿作里合腿时，要贴近身体；摆动时，膝挺直，由外向里成扇形；击响点要靠近面前；左腿外摆要舒展，并在击响的一刹间离地腾空；抡臂、踏跳、转体、里合右腿等环节要协调一致；身体的旋转不少于 270°。

图 15-13　旋风脚

第三节　初级剑术

初级剑术套路内容丰富，结构合理，动作简单，适合初学者练习，主要包括预备式、32 个主要动作（本节平均分成四段来讲）和结束动作，既能单练也能对练。

一、预备式

动作说明如下：

（1）并步站立，身体挺直，左手持剑，右手握成剑指。两肘上提，两臂经体侧下垂，目向左平视，如图 15-14a 所示。

（2）上体半面右转，右脚向右上一步，成右弓步；同时右手剑指从身体右侧经胸前曲肘上举，至左肩后向右前方平伸指出，拇指一侧在上，左手持剑保持不动。目视剑指，如图 15-14b 所示。

（3）上体右转，左手持剑由左侧直臂上举，经头部向右划弧。至胸前时，拇指一侧朝下做反臂平举，同时右臂曲肘收于腰右侧，如图 15-14c 所示。

（4）左脚并步于右脚内侧，左手持剑落于身体左侧，右手剑指向右侧平伸指出，拇指一侧在上。目视剑指，如图 15-14d 所示。

（5）左脚向左上一步成左弓步，上体随之左转。同时左手持剑曲肘经胸前向上、向左弧形绕环，平举于身体左侧，拇指一侧在下，右臂伸直右平举，如图 15-14e 所示。

（6）左腿伸直站立，右脚并步于左脚内侧，左手持剑随之从身前下落，垂于身体左侧。同时，右手剑指沿右耳侧向前平直伸出，拇指一侧在上。目视剑指，如图 15-14f 所示。

（7）右脚向右跨一步成右弓步，上体正直朝前。左手持剑由右手剑指上面向前平直穿出，拇指一侧在下，同时右臂曲肘收于左肩前，曲腕使剑指朝上。目向左平视，如图 15-14g 所示。

（8）上体右转，同时右臂经胸前向下、向前弧形绕环，平举于身体右侧，拇指一侧在上。左臂不动。目视剑指，如图 15-14h 所示。

（9）上身左转，成左虚步，同时左手持剑向前曲肘，手心朝外，右臂曲肘收于胸前，

手心朝里，准备接握左手之剑。目视剑尖，如图 15-14i 所示。

图 15-14 预备式

二、第一段

（一）弓步直刺

动作说明：右手接握左手之剑，左手握成剑指。左脚向前上半步、曲膝，成左弓步。同时上身左转，右手持剑向体前平直刺出，拇指一侧在上，左手剑指随之伸向身后平举。目视剑尖，如图 15-15 所示。

（二）回身后劈

动作说明：左脚不动，膝部伸直。右脚向前上一步，膝略曲，上身右转。同时右手持剑经上向后劈，剑高与肩平，拇指一侧在上。左手剑指随之由下向前上方弧形绕环至头上方，曲肘侧举，拇指一侧在下。目视剑尖，如图 15-16 所示。

（三）弓步平抹

动作说明：左脚向左前方上一步成左弓步，同时左手剑指沿体前下降，经左下向上弧形绕环至头上方，曲肘侧举，拇指一侧在下。右手持剑（手心朝上）随之向前平抹，剑尖稍向右斜。目视前方，如图 15-17 所示。

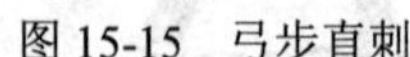
图 15-15　弓步直刺

图 15-16　回身后劈

图 15-17　弓步平抹

（四）弓步左撩

动作说明如下：

（1）上体左转，右腿曲膝提起，脚背绷直。同时右臂外旋，使剑由前向上、向后划弧，至后方时曲肘使手腕、前臂贴于腹部，手心朝里。左手剑指随之由头顶上方下落附于右手腕（手心朝下）。目视剑身。

（2）右腿继续向右前方上步成右弓步，同时右手持剑由后向下、向前反手撩起，小指一侧在上。左手剑指仍附于右手腕处随之由腹部上提，目视剑尖，如图 15-18 所示。

图 15-18　弓步左撩

（五）挂剑直刺

动作说明如下：

（1）左脚向前上一步，曲膝略蹲。右臂内旋成反手，翘腕、摆臂使剑尖向左上方抄挂至左肩，曲肘使剑平落于胸前，手心朝里。左腿伸直站立，同时右腿在身前曲膝抬起，左手剑指曲肘附于右手腕处。目视剑尖。

（2）左脚前脚掌碾地，上身右转，右手持剑向下插，左手不动。目视剑尖。

（3）以左脚前脚掌为轴碾地，右脚向身后跨一步成右弓步，上体由右向后转，同时右手持剑向前直刺，左手剑指随之向后平伸。目视剑尖，如图 15-19 所示。

图 15-19　挂剑直刺

（六）提膝平斩

动作说明：左脚向前一步，右手手腕向左上翻转、曲肘，使剑向左平绕至头前上方，右脚随之由后向前曲膝提起。右手继续翻转手腕，使剑向右平绕至右后方（手心朝上），用力向前平斩，同时左手剑指由下向左、向上弧形绕环，曲肘横举于头部左上方。目视前方，如图 15-20 所示。

（七）回身下刺

动作说明：右脚向前落步，脚尖外撇，膝微曲，上体右转。同时右手持剑手腕反曲，剑尖下垂，持剑向后下方直刺，左手剑指向身前右手靠拢，在刺剑的同时，向左上方伸直，拇指一侧在上。目视剑尖，如图 15-21 所示。

图 15-20 提膝平斩

图 15-21 回身下刺

（八）虚步架剑

动作说明：以右脚跟和左脚前脚掌为轴碾地，上身由右向后转，右脚尖外撇，左脚向前收拢半步，两膝略曲成交叉步。同时右手持剑，手臂内旋，反手向后上方曲肘上架，左手剑指经左肩附于右手手腕处。目向左平视；右腿曲膝不动，左脚向前一步，成左虚步。左手剑指向前平直伸出，手心朝下。目视剑指，如图 15-22 所示。

图 15-22 虚步架剑

三、第二段

（一）虚步平劈

动作说明：重心左移成右虚步。转身同时右手持剑向下平劈，拇指一侧在上。左手剑指上举至头部左上方，曲肘，手心向左上方。目视剑尖，如图 15-23 所示。

（二）弓步下劈

动作说明：右脚全脚掌着地，身体重心前移，左手剑指伸向右腋下，右臂内旋，手心朝下。左脚向左前方半步成左弓步。同时右手持剑曲腕向左平绕一小圈后向前下方劈剑，剑尖与膝平，左手剑指随之由右腋下向左、向上环绕至头顶上方，曲肘侧举。上身略前俯，目视剑尖，如图 15-24 所示。

图 15-23　虚步平劈

图 15-24　弓步下劈

（三）带剑前点

动作说明：右脚向左脚靠拢，前脚掌虚点地，两腿曲膝略蹲。右手持剑向上曲腕，使剑向右耳际带回，左手剑指附于右手腕处。右脚向前跃一步，落地后曲膝半蹲，全脚掌着地，左脚跟进，向右脚并步曲膝，脚尖点地成丁步。同时，右手持剑向前点击，左手剑指至头上方侧举，手心朝上。目视剑尖，如图 15-25 所示。

（四）提膝下截

动作说明如下：

（1）右腿伸直，左腿退步后曲膝，上身后仰。右臂外旋（手心朝上）使剑向右、向后上方弧形绕环。左手剑指不动。

（2）右臂内旋（手心朝下），使剑向左、向前下方划弧下截，同时上体向前探倾，左腿曲膝提起。目视剑尖，如图 15-26 所示。

图 15-25　带剑前点

图 15-26　提膝下截

（五）提膝直刺

动作说明：右腿略弯曲，左脚向前落步，脚尖外撇，两腿成交叉步。右臂外旋，曲肘收剑于胸前，左手剑指随之落下，曲肘按于剑柄上；右腿向前曲膝提起，左腿伸直站立，

右手持剑向前平直刺出，同时左手剑指向后平伸指出。目视剑尖，如图 15-27 所示。

图 15-27　提膝直刺

（六）回身平崩

动作说明如下：

（1）右脚向前上步，脚尖外撇，同时上体以左前脚掌为轴碾地由右后转成交叉步。右臂外旋（手心朝上），曲肘向胸前收回，剑身与右前臂成水平直线，左手剑指随之直臂上举，经左耳侧曲肘前落，附于右手手心上面。目视剑尖。

（2）上身稍右转，左腿挺膝伸直，右腿略曲膝。同时右手持剑用力向右平崩，手心朝上，左手剑指曲肘向额左上方侧举。目视剑尖，如图 15-28 所示。

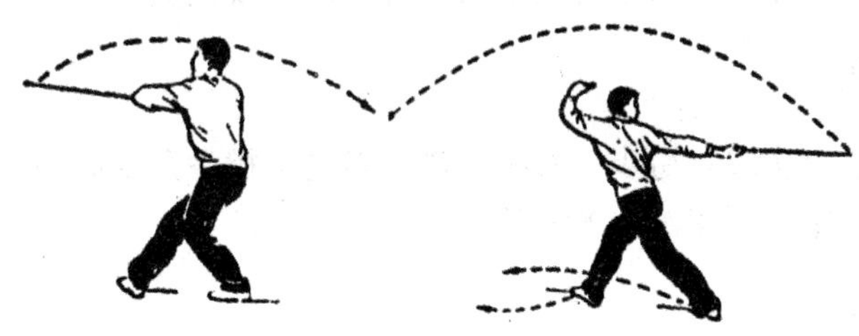

图 15-28　回身平崩

（七）歇步下劈

动作说明：右脚蹬地起跳，左脚向左横跨一步，成左歇步。跨步的同时，右手持剑向上举，并在形成歇步之前向左下劈，拇指一侧在上，剑尖与踝关节同高，左手剑指随之按在右手腕上，如图 15-29 所示。

（八）提膝下点

动作说明如下：

（1）右手持剑成平剑，上体以两前脚掌为轴碾地，经右后转，两腿边转边站立，右手持剑平绕一周。剑绕至上体右侧时，上体向左稍后仰。剑身继续向外、向上弧形绕环，剑尖接近右耳侧，同时左手剑指离开右手腕向上曲肘侧举。

（2）右腿伸直站立，左腿曲膝提起，上体向右下侧探俯，同时右手持剑向前下点击，拇指一侧在上。目视剑尖，如图 15-30 所示。

图 15-29　歇步下劈　　　　图 15-30　提膝下点

四、第三段

（一）并步直刺

动作说明如下：

（1）上体以右脚掌为轴碾地向左后转。同时右臂内旋并向拇指一侧曲腕，使剑尖指向身前，左手剑指随之由上经右肩前、腹前绕环，向正前方指出，手心朝下，目视剑指。

（2）左脚向前落步，右脚跟进并步于左脚内侧，两腿曲膝半蹲。同时右手持剑向前平刺，拇指一侧在上，左手剑指顺势附于右手腕处。目视剑尖，如图 15-31 所示。

（二）弓步上挑

动作说明：右腿上步成右弓步。右手持剑直臂向上挑举，手心向左，左手剑指不动。上体稍前倾，目视剑指，如图 15-32 所示。

（三）歇步下劈

动作说明：右腿伸直，左腿向前上步成左歇步。同时右手持剑向前下方劈，剑尖与踝关节同高，左手剑指曲腕附于右手腕里侧。身体稍前倾，目视剑身，如图 15-33 所示。

图 13-31　并步直刺

图 15-32　弓步上挑

图 15-33　歇步下劈

（四）右截腕

动作说明：两脚以前脚掌碾地，两腿稍直立，身体右转成左虚步。右臂内旋，拇指一侧朝下，用剑的前端下刃向前上方划弧翻转。右手持剑向右后上方托起，左手剑指附于右手腕处，两肘微曲。目视剑前端，如图 15-34 所示。

（五）左截腕

动作说明：两腿稍直立，左脚向前半步。以左前脚掌为轴碾地，身体由左后转成右虚步。同时右臂外旋，用剑的前端下刃向前上方划弧翻转，手心朝上，剑身与地面平行，左手剑指随之离开右手腕，曲肘侧举于头上。目视剑前端，如图 15-35 所示。

图 15-34　右截腕

图 15-35　左截腕

（六）跃步上挑

动作说明如下：

（1）左脚向前上一步，右腿小腿后弯，随之离地，同时右臂外旋手心朝里，使剑由右向上、向左曲腕划弧。右手持剑至上体左侧，靠近左胯旁，拇指一侧在上并向上曲腕，左手剑指在右手向左下下落时，附于右手腕上。目视剑尖。

（2）左脚蹬地，右脚向右侧跃步，落地后曲膝略蹲，左脚随之离地曲膝，经身后伸向右侧方，上体左倾，成望月平衡。右脚跃步同时，右手持剑由左胯向下、向右划弧，剑至身体右侧时，臂外旋并向拇指一侧曲腕，使剑向上挑击，同时左手剑指向左上方曲肘横举，拇指一侧在下。目视右侧，如图 15-36 所示。

（七）仆步下压

动作说明：右膝伸直，上体立起，左腿曲膝提于身前。左手剑指仍横举于左额前上方，同时右手持剑使剑尖经头上向身后、向右弧形平绕，剑至身体右侧时，曲肘收剑柄于胸前，手心朝上；左手剑指经体前下落，按于右手腕处。左脚向左侧落步曲膝全蹲成右仆步，同时右手持剑用剑身平面向下带压，剑尖斜向右上方。上体前探，目向右平视，如图 15-37 所示。

图 15-36　跃步上挑

图 15-37　仆步下压

（八）提膝直刺

动作说明：两腿挺直站立，左腿曲膝提于身前。同时右手持剑向身体右侧平伸直刺，拇指一侧在上，左手剑指曲肘上举至左上方，拇指一侧向下。目视剑尖，如图 15-38 所示。

五、第四段

（一）弓步平劈

动作说明：右臂外旋，先使手心朝向背后，剑的下刃翻转向上，继而上体左转，左脚向左后侧落一大步成左弓步。左手剑指随右臂的运行而向右、向下、向左和向上圆形绕环，仍曲肘举于头部左上方，同时右手持剑向身前平劈，剑尖略高于肩。目视剑尖，如图 15-39 所示。

（二）回身后撩

动作说明：右脚上前上一步，左脚随之离地，小腿向上弯曲，上身前俯，腰向右拧转。右手持剑随右脚上步而向后反撩，剑尖斜向下方，拇指一侧向下。左手剑指成侧上举，拇指一侧向下。目视剑尖，如图 15-40 所示。

图 15-38　提膝直刺

图 15-39　弓步平劈

图 15-40　回身后撩

（三）歇步上崩

动作说明如下：

（1）右脚蹬地，左脚向右跃一步，上体随之右转。左脚落地，右腿曲小腿摆向身后。上体右转时，右臂外旋，左手剑指在身后平伸，手心朝下，目视剑尖。

（2）右脚在身后落步成左歇步，同时右手持剑直臂下压，手腕向拇指一侧上曲，使剑尖上崩，左手剑指曲肘至头部左上方侧举，拇指一侧朝下。目视剑身，如图 15-41 所示。

图 15-41　歇步上崩

（四）弓步斜削

动作说明如下：

（1）左脚脚尖里扣，上体右转，右脚向前上步成右弓步，右手持剑外旋使手心朝上。转身同时，右臂曲肘向左肋前收回，左手剑指随之经体前下落，按于剑柄。上体右倾，目视前方。

（2）右手持剑由后向前上方斜面弧形上削，手心斜向上，手腕稍向掌心一侧弯曲，同时左手剑指伸向后方，拇指一侧在上。目视剑尖，如图 15-42 所示。

图 15-42　弓步斜削

（五）进步左撩

动作说明如下：

（1）右腿伸直，脚尖外撇，上体左转，左腿稍曲膝。同时右手持剑经脸前向左划弧，剑至体前时，左手剑指附于右手腕。目视剑尖。

（2）以右脚跟为轴碾地，上体经右后转。左脚向前上步，前脚掌虚点地，同时右手持剑反手向下、向前、向上划弧撩起。剑指前上方时，肘略曲，拇指一侧向下，剑尖与平，左手剑指随之附于右手腕处。目视剑尖，如图 15-43 所示。

图 15-43　进步左撩

（六）进步右撩

动作说明如下：

（1）右手持剑直臂向上、向右后划弧，左手剑指收于右肩前，手心朝左。目视剑尖。

（2）左脚全脚掌着地，以脚跟为轴碾地，脚尖外撇。右脚向左脚前上一步，前脚掌虚点地，同时右手持剑由右向下、向前划弧抡臂撩起。剑至身体正前方时，肘微曲，手心朝上，剑尖与头平，左手剑指随之由右肩前向下、向前、向后上方绕环，曲肘侧举于头部左上方。目视剑尖，如图 15-44 所示。

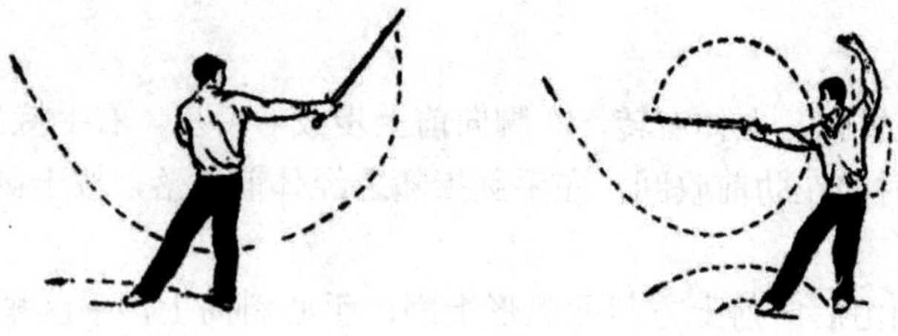

图 15-44 进步右撩

（七）坐盘反撩

动作说明：右脚全脚掌着地后向前上一小步，随即左腿从右腿后向右跨一步，两腿曲膝下坐，成坐盘式。在左脚跨步的同时，右手持剑向上、向左、向下、再向右上方反手绕环斜上撩，剑尖高过头顶，左手剑指经体前向下、向后上方划弧，曲肘横举于左耳侧，拇指一侧朝下。上体微前倾，目视剑尖，如图 15-45 所示。

（八）转身云剑

动作说明如下：

（1）右脚蹬地，两腿挺直站立，以两脚前脚掌为轴碾地，上体向左后转。转身后，右脚着地、曲膝略蹲，左腿微屈膝、前脚掌虚点地，身体重心落于右腿。同时右手持剑随身体转一周后，曲肘剑平举，拇指一侧在下，左手剑指附于右手手腕处。目视剑尖。

（2）上身后仰，右手持剑向左、向后、向右和向前环绕一周。剑至体前时，右手手心朝上，剑尖下垂，左手剑指离开，拇指一侧朝上，准备接右手剑。重心前移，左脚全脚着地，右腿伸直，上身前倾，如图 15-46 所示。

图 15-45 坐盘反撩

图 15-46 转身云剑

六、结束动作

右手将剑交于左手后成剑指，左手接剑后反握剑柄垂于身体左侧。右脚向右前方上步，曲膝略蹲，上体随之左转。左脚随之前移，前脚掌虚点地，右手剑指随之由身后向上曲肘侧举于头部右上方。右腿伸直，向左脚靠拢，并步站立，右手剑指落于身体右侧，成准备姿势。

第十六章　轮滑运动

轮滑，又叫滑旱冰、滚轴溜冰，是脚蹬四轮特制鞋在坚实平坦的地面上滑行的运动。1863 年由美国人詹姆士 · 普利普顿发明，后迅速传入欧洲和世界各地，在欧美国家开展较普遍，已发展为竞赛项目。轮滑运动是一项将人体协调，灵敏与力量融为一体的趣味性极高的高尚时髦的体育运动，是体育与艺术有机的结合。

第一节　轮滑运动基本知识

一、轮滑运动的发展

轮滑运动（俗称旱冰运动），又称四轮溜冰运动，它是以有四个轮子的轮滑鞋为主要运动器具，以在平整地面上滑行为基础的运动，称为轮滑运动。它包括速度轮滑、花样轮滑、轮滑球三大主要项目。

轮滑运动是一项历史悠久并具有国际性的体育运动。它起源于 1815 年，当时法国人加尔森为了能在夏天进行溜冰练习，从而创造了轮滑溜冰鞋。1992 举行的第 25 届奥运会上，轮滑首次被列为表演项目。轮滑运动于 20 世纪 30 年代初期传入我国，1980 年 9 月，我国正式加入国际轮滑联合会。1982 年举行了第一次全国轮滑比赛。由于轮滑运动是脚下支点移动的运动项目，因此，对人体的平衡能力要求较高。

二、轮滑运动的锻炼价值

进行轮滑运动时，人体要保持各种特殊的平衡姿势，以作出各种高速度、高强度、高难度的技术动作。这就要求练习者有良好的肌肉力量和身体的协调性、灵活性。所以，轮滑运动能全面发展人体的各项素质，改善人体的心肺功能，增强各关节的灵活性，同时对培养勇敢、顽强的意志品质，果断的判断力等也会产生良好的影响。它既能丰富人们的业余生活，又能陶冶人们的情操。

三、轮滑运动的特点

轮滑运动具有竞技、娱乐、锻炼和艺术表演等功能特点，花样轮滑又具有体操、杂技、舞蹈、造型综合艺术的特性。轮滑活动不受场地大小的限制，器材简单，只需要轮滑鞋和一块大小与篮球场相仿的场地就可以开展。

第二节　基本技术与练习方法

一、轮滑的基本技术

轮滑是一项在运动中灵活变换重心、维持动态平衡的运动。在练习时，应大胆、灵活，及时移动重心，掌握技术，并通过多种练习手段提高移动重心的灵活性和掌握平衡的能力。

由于在滑行过程中，装着轮子前后转动的轮滑鞋无法在身体后面找到有效的支撑点，而只能通过在体侧找到合理稳固的支点，也只有通过向侧蹬，才能产生前进的动力。所以，学习轮滑必须克服在陆地上走或跑时后蹬用力的习惯，建立向侧用力的概念，掌握正确的用力方法。学习轮滑要从站立维持身体的平衡开始。

轮滑者一般采用蹲或半蹲的姿势滑行，通过腿的屈伸动作就能产生蹬地的力量，因此要求初学者要时刻想着腿的正确蹲姿，培养良好的习惯。如果习惯于直腿滑行，不仅滑不快，而且还不利于摔倒时进行自我保护。

二、轮滑的练习方法

（一）练习前的准备

轮滑的运动量比较大，在没有穿上轮滑鞋之前，应先进行一些像慢跑、各种伸展性和柔韧性练习的准备活动，然后，再做以下准备：

（1）选择好适宜的轮滑鞋，穿上的轮滑鞋松紧适合即可，然后带上必要的防护用具。

（2）穿上一只轮滑鞋后，可在地上试一试滑度如何，也可慢慢地用一只脚蹬地，而后用穿轮滑鞋的另一只脚滑行一段距离。

（3）穿另一只轮滑鞋后，初学者，尤其是第一次穿轮滑鞋的人一定要注意：此时最容易摔倒，所以先要蹲稳，然后将身体重心移到两脚之间再慢慢站起来，必要时，也可以扶着拦杆或在其他人协助下站立。

（二）基本的站立及姿势

1．基本站立

（1）正确的站立是滑行的基础。一般初学者初次穿上轮滑鞋站起来，会因轮子意外的滑动而难以保持身体平衡，他们因此首先必须掌握基本的站立方法。

（2）丁字站立法．该方法是前脚丁字步站立，前脚卡住后脚的脚跟，两膝微屈前顷。由于前脚跟卡在后脚两轮之间，轮滑鞋不能滑动，人体站立比较稳定。

（3）八字站立法：两脚尖自然分开，形成自然开角，两脚跟自然靠近。上体稍前顷，两膝自然下垂。重心落在两脚之间可以避免身体前后滑动。

（4）平行站立法：动作要领：两脚分开，比肩稍窄，两脚尖稍内扣，保持两脚并行。膝部微屈，上体稍前倾。重心落在两脚之间，平稳站立。

以上三种基本的站立，是初学者必须掌握的。在练习中要注意：两大腿要稍微绷紧点，控制腿的稳定性，不让任何一脚随便滑动。站立时，上体和两臂要保持相对稳定，不能在腰、腿、脚没有准备的情况下乱动。

2．基本姿势

基本姿势同基本站立一样也是滑行的基础。基本姿势的掌握有利于提高重心的稳定性，可以帮助练习者掌握正确的动作，在滑行中少摔跤，少走练习的弯路。

（1）一般初学者滑行时的站立姿势：上体稍前倾，大腿蹲屈成 140°左右，小腿微前弓成 80°左右。全身自然放松，两脚间距 20cm 左右，重心落于脚心和脚掌之间，两脚平均用力，要站平衡。

（2）速度轮滑的基本姿势：上体前倾，背部肌肉放松，背部稍高于臀部，眼看前方 5～6m 处，屈膝，两脚并行，两脚并拢或分开在 10cm 以内，两臂自然下垂或背于腰后，手互握，重心在脚掌中部。

（三）移动重心练习

1．原地移动重心练习

原地移动重心是在不向前滑动的前提下所做的动作，旨在练习控制重心移动时的稳定性和掌握平衡的能力。

（1）原地左右移动重心：动作要领；在两脚平行站立的基础上，上体向一侧移动，并逐步将身体重心完全移到这一支撑腿上。待平稳后，上体再向另一侧腿上移动，并将身体重心完全移到该腿上，左右移动重心的练习要反复进行。

（2）原地踏步练习：在八字站立的基础上，重心移到左脚上，另一腿微屈上抬，使脚离地约 5～10cm，再落下。重心移到右脚上，左脚再抬起，交替练习。

（3）原地蹲起练习：两脚平行站立或八字站立，做向下蹲再起来的动作。开始时可半蹲，逐渐加大蹲的程度，最后做深蹲。开始时可慢慢做，然后再逐渐加快速度。练习时，应保持上体直立，不可向前屈体再直立，而是只做腿的蹲屈动作。在屈伸踝、膝、髋 3 个关节时，应注意动作的协调性，保持重心的垂直升降。

（4）原地单腿支撑练习：在双脚平行站立的基础上，将身体重心完全移到一条腿上，然后慢慢将另一条腿抬起，脚稍离地，并停留片刻。支撑腿微屈，重心要平稳地落在支撑腿上。平稳地停留一定时间后，抬起的脚落地，再换另一腿反复练习。

（5）两脚原地前后滑动：在两脚平行站立的基础上，做一脚向前、另一脚向后的来回滑动动作。两臂前后摆动，像走路一样，同两脚配合。两脚滑动时，应始终保持平行，重心要始终抬起保持在两脚中间，两腿伸直，由大腿发力做前后滑动动作。这是提高对重心的控制能力和对滑动的适应能力的练习。

（6）原地高抬腿练习：在原地踏步的基础上，每次抬腿逐渐加高，直抬至大腿与地面平行。抬腿时，应注意身体协调配合，保持重心稳定，防止重心后移，身体后仰。这一练习，应在具有初步滑行技术、又有一定控制重心的能力时再做。

2．迈步移动重心练习

初学者在较好地掌握了原地移动重心的基础上就应进行向前、向左右移动重心的练习。学会正确移动身体重心和迈步是掌握正确滑行的基础。

（1）向前八字走：在丁字步站立或八字步站立的基础上，一脚抬起向前迈出一小步，脚尖稍偏外，呈八字形落地，同时身体重心迅速眼上，待重心完全落于前脚时，后脚抬起再向前迈出，移动身体重心。

（2）横向迈步移动：在平行站立的基础上，一侧脚向同侧迈出一步，身体重心随之迅速跟上，另一侧腿收回，在内侧靠拢着地，并承接体重，然后换腿练习。这是在滑行中横向移动重心的重要基础。

（3）横向交叉步移动：其动作与横向移动基本相同。它们的区别是，这种移动练习的一侧腿的回收是从支撑腿的上方超过，成交叉步向侧移动重心。

初学者在学习迈步移动重心时，身体不要直立。因为直立姿势重心高，容易摔倒。正确的姿势应该是力求降低身体重心，上体前倾一些，腿部还要适当蹲屈，这样既可提高身体的平衡性，又有利于掌握动作。

3．初步滑行练习

初学者在掌握了走步移动身体重心后，就可以开始学习向前的滑行动作。

（1）走步双滑练习：在学会向前八字走的基础上，每次连续走几步可产生一定的惯性，然后两脚迅速并拢，并由八字变为两脚平行，借助惯性向前滑行，体会身体向前滑的感觉。然后走几步再并拢双脚滑行，力争连续做几次。平行滑行的关键是保持重心在两脚中间。

（2）高姿势交替蹬地交替滑行；双脚呈八字步站立，膝、踝微屈，上体直立。开始时，双脚同时向两侧蹬地，使双脚同时开始前滑，重心随之稍向左腿。左腿成支撑腿，右脚再稍多做一点蹬地动作后迅速收回，向左腿靠拢，脚尖稍偏外侧，落地自然形成八字步，同时，重心向右腿上移，左脚开始侧蹬地，蹬地后也迅速收回，脚尖外分落地，再承接重心由右腿蹬地。两脚交替蹬地，即可连续滑行。

（3）低姿势交替蹬地交替滑行：此练习是在上一练习的基础上，用速度轮滑的深蹲基本姿势做。由于该练习的腿弯曲较大，在动作幅度上比以上的练习大，用力时间也较长、较大，所以滑起来较快，可体会速滑的感觉。做此动作时，右脚侧蹬地，重心随之移向左脚，成左腿支撑滑行，右脚蹬地结束后放松收腿，当右脚靠近左脚时，重心开始回移，左腿开始蹬地，右脚落地后成右腿支撑滑行，然后收回左腿。两脚交替蹬地、交替支撑滑行。

（4）交替踏地接双脚滑行：当初步做到两脚交替蹬地、交替滑行后，可把其与双脚惯性滑行结合起来练习。其方法是交替蹬地 3～4 步或 5～6 步，取得一定的前进惯性后，双脚并拢平行，借助惯性向前滑一定距离，然后再交替蹬几步，再惯性滑行，反复练习。

4．弯道的初步滑行练习

初学者在进行简单的直线滑行时，也应进行一些简单的转弯练习。如果直线动作和弯道动作结合练习，相互提高，进步会更快，效果会更好。

（1）走步转弯：在向前做八字走或者半走半滑时，若想向左转弯，迈步脚落地时，脚尖都要向左转动一点，身体也随之向左转动一点，逐渐呈弧形的走滑路线。向右转弯时动作相同，但方向相反。

（2）惯性转弯：当向前滑行有了一定速度后，两脚平行稍靠近，如果向左转弯时则左脚略靠前，右脚靠后，重心落在两脚之间前 1 / 3 处。最好是前腿略弓，后腿直。身体

重量压在左脚和右脚的左侧轮，利用惯性向左滑一较大弧线。右转时，动作相反。

（3）短步转弯：此练习是在学会慢慢转弯动作的基础上，身体姿势较低，重心完全落在左腿上，甚至超出左腿支点（向左转时），右脚向右侧蹬地后迅速收回，靠近左脚落地做非常短暂的支撑，此时，左脚迅速向左稍转脚尖，右脚再迅速向侧蹬出。连续做此动作即可加速连续转弯。右转时，动作相反。

第三节　速度轮滑和花样轮滑

一、速度轮滑

速度轮滑是一种比速度的轮滑项目，分场地跑道比赛和公路比赛 2 种。场地跑道比赛项目有 300m、500m、1000m、1500m、2000m、3000m、5000m、10000m、15000m、20000m、30000m、50000m；公路比赛有男子 42km，女子 21km。下面主要对速度轮滑的技术动作作一简要介绍。

（一）起跑

起跑的方法有“丁”字形起跑法和平行起跑法两种，目前采用较为广泛的是“丁”字形起跑法。

1.“丁”字形起跑法

两脚成斜向“丁”字形站立，两膝顺脚尖方向朝外。前脚的位置应从冰鞋内侧前轮算起，距起跑线 10cm～20cm，后脚内侧对着前脚脚跟，相距一个肩的宽度，使两脚呈侧向“丁”字形。预备姿势是上体稍前倾，身体重心在两脚之间，两臂自然下垂，两膝作适当的弯曲。

听到起跑信号后，即进入起跑阶段，在起跑后的几步滑跑中，大腿积极蹬踏，内侧后轮先着地，过渡到前轮着地，两脚仍保持“丁”字形，这样有利于腿部蹬力。起跑后，除了双臂要做迅速而有力的大幅度摆动外，大腿在蹬踏后的收腿动作也应迅速，脚掌抬离地面应尽量的低，这样有利于提高起跑后的滑跑效率。迅速蹬滑 3m～5m 后，利用已获得的即时速度进入途中滑跑阶段。

2．平行起跑法

要注意两脚和起跑线平行，侧向前进方向。预备姿势是两膝弯曲，身体向左倾转，当听到起跑信号后，起跑动作的开始动作与“丁”字步起跑相同。

（二）直道滑行技术

直道滑行技术包括蹬地、收腿、惯性滑行三个阶段。

蹬地滑行的基本动作，也是推动身体前进的主要动力，当身体重心移至滑行腿的内侧是，即开始了蹬地阶段。蹬地的时候，滑行腿的膝关节要作适度的弯曲，蹬地脚向侧后方用力蹬地。蹬地的方向要与身体前进的方向成 45°。蹬地的着力点是在蹬地脚内侧的前轮上。蹬地结束后收腿要迅速，动作弧度不能过大，用大腿的力量带动小腿，屈膝弓腿，抬腿注意不能太高。收腿后，在滑行腿的内侧前方用后轮先着地，然后过渡到四轮着地，进入惯性滑行阶段。再用另一腿蹬地、收腿和惯性滑行，如此反复进行。

（三）弯道滑行技术

弯道滑行是沿着逆时针方向进行的，滑行时向左压步，右腿蹬地，收腿后，在左脚左前方着地。左脚外侧轮子向身体右后方蹬地，收腿后沿右脚内侧在右脚左前方着地，然后再重复右脚向左压步动作。

弯道滑行时，为了能够很好克服离心力，身体应该向左倾斜，身体重心在左脚的外侧和右侧的内侧。

（四）冲刺技术

在滑跑即将到达终点时，要准备做最后冲刺，此时不要减速，而要加大蹬地的力量，增大手臂摆动的幅度以加大滑行的速度，摆腿迅速，全力冲向终点。

二、花样轮滑

花样轮滑是运用轮滑技术进行艺术造型的一个项目。有男女单人滑（规定图形，自由滑）、双人滑、轮滑舞蹈（单人、双人和集体）。规定图形有 17 类，共 61 种滑法。花样轮滑是在 50m×25m 的长方形场地上进行的。规定图形的圆圈一般为 5m 或 6m。花样轮滑的动作虽然多样，但都是由步法、平衡造型、跳跃、脚尖旋转和飞人五类动作组成。下面主要介绍三种基本技术。

（一）规定图形“8”字形滑法

站立于两圆相切处，右脚在前，左脚在后、与右脚约成 45°。右肩臂在前，左肩臂在后。滑行时重心前移，右腿稍屈，右脚支撑前滑。左脚在后下方蹬地，蹬地后成浮脚在后，身体稍向圆心倾斜，沿着圆弧线滑行。随着向前的滑动，两肩臂和上体慢慢向右摆动。左浮脚渐靠滑脚。滑过半圆后，左浮脚逐渐前移，右肩臂逐渐摆向后，左肩臂逐渐摆向前。滑至圆的四分三处，左浮脚和左肩臂已摆到前面，右肩臂已摆到后面，并以此姿势滑至圆的封口处，连贯动作如图 16-1 所示。

图 16-1 “8”字形滑法示意图

（二）转体半周跳

从右后外滑接左前外滑。左腿微屈，右浮脚伸直在后，两臂后摆作向前跳摆准备。接着左腿右脚用力蹬地跳起，同时右浮脚和两手臂配合往左前上方摆动。并在空中作左转 180° 转体动作。然后右腿落地缓冲成弯曲腿后滑，左腿伸直后摆，右臂侧平举，左臂前平举，身体顺势向前滑动，连贯动作如图 16-2 所示。

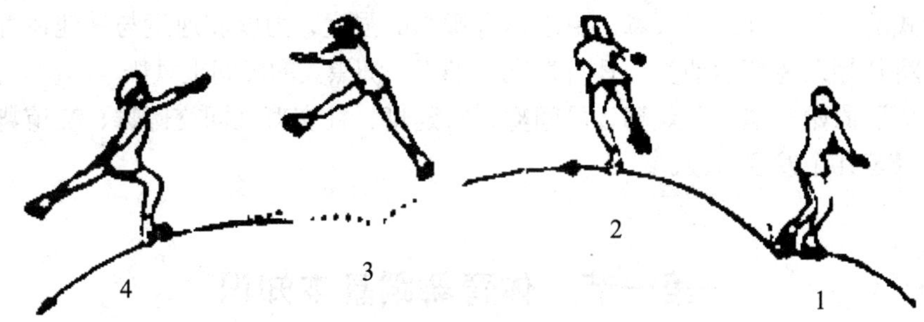

图 16-2　转体半周跳示意图

（三）双脚旋转

原地旋转，两脚平行站立约肩宽，两臂向右预摆。左臂向左迅速平摆，上体配合向左转。同时右脚后轮支撑前轮离地向左转，左脚前轮支撑后轮离地向右后转，身体重心放于四个支撑轮之间。这样就向左旋转起来了。待旋转一两圈后，两臂下压于体侧或抱于胸前，缩短半径，加速旋转。连贯动作如图 16-3 所示。

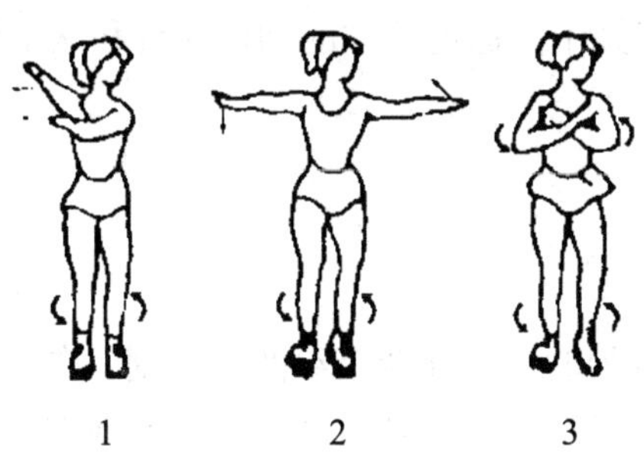

图 16-3　双脚旋转示意图

第十七章　体育舞蹈

体育舞蹈又称国际标准舞，是集体育、舞蹈、艺术和音乐为一体，以优美的艺术舞姿为表现形式的一种步行式双人舞。由于体育舞蹈的强度、力度和速度与其他体育运动量等同，所以将其划入体育运动类。体育舞蹈来源于非洲黑人的民间土风舞，起初流行于乡间。它先后经历了原始舞蹈、公众舞、民间舞、宫廷舞、社交舞（即交际舞、交谊舞）和新旧国际标准舞等几个发展阶段。

第一节　体育舞蹈基本知识

一、体育舞蹈的分类

体育舞蹈是男女为伴的竞赛项目，按照舞蹈的风格和技术结构，可分为摩登舞和拉丁舞；按照竞赛项目可分为摩登舞（又称现代舞）、拉丁舞和团体舞（又称队列舞）。

摩登舞包括华尔兹、维也纳华尔兹、探戈、狐步和快步舞 5 个舞种。拉丁舞包括伦巴、恰恰、桑巴、牛仔和斗牛舞 5 个舞种。团体舞是拉丁舞和摩登舞的混合舞，由 8 对选手组成，将十种舞姿编排在一支舞中，通过群体的动作配合和队形的变化来表现舞蹈特点。

二、基本规则

（一）分组

一般的体育舞蹈比赛分为职业组和业余组两大组别。在中国，因为有很多体育舞蹈专业院校的学生参加比赛，所以在两大组别之外还分出专业院校组。职业组分为职业 A 组、职业 B 组和职业新星组；专业院校组按年龄分组；业余组包括少年组、青年组、壮年组和常青组等，其中少年组也是以年龄来划分组别的。

（二）服装

摩登舞中，男士需着燕尾服，领结，白色衬衫，长裤，摩登鞋；女士需穿大摆舞裙、带流苏，摩登鞋，化妆，盘发。

拉丁舞中男士需穿拉丁上衣，拉丁长裤，拉丁鞋；女士服装多样，共同点是必须露出 80%的皮肤，露出皮肤部分需涂抹拉丁膏，穿拉丁鞋，脸部化浓妆，短发。

（三）场地

国际体育舞蹈的比赛场地为 15m×23m 的长方形，长线为 A 线，短线为 B 线，场地要求不反光、防滑、平整，四周有界线，如图 17-14 所示。

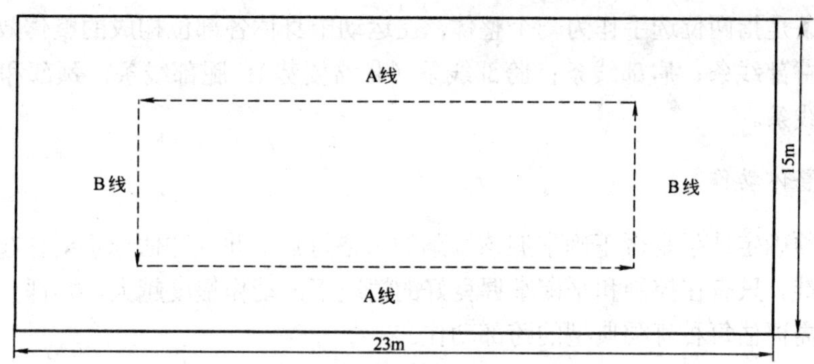

图 17-14 场地

（四）音乐时间

比赛中每支舞的时间通常是 1min1s~2min，每一支舞的比赛都会准备 5 首舞曲，比赛时随机进行选择，每一个组别用的都是相同的舞曲。

（五）对选手的要求

（1）选手双脚不能离地 2s，即不允许做托举动作。
（2）如果音乐尚未结束而选手停止表演，则其该项舞蹈的分数列最后一位。
（3）选手不得向裁判询问评分结果。

（六）赛制与评分制度

比赛分为预赛、初赛、复赛、半决赛和决赛。从预赛到半决赛采取的是淘汰法，而决赛采取的是顺位法。

淘汰法是根据竞赛编排，从参赛人数中按规定录取定量选手进入下一轮比赛，淘汰其余选手。顺位法是指评委依据评比标准对进入决赛的 N 个选手排名次，用名次作为得分，也就是说得分越少的，成绩越好。例如在大型的比赛中一般有 9 个裁判，每个裁判都要在 6 对选手中评出 1~6 名，9 个裁判的名次打出来后，获得累积分数越少的选手名次越靠前。

三、评判标准

（一）时值和基本节奏

裁判必须确定选手是否按时值和基本节奏进行表演。时值是指每一舞步的时间正好与音乐合拍。基本节奏是指舞步在规定时间内完成并且保持舞步之间正确的时间关系。

选手的时值和基本节奏错误时，其该项舞蹈的所得分数最低的。这种错误不能因其步法技巧的良好表现来弥补。

（二）身体线条

身体线条是指两位选手作为一个整体，在运动中身体各部位构成的整体效果。这包括手臂线条；背部线条；肩部线条；胯部线条（骨盆姿势）；腿部线条；颈部和头部线条；左侧和右侧线条。

（三）整体动作

裁判必须确定选手是否正确掌握该舞蹈的风格特点，并且评估选手动作起伏、倾斜和平衡是否标准。只有在控制和平衡掌握良好的情况下，动作幅度越大，则评分越高。在拉丁舞中，还需评估每种舞蹈典型的跨部动作。

（四）节奏表现力

裁判必须评估选手的舞蹈节奏表现力。这揭示出选手对舞蹈节奏的感受与适应能力和在舞蹈中对音乐的理解与肢体表现。但若表演与节奏不合，该项舞蹈的所得分数最低。

（五）步法技巧

裁判必须评估选手正确表现舞步的脚法，如每一步足着点是脚掌、脚跟或脚趾等，以及脚步移动的控制和表达力。

四、体育舞蹈的常用术语

（1）舞程向：是指整套舞蹈进行的方向。为了避免舞者之间相互碰撞，规定在舞场起舞时按照一定的方向行进。

（2）舞程线：是一条设想的线，是舞者沿舞程向方向行进的路线。

（3）方位：是以舞程线为标准，规定了脚所指的方向与舞场的位置关系。用来在舞蹈进行中正确的辨别身体与舞场的相对位置和检查旋转角度。一般以主席台的一面为规定方位的基点，并定为“1”点，按顺时针方向，每转动 45° 角则变动一个方位，即场上共设 8 个方位，如图 17-1 所示。

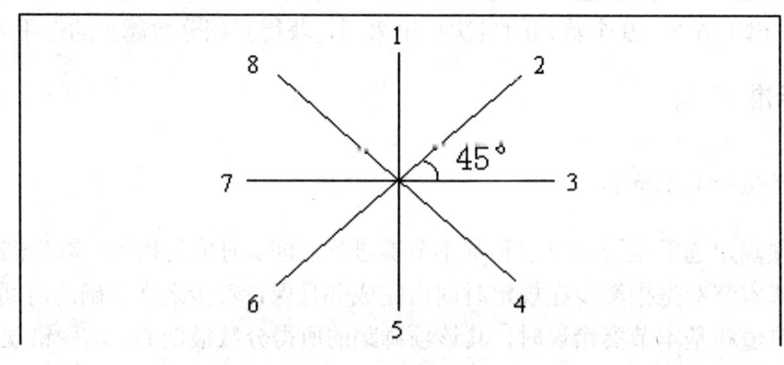

图 17-1　方位

在国际体育舞蹈中，规定了 8 条线来指示舞蹈者每个舞步的行进方向，如图 17-2 所示。

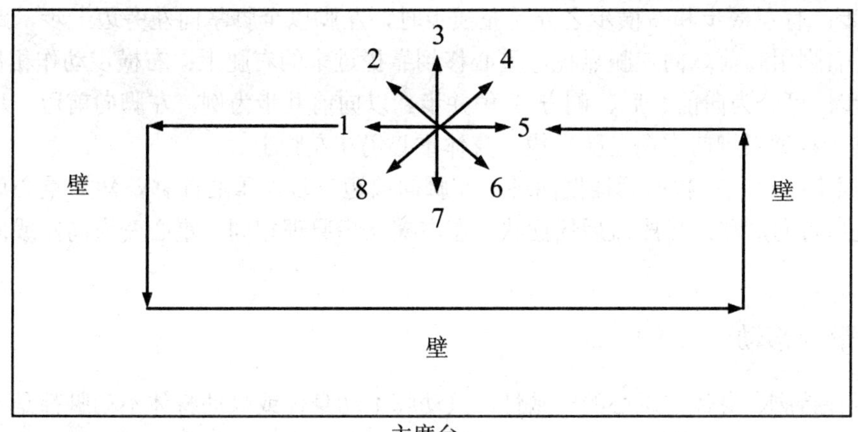

图 17-2　舞步的行进方向

1-面对舞程线；2-面斜壁线；3-面对壁线；4-背斜中央线
5-背对舞程线；6-背斜壁线；7-面对中央线；8-面斜中央线

（4）角度：指舞者运动时每一步之间脚位方向变化的度数，通常以圆的切分法来表示。旋转 1 周表示 360°；1/8 周表示 45°；1/4 周表示 90°；3/8 周表示 135°；1/2 周表示 180°；5/8 周表示 225°；3/4 周表示 270°；7/8 周表示 315°。

（5）身体位置：是指舞步开始或结束时，身体与舞场的位置关系。身体位置与舞步行进方向的规定一致。舞者可根据舞蹈编排的需要选择或变化位置关系，以突出舞蹈风格特点和表演效果。

（6）脚位：包含左脚或右脚前进、左脚或右脚后退、左脚或右脚向侧、左脚或右脚斜进、左脚或右脚斜退。

（7）转度：是舞者在起舞过程中旋转的角度。

（8）节奏：是指音乐的均衡循环。由于音乐节奏的变化，产生不同的音乐格调，舞者按音乐节奏的变化调整舞步，从而表演出不同风格特点的舞姿。

第二节　体育舞蹈基本技术

体育舞蹈中，摩登舞与拉丁舞的风格有很大差别，十个舞种的舞程向、握持姿势、动作要领等都不尽相同，本节将以摩登舞中的华尔兹和拉丁舞中的伦巴为例，为大家讲解一些最基本的舞步。

一、体育舞蹈的基本腿部动作

（1）常步：又称为散步、走步，分为前进步和后退步两种。前进时，首先以全脚掌触地，转为以前脚掌触地，向前迈腿时过渡到脚跟擦地向前，脚跟着地后过渡到脚趾，身体重心随之移到前腿上；后退时动作相反，首先以全脚掌触地，转为以前脚掌触地，向后出腿时用脚尖擦地向后，脚趾着地后过渡到脚跟，重心随之移到后腿。

（2）横步：有左横步和右横步之分。左横步时，左脚以全脚掌向左旁迈一步，距离约与肩同宽，右脚用脚前掌向左腿靠拢，重心移到靠拢过来的右腿上；右横步动作相反。

（3）并步：可分为向前、后、侧方 3 种并步。以向前并步为例，左脚向前迈一步，随之重心前移，右脚用脚前掌向左腿靠拢，身体重心仍在左腿上。

（4）摇摆步：有左右和前后摇摆两种。左脚向前迈一步，重心前移，然后重心后移再向前移，之后再向后移，形成前后摇摆状；左右摇摆步原理相同，重心变为向左或向右移动。

二、体育舞蹈的移动

移动时要保持脚、身体与重心的一致性，只动脚不动身体或只动身体不动脚都是不正确的。转换重心时要平滑，不能有颠簸的感觉，保持肩部和脊柱的稳定，身体垂直但不僵硬；尽量用前脚掌支撑身体重量；胯部不要扭动，向侧移动时把胯部的倾斜减到最小程度。

脚在移动过程中要保持脚尖非常轻地与地面接触。不要把脚趾使劲拖在地面上，而是非常轻盈地划过。

三、摩登舞

（一）摩登舞的舞程向和舞程线

摩登舞是一种进行性舞蹈，要求舞者在行进当中完成指定动作。摩登舞的舞程向是沿着舞池的逆时针方向。舞程线是沿舞程向的方向，且与舞池墙壁平行的线，舞程线如图 17-3 所示。舞程线外侧为壁，内侧为舞池中央。

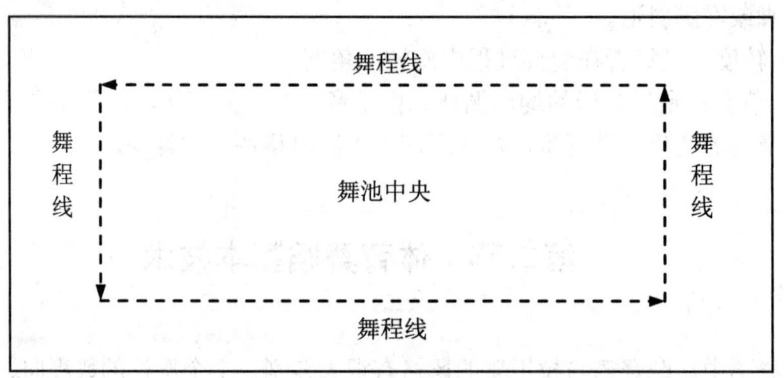

图 17-3　摩登舞的舞程线

（二）握持姿势

1．闭式握持姿势

在摩登舞中，闭式握持姿势最为常用，闭式握持姿势如图 17-4 所示。

（1）男女舞伴相对站立，双腿并拢，双膝自然放松。男伴与女伴的两脚相距约 10～15cm，右脚尖对准对方两脚的中间。

图 17-4　闭式握持姿势

（2）双方均身体稍前倾。男伴身体重心在右脚，挺胸立腰沉肩，收腹微提臀，胯部向左微转约 15°；女伴身体重心在左脚收腹提臀，紧腰沉肩。以腹部 1/2 的右腹接触对方，胸肋以下至大腿根部与对方相贴。

（3）男伴头部基本保持正直；女伴头部向左转约 45°，含颌，颈部尽量向上牵伸，向后打开胸部线条。

（4）男伴双臂侧平举，两肘保持水平。左臂的大臂与小臂弯曲形成 90° 左右，左肘比肩低 5～10cm，左手高度与女伴右耳齐平。右臂的大臂与小臂弯曲形成 70°～80°；女伴双臂侧平举，两肘保持水平。右臂弯曲约 150°，左臂轻贴男伴右臂之上。

（5）男伴的左手虎口与女伴右手虎口相交，握于女伴小指之下，掌心空出。女伴左手虎口张开，放在男伴右上臂三角肌下部，拇指在内侧，其他四指在外侧，腕部和小臂放平，不得突起。

2. 开式（散式）握持姿势

在闭式舞姿的基础上，男女舞伴上身均向外打开，目光通过相握的手向同一方向远视，但腰髋并不分离，两人身体呈 V 字型。

三、华尔兹的基本舞步

华尔兹典雅大方，动作流畅，旋转性强，热烈而兴奋，动作具有起伏、倾斜、摆荡和反身的特点。其音乐为 3/4 拍，每分钟 30～32 小节；其舞步基本上是一拍跳一步，每小节跳三步，一些特殊舞步则是每小节跳四步，例如犹豫步、前进和并步（又称追步）、前进锁步和后退锁步。

华尔兹是五种摩登舞中最基础，也是最难跳的一种舞。下面我们主要介绍前进、并脚换位，1/4 左转连接 1/4 右转，叉形步，侧行追步等基础步法。

（一）前进、并脚换位

前进、并脚换位包括左足前进、并脚换位和右足前进、并脚换位的动作如图 17-5 所示。动作要领如表 17-1 和表 17-2 所示。

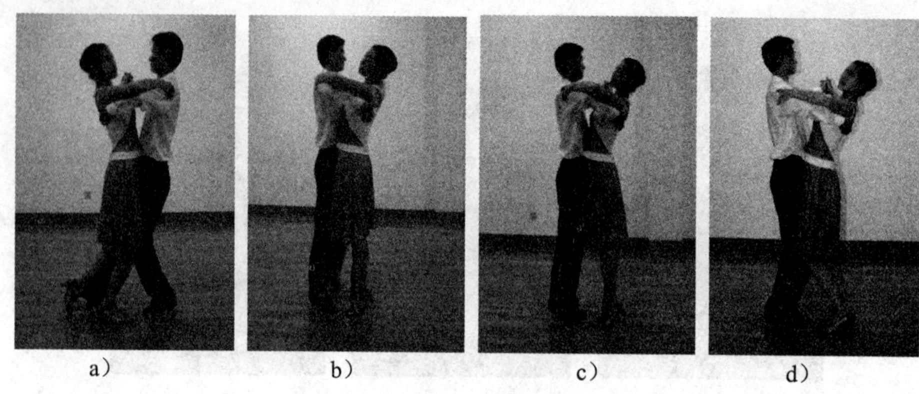

a）　b）　c）　d）

图 17-5　左足前进，并脚换步

表 17-1　男士动作步骤

图例	节奏	要领	脚法	方位	升降	转度	倾斜
图 17-5a	1	左脚正前方进步，右腿屈膝	跟、掌	面向舞程线	降、升	不转	
图 17-5b	2	右脚经左脚横步	掌	面向舞程线	继续升	不转	左
图 17-5c 图 17-5d	3	左脚并于右脚，双腿屈膝	掌	面向舞程线	升最高，结尾降最低	不转	左

表 17-2　女士动作步骤

图例	节奏	要领	脚法	方位	升降	转度	倾斜
图 17-5a	1	右脚正后方退步	掌、跟	背向舞程线	降、升	不转	
图 17-5b	2	左脚经右脚横步	掌	背向舞程线	继续升	不转	右
图 17-5c 图 17-5d	3	右脚并于左脚	掌	背向舞程线	升最高，结尾降最低	不转	右

右足前进、并脚换位的动作与左足前进、并脚换位的动作要领相同，动作相反。

（二）1/4 左转连接 1/4 右转

1/4 左转连接 1/4 右转动作如图 17-6 所示。动作要领如表 17-3 和表 17-4 所示。

a）　b）　c）

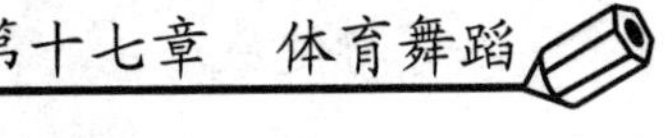

d）

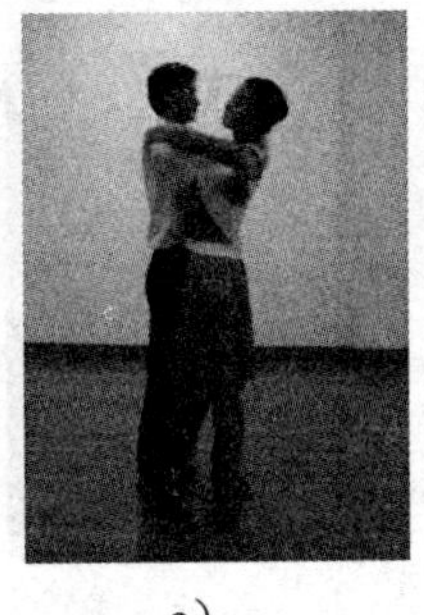
e）

f）

图 17-6　1/4 左转连接 1/4 右转

表 17-3　男士动作步骤

图例	节奏	要领	脚法	方位	升降	转度	倾斜
图 17-6a	1	左脚前进，右肩前送	跟掌	面斜中央线	结尾开始上升	开始左转	左
图 17-6b	2	右脚经左脚横步	掌	背斜壁线	继续上升	1/4	左
图 17-6c	3	左脚并于右脚	掌跟	背斜壁线	继续上升，结尾下降		
图 17-6d	1	左脚后退，右肩后送	掌跟	背斜壁线	结尾开始上升	开始右转	右
图 17-6e	2	右脚经左脚横步	掌	面斜中央线	继续上升		右
图 17-6f	3	右脚并于左脚	掌跟	面斜中央线	继续上升，结尾下降	1/4	

表 17-4　女士动作步骤

图例	节奏	要领	脚法	方位	升降	转度	倾斜
图 17-6a	1	右脚后退，左肩后送	掌、跟	背斜中央线	结尾开始上升	开始左转	右
图 17-6b	2	左脚经右脚横步	掌	面斜壁线	继续上升	1/4	右
图 17-6c	3	右脚并于左脚	掌、跟	面斜壁线	结尾下降		
图 17-6d	1	右脚前进，左肩前送	跟、掌	面斜壁线	结尾开始上升	开始左转	左
图 17-6e	2	右脚经左脚横步	掌	背斜中央线	继续上升		左
图 17-6f	3	左脚并于右脚	掌、跟	背斜中央线	结尾下降	1/4	

（三）叉形步

叉形步动作如图 17-7 所示。动作要领如表 17-5 和表 17-6 所示。

a）

b）

c）

图 17-7　叉形步

表 17-5　男士动作步骤

图例	节奏	要领	脚法	方位	升降	转度	倾斜
图 17-7a	1	左脚前进	跟、掌	面斜壁线	结尾开始上升	不转	
图 17-7b	2	右脚经左脚横步	掌	面斜壁线	继续上升	不转	左
图 17-7c	3	左脚在右脚后交叉	掌、跟	面斜中央线	结尾下降	1/4	左

表 17-6　女士动作步骤

图例	节奏	要领	脚法	方位	升降	转度	倾斜
图 17-7a	1	右脚后退	掌、跟	背斜壁线	结尾开始上升	不转	
图 17-7b	2	左脚经右脚横步	掌	背斜壁线	继续上升	不转	右
图 17-7c	3	右脚在左脚后交叉，重心在后	掌、跟	面斜中央线	结尾下降	右转 1/4	右

（四）侧行追步

侧行追步动作如图 17-8 所示。动作要领如表 17-7 和表 17-8 所示。

a）

b）

c）

d）

图 17-8　侧行追步

表 17-7　男士动作步骤

图例	节奏	要领	脚法	方位	升降	转度
图 17-8a	1	右脚前进并交叉于反身	跟、掌	面斜壁线，沿着舞程线走	结尾开始上升位置	开始左转
图 17-8b	2(前 1/2)	左脚横步稍前	掌	面斜壁线	继续上升	1/8
图 17-8c	2(后 1/2)	右脚并于左脚	掌、跟	面斜壁线	继续上升	1/8 身体稍转
图 17-8d	3	左脚横步稍前	掌、跟	面斜壁线	保持上升、结尾下降	不转

表 17-8　女士动作步骤

图例	节奏	要领	脚法	方位	升降	转度
图 17-8a	1	左脚前进并交叉于反身	跟、掌	面斜壁线，沿着舞程线走	结尾开始上升	开始右转
图 17-8b	2(前 1/2)	右脚横步稍前	掌	背斜壁线	继续上升	1/8
图 17-8c	2(后 1/2)	左脚并于右脚	掌、跟	背斜壁线	继续上升	1/8 身体稍转
图 17-8d	3	右脚横步稍前	掌、跟	背斜壁线	保持上升、结尾下降	不转

四、拉丁舞

（一）拉丁舞的舞程向与舞程线

拉丁舞与摩登舞的风格有很大的区别。摩登舞的五个舞种都遵循同样的舞程向与舞程线，而拉丁舞的五个舞种的舞程向与舞程线都有其自身的特点，且舞蹈风格也各不相同。

伦巴舞、恰恰舞、牛仔舞在起舞时可沿逆时针方向行进，也可从场地中央开始向场地四个角的方向行进；桑巴舞和斗牛舞在表演和比赛时以面向观众或评委起舞为最佳，桑巴舞的舞程向与舞程线与摩登舞的一致，因此它是拉丁舞中唯一的进行性的舞蹈。

（二）拉丁舞髋部的韵律摆动和切分

1．韵律摆动

拉丁舞在整个舞蹈过程中突出表现了男女双方髋的韵律摆动（简称律动）。髋部动作是以腰部摆动带动髋的韵律性摆动。髋部摆动时，腰部要放松，上体保持正直，两臂在体侧自然摆动，髋的律动要平衡，没有上下起伏的动作。

伦巴舞中髋部是向侧顶送的，此时要防止上体向体侧倾斜；恰恰舞髋的律动是向前侧或后侧摆送，由于动作节奏较快，在做腰部的扭转和臀部的绕摆动作时，要注意保持髋部的律动平衡。

桑巴舞髋部的摆动与其他舞区别较大，其髋部的摆动是绕身体纵轴环形绕摆，整个身体的律动也以髋和腹的环形绕动而摆动，胸和头自然前后摆动，动作中腰部要特别放松，膝、踝关节保持弹性以增强身体的协调性；牛仔舞在顶髋时，上体与髋同时摆动；斗牛舞髋的律动比其他舞摆动幅度小，随着舞步的移动，髋与上体同时摆动。

2．切分

动作的切分主要是指在音乐节奏的一拍中完成动作时，髋的摆动在后半拍中出现，尤其以伦巴舞和恰恰舞更为常见。如伦巴舞基本舞步中的前进并步第一拍中前半拍：左脚前进一步，重心前移；后半拍：髋向左前侧顶送。第二拍中前半拍：右脚在后原地踏一步，重心后移；后半拍：髋向右后侧顶送。

（三）拉丁舞的步伐

拉丁舞的步伐多为擦地滑行运步的，运步中腿部微屈膝、踝关节的弹性表现突出，以脚尖着地运步配合快速多变的舞蹈节奏。例如伦巴舞、恰恰舞、桑巴舞中，运步中滑行、拖步和并步运用较多，脚尖着地运步更为突出，膝部的弯曲度较大，膝、踝关节的弹性表现明显。斗牛舞动作节奏明快，步伐刚健有力，体现出了斗牛士勇敢、健壮的勇士气质。

（四）拉丁舞身体的基本姿势

（1）双脚并立，身体尽量伸直，使头、肩、胯三点成一线，两眼平视，脖子拉直，下颚稍微内收，使人可以从后看到后颈较直。

（2）挺胸使两肩胛骨向后关闭，两肩下沉同时将身体的中段（胸腰部分）向上拔起，使身体的中段和两肩有个互相顶压的力。

（3）臀部稍向内收，小腹向上拉，但不可过分使身体变形，感觉上身躯干是直的。骨盆可往旁边送，因而感觉上重量放在支撑脚的脚跟上。

（4）两条大腿要稍内收，双膝要绷直，不可弯曲，大腿和小腿的肌肉要收紧，感觉是向反方向拉紧。

（五）拉丁舞的握持姿势

拉丁舞与摩登舞相比具有活泼欢快的特点，因而它的握持姿势没有统一固定的模式，不同舞种的握持姿势各异，在起舞过程中握持姿势还会随着舞姿的变化而变换。伦巴舞的舞姿比华尔兹舞姿变化较多，男女双方相对位置与牵手状况也较复杂，大致可将其归类为下列几种：

1．闭式握持姿势

将体重完全置于重心脚上方，男女双方距离约 15cm。男性右手放在女性左肩胛骨，女性的左手放在男性右臂上，沿着肩膀轻放；男性的左手放在眼睛高度处，轻握女性右手，拉丁舞的闭式握姿中，男女身体相离稍远，双手腕彼此向对方稍延伸，如图 17-9a 和图 17-9b 所示。

2．分式面对姿势

分式面对舞姿一定要注意背部后面要尽量延伸，臀部收紧向身体内缩，不要提升，男女双手保持在腰部附近，非重心脚的脚跟提起，如图 17-9c 所示。

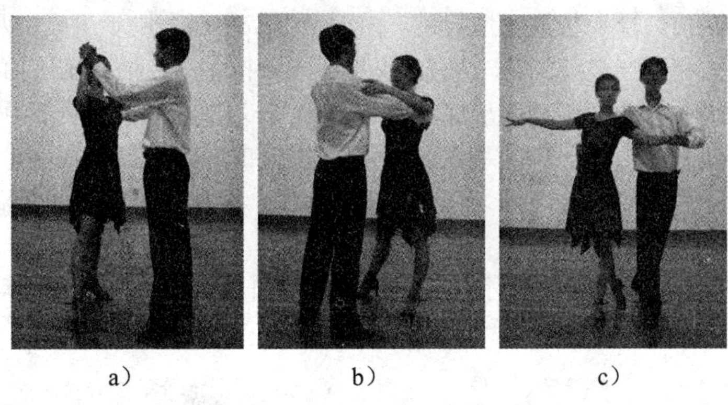

a）　　b）　　c）

图 17-9　拉丁舞的闭式握持及分式面对姿势

3．扇形姿势

扇形姿势是伦巴舞和恰恰舞中常用舞姿。扇形打开时，非重心脚脚跟提起，女性肚脐向男性，身体稍扭转。扇形舞姿要保持两人之间能容纳三个人为宜，圆形要大一些，双手则在男女双方中间紧握，如图 17-10a 和图 17-10b 所示。

4．影位姿

影位舞姿是伦巴舞、恰恰舞与桑巴舞中的常用舞姿。男女双方面对同一方向，女士在男士右前方，双方的重心，握手方式及手臂位置依不同舞步有差异。例如，有男士左手握女士右手，男士右手握女士左手的影位舞姿；也有男士左手握女士左手，右手则放在女肩的影位舞姿，即同手相握影位舞姿。典型的影位舞姿如图 17-10c 所示。

5．纽约线条

纽约步是伦巴舞及恰恰舞中常用舞姿，纽约线条是纽约步中的基本握持姿势。男士左手与女士右手在男女双方中间位置紧握，男士右手和女士左手向上伸展，身体向外侧打开，男士右脚和女士左脚在另一只脚后交叉。纽约线条姿势如图 17-10d 所示。

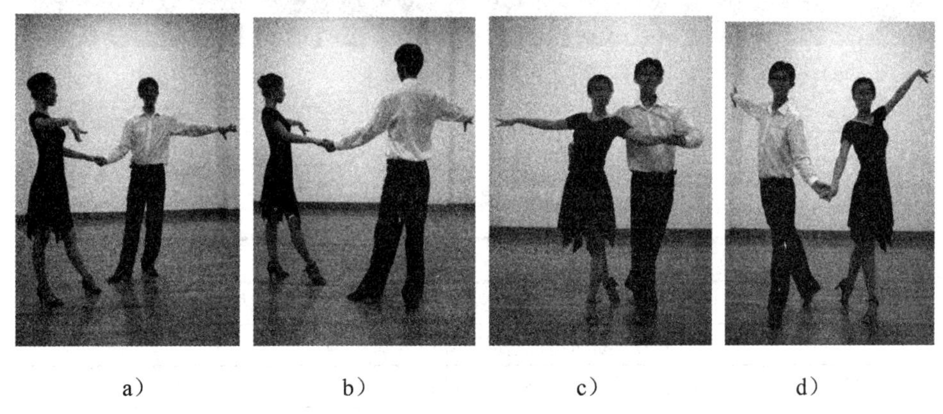

a）　　b）　　c）　　d）

图 17-10　拉丁舞中的扇形姿势、影位姿及纽约线条

五、伦巴的基本舞步

伦巴的音乐节奏为 4/4 拍，每分钟 27～29 小节，每小节四拍。乐曲旋律的特点是强拍

落在每小节的第四拍。舞步从第 4 拍起跳，由一个慢步和两个快步组成。四拍走三步，慢步占二拍（第 4 拍和下一小节的第一拍），快步各占一拍（第二拍和第三拍）。胯部动作是由控制重心的一脚向另一脚移动而形成的向两侧作“∞”型摆动，每小节中胯部摆动三次。

下面我们主要来介绍伦巴舞的基本方步、纽约步和定点转。

（一）基本方步

基本方步的动作如图 17-11 所示。男士动作要领如表 17-9 所示。女士动作要领与男士的基本相同，但方向相反。

a）　b）　c）　d）

e）　f）　g）　h）

图 17-11　基本方步

表 17-9　男士动作步骤

图例	节奏	脚位
图 17-11a	1	重心在右脚垂直站立、膝绷直，左脚尖内侧点地
图 17-11b	2	左脚正前方进步，重心落到左脚
图 17-11c	3	重心由左脚移动到右脚
图 17-11d	4	左脚经右脚向侧，结束后重心在左脚、膝绷直
图 17-11e	1	重心在左脚垂直站立、膝绷直，右脚尖内侧点地
图 17-11f	2	右脚正后方退步，重心落到右脚
图 17-11g	3	重心由右脚移动到左脚
图 17-11h	4	右脚经左脚向侧，结束后重心在右脚、膝绷直

（二）纽约步

纽约步的动作如图 17-12 所示。动作要领如表 17-10 和表 17-11 所示。

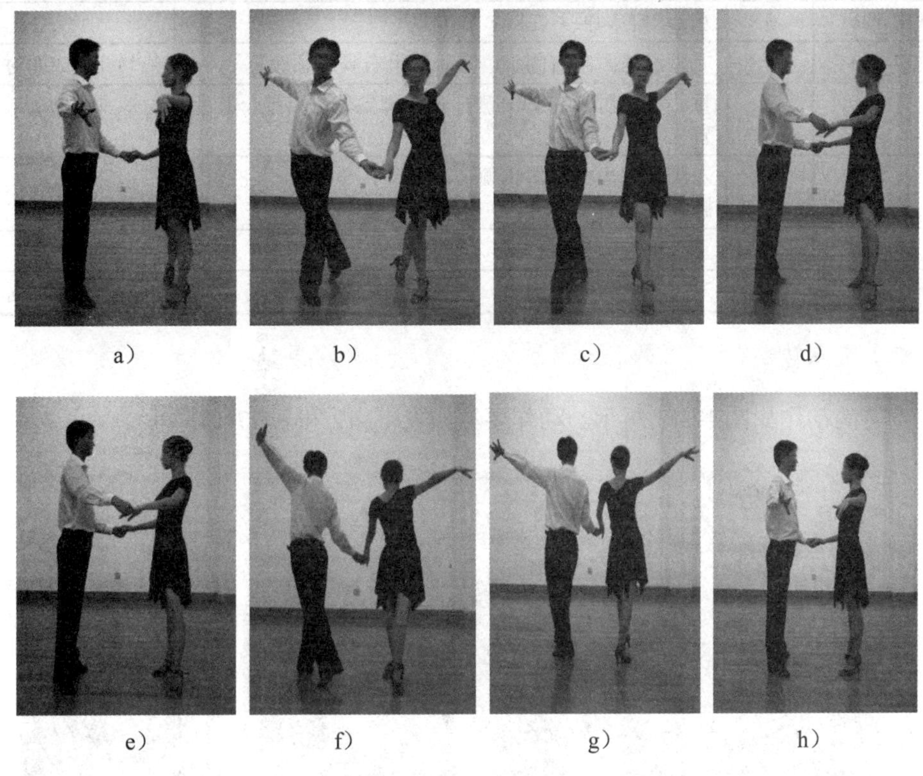

a） b） c） d）

e） f） g） h）

图 17-12 纽约步

表 17-10 男士动作步骤

图例	节奏	脚位	转度
图 17-12a	1	重心在右脚，左脚向侧打开、脚尖外侧点地、膝绷直	
图 17-12b	2	左脚沿地面经右脚内侧向右侧步，重心落于左脚、膝绷直	右转 1/4 成并肩位
图 17-12c	3	重心由左脚换到右脚、膝绷直	
图 17-12d	4	左脚沿地面向左侧步，重心落于左脚、膝绷直	左转 1/4 成面对
图 17-12e	1	重心在左脚，右脚向侧打开、脚尖外侧点地、膝绷直	
图 17-12f	2	右脚沿地面经左脚内侧向左侧步，重心落于右脚、膝绷直	左转 1/4 成并肩位
图 17-12g	3	重心由右脚换到左脚、膝绷直	
图 17-12h	4	右脚沿地面向右侧步，重心落于右脚、膝绷直	右转 1/4 成面对

表 17-11 女士动作步骤

图例	节奏	脚位	转度
图 17-12a	1	重心在左脚，右脚向侧打开、脚尖外侧点地、膝绷直	

续表

图 17-12b	2	右脚沿地面经左脚内侧向左侧步，重心落于右脚、膝绷直	左转 1/4 成并肩位
图 17-12c	3	重心由右脚换到左脚、膝绷直	
图 17-12d	4	右脚沿地面向右侧步，重心落于右脚、膝绷直	右转 1/4 成面对
图 17-12e	1	重心在右脚，左脚向侧打开、脚尖外侧点地、膝绷直	
图 17-12f	2	左脚沿地面经右脚内侧向右侧步，重心落于左脚、膝绷直	右转 1/4 成并肩位
图 17-12g	3	重心由左脚换到右脚、膝绷直	
图 17-12h	4	左脚沿地面向左侧步，重心落于左脚、膝绷直	左转 1/4 成面对

（三）定点转

定点转的动作如图 17-13 所示。动作要领如表 17-12 和表 17-13 所示。

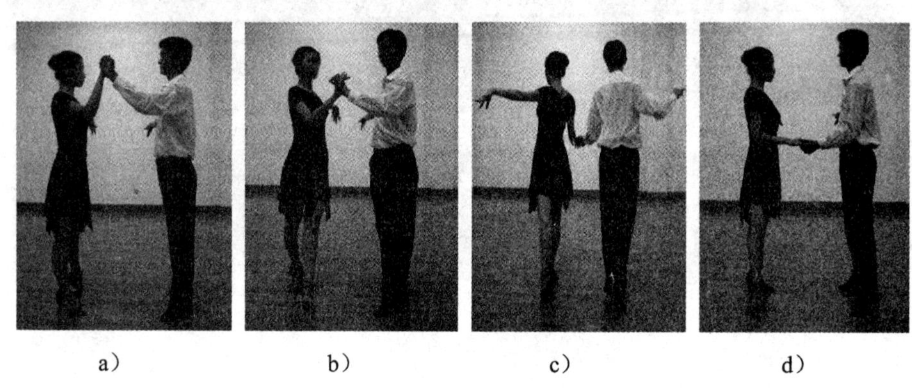

a） b） c） d）

图 17-13 定点转

表 17-12 男士动作步骤

图例	节奏	脚位	转度
图 17-13a	1	开式舞姿，两脚开立，重心在左脚上。	
图 17-13b	2	右脚沿地面经左脚向左侧步，重心落于右脚	左转 3/4
图 17-13c	3	重心由右脚换到左脚、膝绷直	
图 17-13d	4	右脚沿地面向右侧步，重心落于右脚、膝绷直	左转 1/4 成面对

表 17-13 女士动作步骤

图例	节奏	脚位	转度
图 17-13a	1	开式舞姿，两脚开立，重心在右脚上。	
图 17-13b	2	左脚沿地面经右脚内侧向右侧步，重心落于左脚	右转 3/4
图 17-13c	3	重心由左脚换到右脚、膝绷直	
图 17-13d	4	左脚沿地面向左侧步，重心落于左脚、膝绷直	右转 1/4 成面对

第十八章　康体娱乐

根据我国《文化及相关产业分类》标准，康体娱乐具有以下定义：社会各部门提供的与康体娱乐活动有关的一切产品和服务，以及与这些产品与服务相关的所有经营活动总和，主要包括健身娱乐业，它涵盖了体育健身、休闲娱乐、户外运动、观赏和体育旅游等内容，康体娱乐把大众娱乐和体育锻炼有机结合起来，不仅具有娱乐身心的娱乐性，还有强健体魄的健身性。本章主要介绍台球、保龄球、高尔夫球、登山运动、定向运动和滑冰等项目。

第一节　台球

台球又称桌球，它与网球、保龄球和高尔夫球并称为四大绅士运动。台球运动既有激烈的竞争性，又有很高的艺术性，需要智力与体力的相互结合。根据球台的不同，台球可以分成落袋台球赛和开伦台球赛。其中落袋台球赛是指在有袋球台上进行的比赛；开伦台球赛是指在无袋球台上进行的比赛。

台球流行于世界各国，目前比较流行的有英式台球、美式台球和法式台球。其中，英式和美式台球属于落袋式台球，法式台球属于开伦式台球。英式台球中的斯诺克台球，竞争激烈，趣味无穷，是世界台球大赛的项目。斯诺克台球不仅可以自己击球入袋得分，还可以有意识地打出让对方无法施展技术的障碍球，从而使对方受阻挨罚。

一、基本技术

（一）握杆姿势

握杆时，用手的拇指和食指捏在一起，做成一个圆圈，把球杆套在圈里面，其余三个手指虚握。然后调整球杆直至平衡为止，套在球杆上的手指位置就是这支球杆的重心。再从这个重心向杆尾移动 20～30cm，这个部位一般是握杆的合适位置。如图 18-1 所示。若有特殊打法需要，可以调整握杆位置。

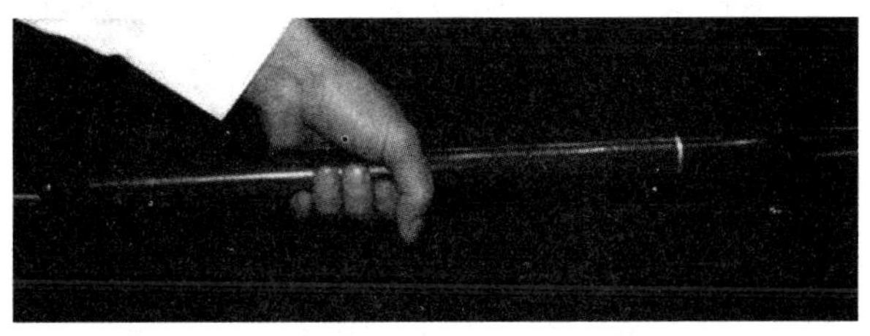

图 18-1　后手握杆姿势

（二）架杆姿势

打法不同，球所处的位置不同，架杆的姿势也会随之调整。这里介绍两种最基本的架杆方式，即平背式和丹凤式，如图 18-2 所示。

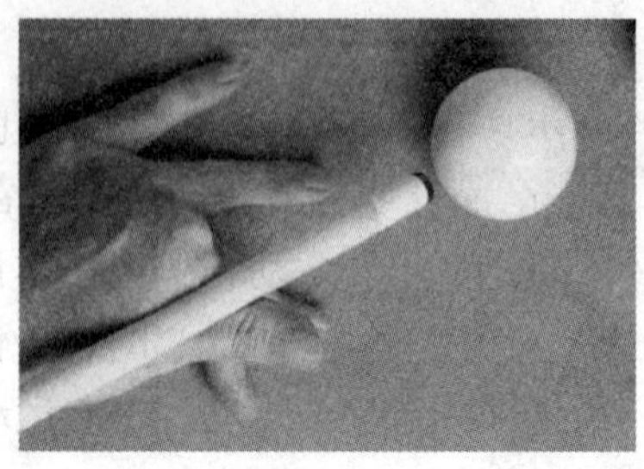
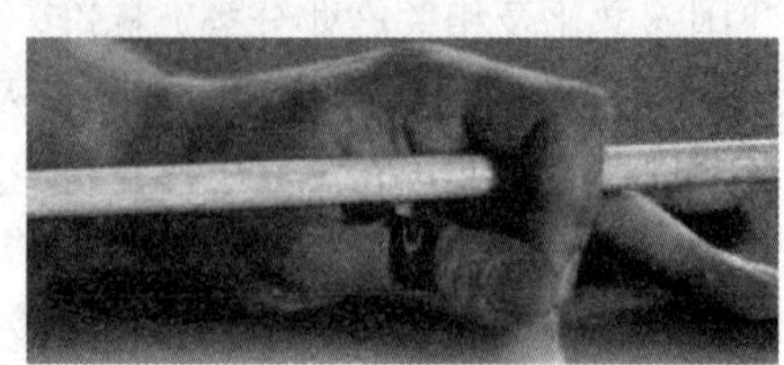

图 18-2　前手架杆姿势

（1）平背式：将前手手心向下平放在球台上，把除拇指以外的其余四指分开，然后手背稍微拱起，拇指翘起和食指的背峰成一个夹角，球杆就架在这个夹角里。落袋式打法一般采用平背式架杆姿势。

（2）凤眼式：将前手五指轻轻分开平放在球台上，然后食指弯曲，食指指尖按在中指第二关节的侧面，拇指轻轻接触食指指尖，形成一个指圈。球杆就放在指圈中。开伦式打法一般采用凤眼式架杆姿势。

（三）击球姿势

站位和身体的姿势决定了击球的方向，保持正确、稳定的身体姿势有助于完成正确的击球动作，如图 18-3 所示。

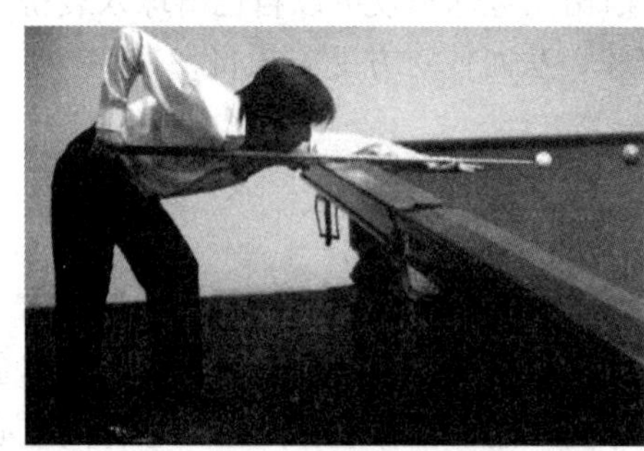

图 18-3　击球姿势

身体位置确定后，左脚向左前方迈出一小步，两脚距离与肩同宽。左腿稍微弯曲，右腿保持自然直立。脚的位置确定后，左臂伸向台面，身体前俯。下颌接近球杆，双眼顺球方向平视。确定击打主球的部位后，后手手臂进行运杆，以获得击球的准确性。运杆节奏要均匀，3～4 次为宜。击球时，果断利落地送出球杆，注意力集中，不可有杂念。击球后，进行自然协调的跟进动作。

（四）击球方法

（1）推进球：运用小臂的力量击打主球中心击点，注意用力要适度，不宜过重。主球与目标球相撞后，目标球前进，主球缓慢跟进，前进距离不大。

（2）跟进球：运用小臂的力量击打主球中上部击点，主球和目标球相撞后，目标球被撞前进，主球同时也紧跟在后面，前进距离较远。

（3）定位球：运用手腕的爆发力击打主球的中心稍微偏下的击点，主球与目标球相撞后，目标球前进，主球停在原位不动。目标球在袋口附近，且主球、目标球和袋口成一条直线时，使用定位球，可避免主球入袋犯规。

（4）拉杆球：运用手腕的爆发力击打主球的中下部击点，主球与目标球相撞后，目标球被撞前进，主球则借相撞的反力后旋转退回。

二、斯诺克比赛规则

（一）设施和装备

（1）球台。标准球台内的竞赛面积为 3568mm×1778mm，球桌的高度为 851～876mm。

（2）球杆。球杆一般用优质的木材制成。球杆的长短和重量都没有统一的规定，但杆长一般都在 145cm 左右。

（二）球的位置

在斯诺克打法中，台球共有 22 个，开球前位置如图 18-4 所示。其中红球 15 个，黄球、绿球、棕球、蓝球、粉球、黑球和白球各 1 个。白色为主球，其余 21 个球为目标球。

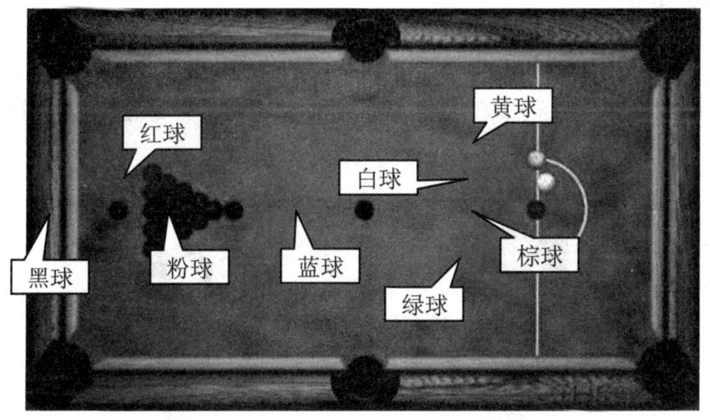

图 18-4　台球的摆放

（三）计分方式

21 个目标球中，15 个红球各 1 分；黄球 2 分；绿球 3 分；棕球 4 分；蓝球 5 分；粉球 6 分；黑球 7 分。

选手所得分数为按规则击进球的分值。另外，选手因犯规被罚的分值，应加在对方选手的成绩上。若选手在局中认输，对方的得分为现有的分数加上台面上所剩球的分值（此时红球每个按 8 分计算）。一般斯诺克一杆最高得分为 147 分，即 15×8+2+3+4+5+6+7=147。

（四）比赛方法

（1）比赛由两个或两个以上的人单独或分边进行。参赛各方应采用抽签或彼此同意的方式来确定比赛次序。

（2）开球时，主球必须击中红球，开球时如果发生违例、犯规，按规则罚分，由对方获得击球权。

（3）开球后，将红球与彩球分别交替击打入袋，在全部红球离台之前，彩球落袋后要放回原置球点。红球全部离台之后，彩球按分值由低到高的顺序离台入袋。

第二节　保龄球

保龄球最初起源于一种宗教仪式，竖着的柱子表示邪恶，球代表正义，教徒们以球击柱，希望求得幸运。如今，保龄球受到越来越多人的喜爱，已经成为现代社会中的一项时尚的室内运动。它不仅可以增进健康、增强体质，还可以锻炼人的意志，提高人的心理素质。

一、基本技术

（一）握球方法

左手将球拖住，右手的大拇指、中指和无名指分别插入指孔，掌心贴在球的弧面，手腕保持平直，手臂保持 90°，需要注意的是，肘部要紧贴身体。这里以右手球员进行讲解，如图 18-5 所示。

图 18-5　握球方法

（二）站位

助跑投球前，先要找到合适的助跑起点。其方法是：背对跑道的目标箭头方向，站在距犯规线内 5～7cm 处，向助跑道方向走四个自然步，再加上半步（滑步），然后转身 180°

面向球道。

（三）投球动作

一般四步助跑投球的连贯姿势如图 18-6 所示。

图 18-6 投球示意图

（1）首先站在合适的助跑起点，正确握球。

（2）右脚向前迈出一步，步幅稍小，速度稍慢；同时右手臂伸直，球置于身体正前方，左手臂离球自然外展。

（3）左脚迅速跟上一步，步幅比前一步稍大些；同时右手臂在球的重力下自然下摆，左手臂继续外展。

（4）右脚迈出，步幅稍大，速度稍快；同时右手臂在惯性和手臂外力的作用下，由下摆过渡到后摆至几乎与右肩齐平，肘部紧贴身体。此时，身体前屈，保持平衡。

（5）左脚迈出，速度加快，同时右手臂再持球向下回摆，伴随左脚冲力，右脚向前自然滑动 20～30cm，至犯规线 5～7cm 处制动，此时，球已回摆至左脚内侧，利用爆发力将球投出。

（四）投球路线

直线球：投球时，拇指要置于正上方即球的 12 点钟的方向正对目标，中指和无名指置于正后方即球的正后方 6 点钟的方向，手掌心正对球瓶区，出球点一般在球道的中间，以中心箭标为引导性依据，使球产生往前的旋转力直线滚出。此种投法适合初学者练习，如图 18-7 左图所示。

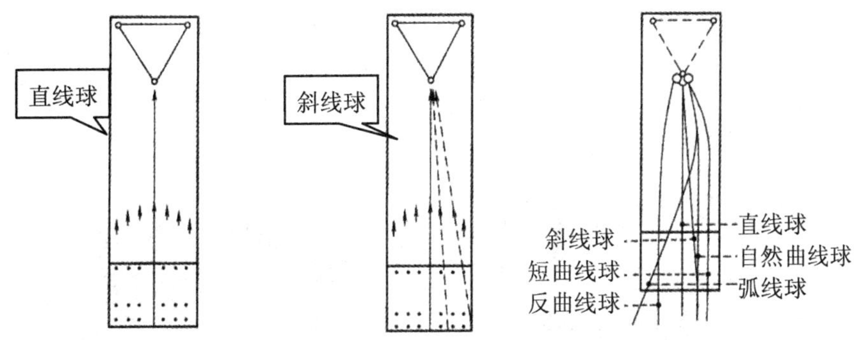

图 18-7 直线球、斜线球和曲线球路线示意图

（1）斜线球：实质上是斜直线球。它和直线球所不同的是，投球点尽可能在外侧，以增大入射角使球进一步产生威力，如图 18-7 中图所示。

（2）曲线球：曲线球有自然曲线球、短曲线球、反曲线球和弧线球等，不同类型的曲线球站位的角度和手腕的翻转程度也不同。打曲线球时，拇指朝向 12 点或 1 点钟的位置，当球向前下摆到下摆的后半段时，手腕向内侧旋转，出手时拇指朝向 9 点钟方向旋转，中指和无名指在 3 点钟方向，提拉使球发生侧向旋转。这种侧旋使球滑落球道油区时会沿曲线滚动。如图 18-7 右图所示。

二、比赛规则及礼仪

（一）比赛规则

1．设施和装备

（1）球道。保龄球球道一般有 AMF、宾士域和大石三种。AMF 是慢速球道，球道为木质，适合有一定技术水平的人士使用；宾士域是快速球道，以复合材料为主，适合初学者使用；大石球道结合以上两种球道的优点，只是在工艺上还稍有差距，其价格一般为 AMF 和宾士域的一半，球道如图 18-8 所示。

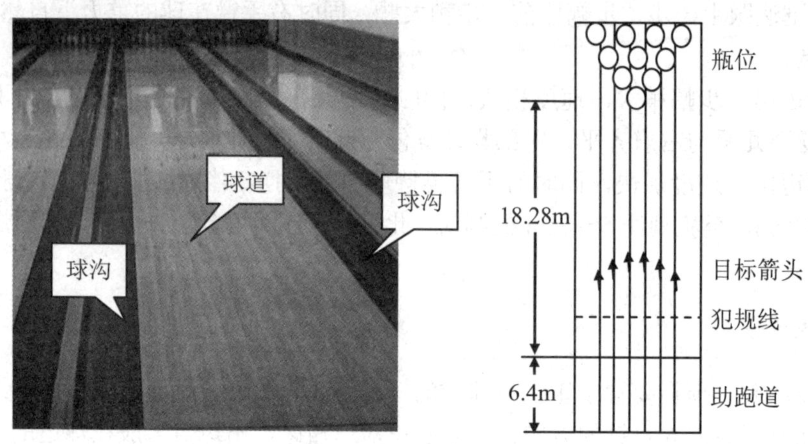

图 18-8　保龄球球道实图及示意图

（2）球和木瓶。保龄球一般是用塑料、胶木和树脂等高分子材料合成。球上有三个洞孔用来方便握球。球重量一般 6～16Lb（磅）不等，要根据年龄和体重来选择合适的球。木瓶一般是以枫木为主要材料粘合而成的，10 个木瓶以等边三角形排列构成倒三角，球和木瓶如图 18-9 左图所示。

图 18-9　保龄球、木瓶、鞋

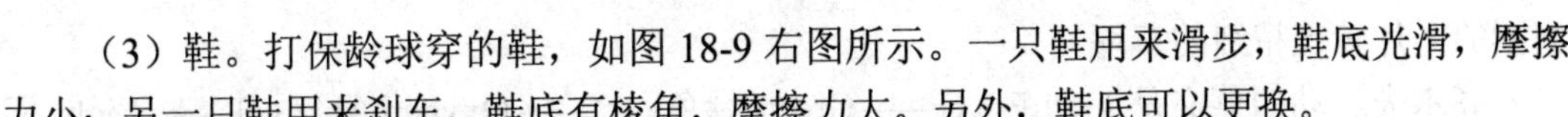

（3）鞋。打保龄球穿的鞋，如图 18-9 右图所示。一只鞋用来滑步，鞋底光滑，摩擦力小；另一只鞋用来刹车，鞋底有棱角，摩擦力大。另外，鞋底可以更换。

2．计分方式

（1）保龄球比赛时，抽签决定道次，每局在相邻的一对球道上进行比赛。每轮互换球道，直至全局结束。一局分 10 轮，以 6 局总分决定名次。

（2）每轮有两次投球机会。在一轮中，如果第一次把 10 个木瓶全部击倒（称为全中），就不能再投第二次。但按规则规定，应奖励下轮两个球的得分之和为该轮的应得分。

（3）每击倒一个木瓶得 1 分，投完一轮将两球的得分相加，为该轮的应得分，10 轮累计为全局的总分。

（4）如果第一次球未全中，而第二球将剩余木瓶全部击到，称为补中。该轮所得分为 10 分。

（5）第 10 轮全中时，应在同一条球道上继续投最后两个球结束全局。这两个球的所得分应累计在该局总分内。

（6）第 10 轮为补中时，应在同一条球道上继续投完最后一个球结束全局。这个球的所得分应累计在该局总分内。

（二）礼仪

保龄球是一项绅士运动，比赛过程中要体现出绅士的风度与气韵。

（1）进投球区时，必须更换保龄专用鞋。

（2）只使用自己选定的保龄球。

（3）不随便进入投球区。

（4）待球瓶完全排好后再投球。

（5）不侵入相邻的球道。

（6）当相邻投球区的人已准备好时，要让其先投球。

（7）在投球区，投球的预备姿势不可太久。

（8）投球动作结束后，不可长久的站在投球区。

（9）不可投出高球。

（10）不打扰投球人的注意力。

（11）不在投球区挥动保龄球，特别是在别人休息的座椅前。

（12）成绩不佳时，不轻率迁怒球道。

（13）不随便批评别人的缺点。

（14）不能将饮料洒落于球道上。

第三节 高尔夫球

在宽阔、绿茵的草地上，球员用长短不一的球杆，以最少的杆数将球依次从球台经过球道，最终将球击入果岭上的球洞（果岭是英文 Green 的音译，是指位于高尔夫球场球洞周围的一片管理精细的草坪）。

高尔夫运动的英文是 GOLF，G——Green 绿色；O——Oxygen 氧气；L——Light 阳光；F——Foot 步履。它是一项把享受大自然乐趣和体育锻炼集于一身的极富魅力的高雅运动。

一、基本技术

（一）握杆姿势

握杆是高尔夫中的最基本动作，握杆的方法大体上可以分为十指式、连锁式和重叠式三种，如图 18-10 所示。

（1）十指式：又称棒式或自然式，像握捧球杆一样左右两手分开用十指握住球杆，右手的小指与左手的食指相贴。这种握法比较容易握住球杆，适合年龄小或者年龄大的爱好者。

（2）连锁式：右手的小指插入左手食指与中指之间，钩锁住食指。这种握法容易产生一体感，利于使用右手力量。适合手比较小、比较厚或者挥杆的杆头速度非常快的球手。

（3）重叠式：右手小指扣住左手食指的关节，右手食指成扣扳机状扣住球杆，并与中指明显分开，左手拇指含在右手掌心。采用重叠式握法手的感觉比较敏锐，击球时候容易打出技巧球，目前 90%左右的人都采用这种握法。

（二）击球准备姿势

根据击球的方向选定两脚的位置，两脚分开，略比肩宽，两脚尖连线与准备击球的路线平行。身体重心放在两脚的后跟，双膝略弯曲并稍向内收。上体微微前倾，两臂弯曲并稍稍内扣，球杆顶端距离身体约一个半拳头左右的距离。头颈部保持正直、放松，目视球，调整身体各个部位，保证在击球瞬间保证杆头面正好对着球。另外，在开始挥杆之前轻轻左右摆动一下杆头，有利于松弛全身肌肉的紧张，集中精力，姿势如图 18-11 所示。

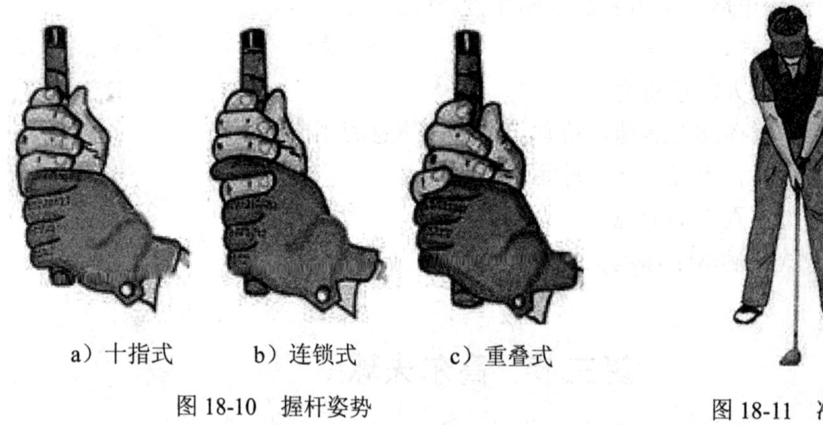

a）十指式　b）连锁式　c）重叠式

图 18-10　握杆姿势

图 18-11　准备姿势

（三）击球姿势

整个击球过程可以分解为后引杆、上挥杆、下挥杆、顺势摆动和结束动作。

（1）后引杆：杆头从击球的准备状态开始，向身体的后上方摆动。假设球位于时钟 6 点位置，球员将球杆后引至 8 点位置为后引杆。此阶段手腕和手臂不能弯曲，杆面始终正对球的飞行方向，如图 18-12 所示动作 1 和动作 2。

（2）上挥杆：球员将球杆继续向上挥动至 2 点钟位置，用手臂和肩的动作带动身体旋转。如图 18-12 所示动作 3 和动作 4。

（3）下挥杆：因上挥杆向右扭紧的身体向左还原的动作环节。当球杆到达 6 点钟位置时，杆头速度达到最快，打击力达到最大，左手臂与球杆成一条直线将球击出。如图 18-12 所示动作 5 和动作 6。

（4）顺势摆动：击球后，杆头顺势向前挥动一段距离，头保持击球前的状态，以左腿为轴身体向左转动。如图 18-12 所示动作 7。

（5）结束动作：动作结束时，身体正对击球方向，体重完全由左腿支撑。如图 18-12 所示动作 8。

图 18-12　击球连贯姿势

二、比赛规则及礼仪

（一）比赛规则

1．场地和装备

（1）球场。高尔夫球场由草地、湖泊、沙地和树木等自然景观组成，如图 18-13 所示。

一个标准的高尔夫球场占地 60～100ha（公顷），一般包括 4 个 3 杆洞、10 个 4 杆洞和 4 个 5 杆洞，共 18 个球洞。根据 18 洞球，划分为 18 个大小不一的场地，每块场地均由发球台、球道、果岭和球洞 4 部分组成。

图 18-13　高尔夫球场

（2）球杆和球。高尔夫球杆由杆头、杆身与握把三部分组成，其长度一般在 0.91～1.29m 之间。根据击球远近不同的需要，每个选手最多可带 14 根球杆进场，以如下配置为宜：4 根木杆、9 根铁杆和 1 根推杆，如图 18-14 左图所示。

木杆其实也是合金材料，因为早期用柿子木等高弹性、高硬度木料制作的，所以现在还叫它木杆。木杆特点是比较长，杆头很大。木杆适合击远距离球。

铁杆相对来说短一些，杆头小。铁杆的击球距离没有木杆远，但是可以控制球的落点在一个比较精准的程度。

推杆是在果岭上推球入洞的专用球杆。

高尔夫球一般是用橡胶制成的实心小白球，表面均匀地布满微凹，有利于稳定飞行和提高准确性。高尔夫球的硬度一般是 70°～105°，度数越高，球就越硬，方向越难掌握，初学者适合选用硬度较低的球，如图 18-14 中图所示。

（3）鞋。高尔夫球鞋的鞋底一般有 6～7 个左右的鞋底钉，可防止滑动，使选手挥杆时保持身体平衡，如图 18-14 右图所示。

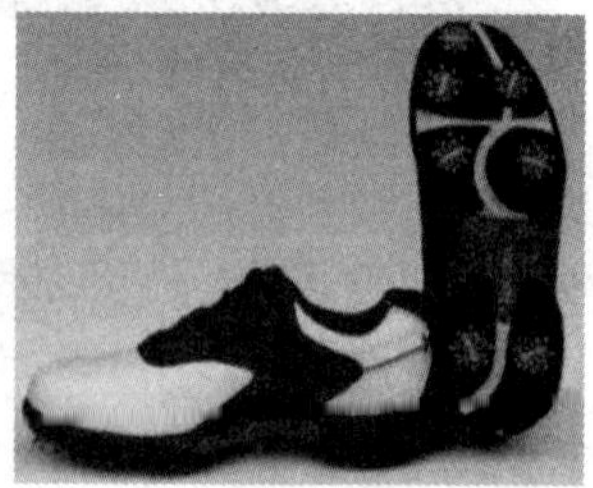

图 18-14　高尔夫球杆、球和球鞋

2．比赛方法

（1）比赛从 1 号洞开始，依次打完 18 个洞称为一场球。以最少杆数打完一场球的为胜者。

（2）8 个洞的标准杆数为 72 杆。选手击球入洞的杆数与标准杆相同，称为“帕”（par）；

低于标准杆一杆，成为“小鸟球”(birdie)；低于标准杆两杆，称为“老鹰球”(eagle)；比标准杆多一杆，称为“补给”(bogey)。

（3）在第一洞发球台上，应通过抽签确定首先击球者。此后每个洞的胜者首先击球，如果上一洞未分胜负，则记前一个洞的胜者首先击球。其他人的击球顺序，从击球进洞所用杆数少者开始。在球道中，应由距离球洞较远的人先打。

（4）当球被击出后，要等到球处于静止状态后才可继续进行比赛。

（5）不可触摸或挪动球的位置，不能为求便于挥杆而改变周遭的环境。

（二）礼仪

（1）遵守开赛及发球时间，迟到是参加高尔夫比赛的最大禁忌。

（2）球员在击球或进行练习挥杆时，应该确保球杆可能击打到的地方及其附近无人站立。

（3）为其他球员着想，击球时不要干扰或影响他人。

（4）对球场进行保护，避免造成不必要的损伤。

第四节　登山运动

登山运动是徒手或使用专门装备攀登各种不同地形的山峰或山岭的一种运动。

一、登山运动的分类

根据山峰的地势以及攀登方式，登山运动可以大致分为探险登山（又称高山探险）、健身登山和竞技登山（包括攀岩和攀冰等）。

（一）探险登山

探险登山所面对的山峰往往是海拔 4000m 以上并覆有终年积雪的山峰。登山队员会面临陡峭地形、强风低温、高山缺氧以及随之而来的各种山间危险。因此，探险登山不是队员之间的比赛，而是运动队与恶劣的自然环境的抗争。

登山探险运动并不是我们每个人都能够轻易进行尝试的，登山队员需要具备良好的体能、登山知识和技能。另外个人装备以及整个队伍的后方保障系统也至关重要。探险登山如图 18-15 左图所示。

（二）健身登山

健身登山运动一般在海拔 3500m 以下的山地进行。健身登山的形式多样，可以登山与旅游相结合，也可以组织定向登山比赛等，健身登山如图 18-15 右图所示。健身登山比探险登山更具实施的可能性，这里介绍一些登山经验。

（1）如果攀登的山比较高或者平时很少登山，那么，在登山前利用 10～20min 做一些热身运动来放松全身肌肉，这样攀登时会感觉轻松许多。

（2）向上攀登时，目光保留在前方 3～5m 处最好，往上看往往使人产生一种疲惫感。

（3）如果山路比较陡峭，则可作“Z”字形攀登，这样比较省力。

（4）下山时，一定要控制住自己的脚步，不可冲得太快，这样很容易受伤。

图 18-15　探险登山和健身登山

（三）竞技登山

竞技登山是指运用熟练的攀登技术和各种技术装备，专门攀登悬崖峭壁或冰壁的登山活动，攀岩、攀冰如图 18-16 所示。

图 18-16　攀岩和攀冰

二、攀岩知识与基本技术

（一）保护点的设置

保护点的设置分为上方保护点的设置和中间保护点（又称临时性保护点）的设置。根据不同的岩壁条件，所需的固定保护点数量从一个到多个不等。

（1）上方保护点：选择的固定点要绝对安全，如人工岩壁上设置好的横栏、自然岩壁上的大树等。在使用前必须仔细测试其牢固程度和可承受力。

（2）中间保护点：可利用岩壁的树木、犄角状岩体等，或者使用机械锥和岩石锤等利用岩壁裂缝来制作保护点。具有多个中间保护点时，要注意尽量让这些保护点均匀受力。

（二）攀爬技术

攀岩需要良好的身体条件，更需要全面的技术。手脚的配合、全身的协调用力会使攀岩动作更加流畅。

1．手法

岩壁上的支点形状很多，攀登者要根据这些支点的形状，采取不同的抓握方式，常用的有开握、扣握、反抠、曲握和捏等方法。

（1）开握：如果支点的边缘或某些点的小洞可以支撑住手指的第二关节，此时可以手指开拢，让手指与支点充分接触，整个手掌不用紧握支点。

（2）扣握：遇到相对较小的支点时，四指并拢后能套住支点。用大拇指压住食指，这样支点就被完全套在你的手中。

（3）反抠：是指手掌向上抠握支点的方法，反抠动作可以用来维持身体平衡。用手反抠时，手要尽可能伸到支点的背后。

（4）曲握：是把手掌弯曲，四手指开拢，大拇指压在食指上，用手掌的外边缘抠握支点的方法。曲握主要用于抠握小球状的突出支点及圆点。

（5）捏：当一个支点的形状没有可把住的边时，只能通过捏来增加握点的可靠性。有些点可以让大拇指压在支点的边，与四指的方向成 90°。但当支点很小时，只能用拇指和食指的第二关节外侧去捏握。

2．脚法

腿的负重能力和爆发力都很大，而且耐力强，攀登中要充分利用腿脚力量。常用的脚法有正蹬、侧蹬和换脚。

（1）正蹬：用鞋正前尖和鞋尖内侧边（拇趾），即运用脚的前部、大拇指处。正蹬动作时，后脚跟要立起来。岩壁上不规则、粗糙的地方以及缺口和凹处都可以使用正蹬。

（2）侧蹬：侧蹬就是用鞋的外侧去踩光滑的支点。侧蹬能让攀爬者的身体更加贴紧岩壁，也有利于把身体的重量放在脚上，同时减少手的拉力。

（3）换脚：以从右脚换到左脚为例，先把左脚提到右脚上方，右脚以脚在支点上最右侧为轴逆时针方向转动，把支点左侧空出来，此时体重还在右脚上，左脚从上方切入，踩点，右脚须势抽出，体重过渡到左脚。

（三）下降技术

下降过程中，沿主绳依次向下倒手，在倒手时一手先将抓结捋下，两脚随着双手的下移，也同时向下倒步。倒手和移步要协调配合，前脚掌尽量踩住突起的岩石或棱角，以便减轻手臂的负担，两腿稍分开，以便身体保持平衡。由于臂力不足倒手有困难时，也可双手沿绳下滑，注意速度不能过快，防止擦伤。

三、攀岩运动装备

攀岩的装备器材不仅是攀岩者向上攀登的工具，更为攀岩者提供可靠的安全保证，常用的攀岩设备如图 18-17 所示。

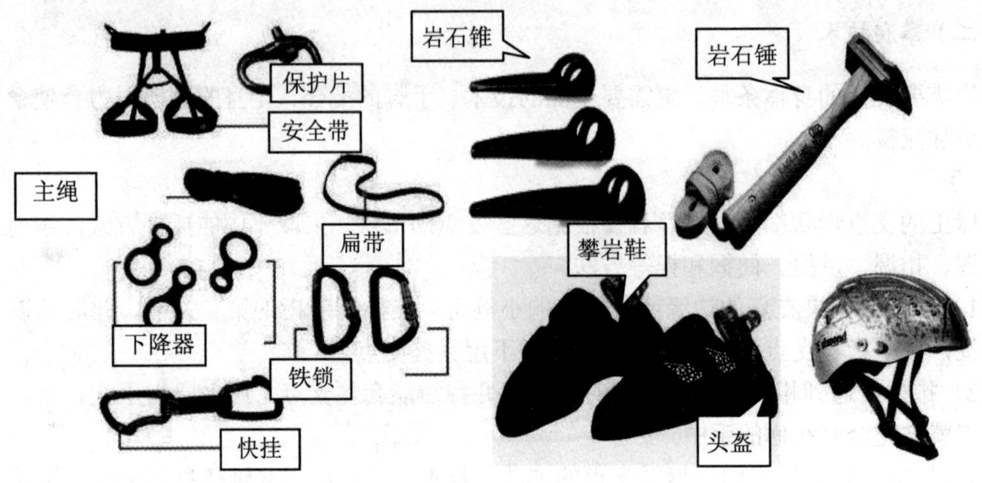

图 18-17　攀岩运动设备

（1）安全带：为攀登者提供一种舒适、安全的固定。并且方便与绳子连接，可以把坠落的冲击力分散到腰部和腿部。

（2）主绳：由高强度的尼龙按特殊的方法编织而成，具有较大的延展性，可以吸收脱落时所产生的大部分冲击力，从而降低对攀登者的伤害。

（3）扁带：在保护系统中作软性连接。

（4）保护片和下降器：在保护和下降过程中，通过它们与绳子产生的摩擦力来保障安全。

（5）铁锁和快挂：用来连接绳子、保护点、安全带与保护片、下降器和携带器材等，在保护系统中作钢性连接。

（6）岩石锥：固定于岩壁上的保护器械，根据岩缝的不同使用不同的岩石锥。

（7）岩石锤：钉岩石锥时使用的工具。

（8）攀岩鞋：一种摩擦力很大的专用鞋，穿起来可以节省很多体力。

（9）头盔：在攀登过程中避免头部受落石或上方抛下的装备引起的伤害，起到保护头部的作用。

（10）镁粉：吸收手上的汗液和支点表面的水分，以增大摩擦力。粉袋一般要挂于腰后，双手可随时沾取。

第五节　定向运动

定向运动就是利用地图和指北针到访地图上所指示的各个点标，以最短时间到达所有

点标者为胜者。

一、定向运动的分类

常见的定向运动有以下几种形式。

（一）定向越野

定向越野组织方法比较简便，是开展最为广泛的一种定向运动。运动员在到达的每一个点标处使用打卡器打卡，打卡系统不仅能证实是否按顺序正确到访，还能记录到访时间。

（二）接力定向

在接力比赛中，比赛的路线分成若干段（国际比赛通常为四段），每名选手完成其中的一段，各段参赛选手的成绩相加为该队团体总成绩。

为便于观众欣赏各选手之间的激烈竞争，接力定向的场地必须设置一个中心站，各段选手的交接（即换段）在中心站以触手方式进行（不使用接力棒）。

（三）记分定向

记分定向通常以个人方式进行。在比赛区域内预先设置许多检查点，并根据地形的难易程度、距离远近、点的位置的相互关系不同而赋予每个检查点以不同分值。选手在规定时间内寻找若干或全部检查点，积分最高者为胜者。

（四）专线定向

专线定向与其他定向活动的最大区别是在地图上明确地标出了比赛的路线。运动员必须按这些规定的路线行进，并将途中遇到的检查点位置标绘到图上去，成绩以所用时间的长短和检查点位置标绘的准确程度来确定。

（五）五日定向

这是瑞典独有的一项特别吸引人的比赛项目。比赛共进行五日，比赛路线由若干段组成，每段都单独记录个人的成绩，最后再算出总成绩。

在百余公里的多条比赛路线中，除设置了许多检查点之外，还设有若干营地，供运动员和观众休息和参加丰富多彩的文化娱乐活动。

（六）夜间定向

这是定向运动的一种高难度的比赛形式，在视觉不良的夜间进行的，增加了比赛的难度，但同时对观众和选手自己增加了刺激和吸引力。

（七）滑雪定向

滑雪定向可以按个人、团体或接力比赛等形式进行。滑雪定向活动中，选手需要使用滑雪装具（非机动的）来进行。供比赛用的滑道，需要使用摩托雪撬来开辟，同一比赛路线上的滑道通常不止一条，以便于选手自行选择。

（八）山地自行车定向

山地自行车定向运动中的交通工具为山地自行车，一般在半山区进行，其与定向越野的规则基本相同。

二、定向越野装备

地图和指北针是定向越野的必备装备，如图 18-18 所示。

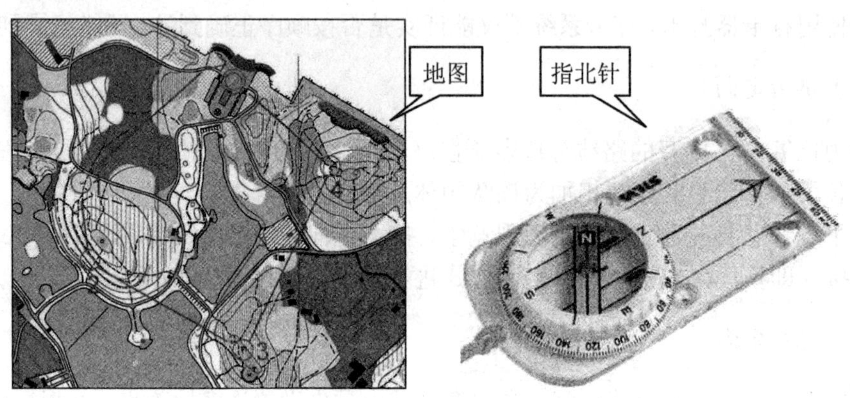

图 18-18　地图和指北针

定向越野服装以轻便舒适为宜，过紧或太厚的衣物会感觉举步维艰；鞋的选择以轻便结实为主，另外，鞋底的材料和造型应能牢固的“抓住”所有类型的地面，包括湿滑的泥泞地面和坚硬的岩石地面。

三、定向越野技能

（一）地图和指北针的知识

1．地图

大多数森林定向图的比例尺为 1∶10000（即地图上的 1cm 相当于实际地形中的 100m），公园定向地图一般为 1：5000/4000（1cm 相当于实际地形中的 50m/40m）。定向地图中颜色和符号的含义如下：

（1）黑色：表示人造景现，如建筑物、道路、小径和岩石等。

（2）棕色：等高线和路径颜色，表示山丘、小坑、高速公路和主干道等。

（3）蓝色：表示任何有水的地方，如湖泊、溪流和泥沼等。

（4）绿色：表示被植被覆盖，浓密而难通过的地区，绿色越深，越难通过。

（5）白色：表示普通的林区，容易通过。

（6）黄色：表示空旷地，易于奔跑。

（7）紫色：表示线路。

2．指北针

（1）标定地图。标定地图是为了使越野地图的方位与现行的方向一致，先使指北针

的定向箭头"↑"朝向地图上方，并使箭头两侧的平行线与地图上的磁北线重合（或平行），然后转动地图，使指针北端正对磁北方向，此时地图即已标定。

（2）确定行进方向。使用指北针还可以确定行进的正确方向，步骤如图 18-19 所示。指北针直尺边切目标方向线（目标点在前，站立点在后）。转动分度盘，使磁北标定线与图上的磁北线重合（或平行）。移开地图，并将指北针平持于胸前适当位置，转动身体，使磁针与定向箭头重合，目标点即在前进箭头所指的方向。

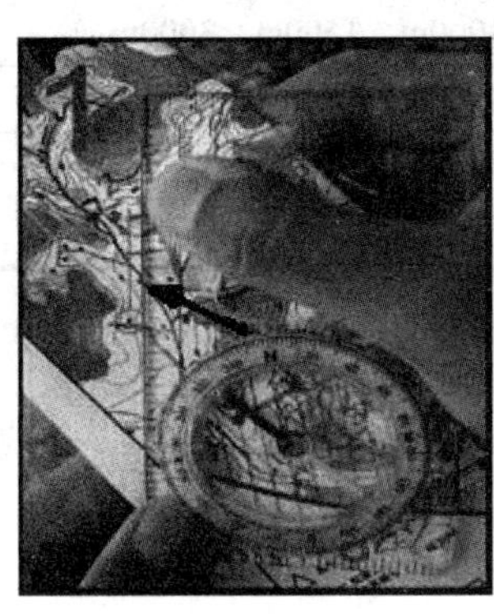

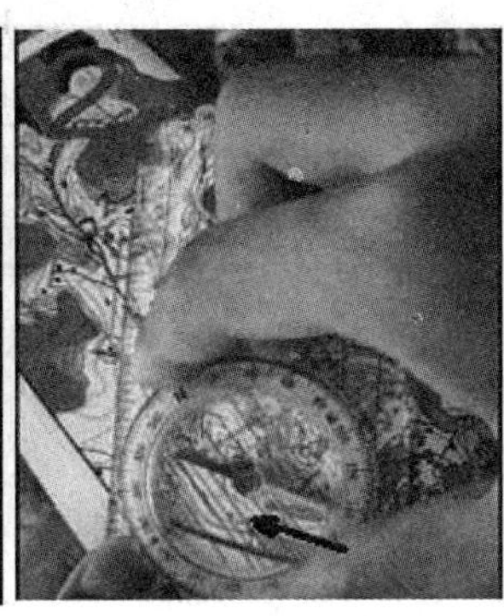

图 18-19　使用指北针确定行进方向

（二）路线选择

选择最佳路线，不仅安全，而且省体力、省时间，一般遵循如下规则：

（1）有路不越野：尽量选择沿道路行进。在道路上容易确定站立点，使人更具信心；地面相对平坦，有利于提高奔跑速度。

（2）走高不走低：如果不得不越野，要尽量站在高处（如山脊、山背等）行进，避免在低处（如山谷、凹地等）行进。地势高，展望好，便于确定站立点和保持行进方向；高处通风、干燥，荆棘、杂草、虫害及其他危险少。在山脊这样的地方，常常会有放牧、砍柴的人踏出的小路，利用它，便于提高运动速度。

第六节　滑冰

滑冰是人们借助冰刀或其他器材在冰上滑行的一种运动项目。滑冰在中国尤其是在北方地区是一项人们喜闻乐见的运动。滑冰包括速度滑冰、短道速滑、花样滑冰、冰球和冰壶。滑冰项目及分类如表 18-1 所示。

滑冰具有很强的娱乐性、健身性和技巧性，不受性别、年龄和体质的限制，老少皆宜。滑冰不仅能够使人们从紧张而繁重的学习和工作中解脱出来，还可以增强人们的心肺功能和身体的柔韧性，使其掌握支撑和平衡的动作技巧，为其终身健身打下基础。

表 18-1　滑冰的项目分类表

<table>
<tr><th colspan="2">项目类别</th><th>男子项目</th><th>女子项目</th></tr>
<tr><td rowspan="5">滑冰</td><td>速度滑冰</td><td>500m、1000m、1500m、5000m、10000m、全能（500m、1500m、5000m、10000m）</td><td>500m、1000m、1500m、3000m、5000m、全能（500m、1500m、3000m、5000m）</td></tr>
<tr><td>短道速滑</td><td>4 圈追逐、500m、1000m、1500m、3000m、5000m 接力、全能（500m、1000m、1500m、3000m、）</td><td>4 圈追逐、500m、1000m、1500m、3000m、3000m 接力、全能（500m、1000m、1500m、3000m、）</td></tr>
<tr><td>花样滑冰</td><td colspan="2">单人滑、双人滑、冰上舞蹈、队列比赛</td></tr>
<tr><td>冰球</td><td colspan="2">6 人制男、女冰球</td></tr>
<tr><td>冰壶</td><td colspan="2">4 人制男、女冰壶</td></tr>
</table>

一、基本技术

滑冰的基本技术主要包括直线滑行、转弯滑行和冰上停止等。

（一）直线滑行

直线滑行的练习分为八步，前四步练习属于原地练习，可以使初学者学会使用冰刀和掌握平衡；后四步练习是移动练习，可以使初学者逐渐掌握直线滑行的基本技术。

1．陆地上模拟练习的基本姿势

动作说明：两腿、两脚并拢，两腿曲膝下蹲，膝关节尽量前弓，缩小地面与小腿的夹角，成深蹲的姿势。上体前倾，重心落于两脚间，肩稍高于臀部，头稍抬起，目视前方地面。两手互握置于背后，如图 18-20 所示。

图 18-20　基本姿势

2．冰上站立和蹲起练习

动作说明：在冰上两刀刃支撑身体自然站立，两脚左右开立与肩同宽，两脚尖外展，两刀刃成外八字形。然后两腿弯曲，膝前弓，重心落于两脚间，上体稍前倾，肩稍高于臀部成半蹲姿势；蹲起练习时，两脚平行站立，身体由下蹲到深蹲，重心保持在两脚间。两臂向侧前方伸展，协助身体平衡。

3．冰上原地踏步练习

动作说明：踏步前，两刀刃平行支撑身体自然站立，两脚左右开立与肩同宽，重心落于两脚间。重心移至右（左）脚，左（右）脚抬起，踝关节放松，刀尖自然下垂。左（右）脚落下，重心移至左（右）脚，右（左）脚抬起。两脚交替练习。随着熟练程度的提高，逐渐提高腿抬起的高度。

4．原地移动重心练习

动作说明：身体成半蹲姿势，双手互握置于背后，重心移至左（右）脚，正刃支撑身体，右（左）脚侧伸，内刃着冰。接着右（左）脚正刃着冰支撑身体，同时重心移至右脚，左（右）脚侧伸，内刃着冰。两脚交替练习。

5．冰上外八字走练习

动作说明：行走前，两刀刃平行支撑身体自然站立，两脚左右开立与肩同宽，成外八字分开，重心落于两脚间。一只脚向前迈步，落地时脚尖外展，另一只脚用冰刀内刃向后蹬冰重心移至前脚。待重心完全落于前脚，再抬起后脚向前迈出，迅速向迈出脚移动重心。两脚交替进行，向前移动。

6．单脚蹬冰双脚滑行练习

动作说明：滑行前，上体挺直，目视正前方，两脚左右开立与肩同宽，两只冰刀平行站立。滑行时，双膝微曲，一只脚内刃向外侧蹬冰同时将重心移至支撑脚上，蹬冰后迅速向支撑脚靠拢，重心落回两脚间，形成双脚向前滑行动作。两臂随滑行前后交替摆动，协助身体平衡，如图 18-21 所示。当速度下降时，再用另一只脚蹬冰滑行。两脚交替蹬地，向前滑行。

图 18-21　单脚蹬冰双脚滑行

7．单脚蹬冰单脚滑行练习

动作说明：滑行前的姿势与单脚蹬冰双脚滑行的姿势相同。滑行时，一只脚内刃向侧蹬冰，另一脚正刃向前滑行，同时身体前倾重心移至支撑脚。蹬冰脚蹬冰后迅速向支撑脚靠拢成半蹲姿势，双脚向前滑行。接着支撑脚蹬冰后迅速向另一只脚靠拢成半蹲姿势，双脚向前滑行。两臂随滑行前后交替摆动，协助身体平衡，如图 18-22 所示。两脚交替蹬地，向前滑行。

图 18-22　单脚蹬冰单脚滑行

8．冰上直线滑行练习

动作说明：滑行前，身体成深蹲姿势，小腿与地面成 50°～70°，大腿与小腿成 90°～110°，上体与冰面成 15°～20°，肩稍高于臀部，双手随滑行前后交替摆动或互握置于背后。滑行时，单脚蹬冰单脚滑行，反复练习，如图 18-23 所示。

图 18-23　左脚支撑右脚连续蹬冰

（二）转弯滑行

1．原地向左移动练习

动作说明：两脚左右开立与肩同宽，两只冰刀平行支撑身体，成半蹲姿势，重心移至右脚成开始移动姿势。移动时，左脚向左跨出半步，同时重心移至左脚，右脚迅速向左脚靠拢成开始移动姿势。左脚继续向左跨步左移。

2．原地向左交叉步练习

动作说明：两脚左右开立与肩同宽，两只冰刀平行支撑身体，成半蹲姿势，重心落于左脚，右腿向侧挺直伸出成开始移动姿势。移动时，右脚向左脚左前方迈一大步。当右脚冰刀着冰时，身体重心由左脚移至右脚，同时左脚向身体右后方蹬直。左腿收回并向左侧迈出大半步，右脚迅速跟上成开始移动姿势。右脚继续迈步向左交叉步移动。

3．左脚支撑右脚连续蹬冰转弯滑行练习

动作说明：滑行过程中，身体成半蹲姿势，重心落于左脚。左脚冰刀稍向左转，外刃着冰，同时身体左倾肩内转，右脚冰刀内刃向外侧连续蹬冰，在任意半径的圆弧上转弯滑行，双手随滑行前后交替摆动或互握置于背后，如图 18-23 所示。

（三）冰上停止

冰上停止技术主要包括犁状停止法、转体内外刃停止法和转体右刀外刃停止法等。

1．犁状停止法（又称为八字停止法）

动作说明：滑行中上体前倾，两膝微曲内扣，重心下降，同时两刀跟外展成内八字形，用刀内刃切压冰面，直到滑行停止。

2．转体内外刃停止法

动作说明：滑行中两腿并拢，两刀平行，身体向左（右）转体 90°，同时身体重心下降，身体向左（右）倾斜，用右刀内刃、左刀外刃（左刀内刃、右刀外刃）逐渐用力压切冰面，直到滑行停止。

3．转体右刀外刃停止法

动作说明：滑行中身体迅速向右转体 90°，左脚稍扣离地面。随着转体，右脚冰刀的刀尖迅速外转，同时左腿曲膝降重心，身体向后倾倒，重心移至冰刀的后部，用右刀外刃压切冰面，直到滑行停止。

二、比赛规则

（一）比赛场地

速滑跑道是由两条直线跑道连接两条弧度为 180° 半圆式曲线组成的两条封闭跑道，最大周长为 400m，最小为 333.33m。内弯道半径不得小于 25m，不得大于 26m，每条跑道的宽度不得小于 4m，不得大于 5m。

跑道分界线（又称雪线）宽 10cm，高 5cm，用雪堆砌而成（冰刀稍触及即能清楚地看出痕迹）。除换道区无雪线外，其余地方均堆砌雪线，雪线不能冻结在冰面上。如无雪，可用宽 5cm，长 10cm，高度不超过 5cm 的橡皮、木块或其他合适的物质涂上协调颜色代替雪线，如图 18-24 所示。距起点线、边线、起跑预备线和终点线前 5m 的范围内每隔 1m 划一条标线，标线为蓝色，终点线为红色，线宽均为 5cm。

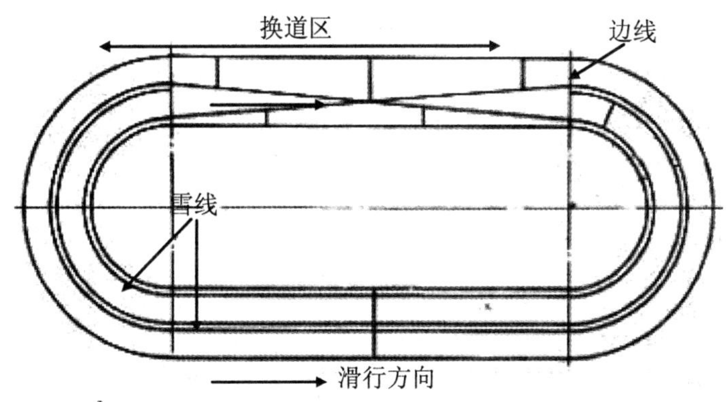

图 18-24 速度滑冰的比赛场地

（二）装备

速度滑冰装备包括服装、冰刀和冰鞋等。

1．服装

速滑运动员穿尼龙紧身全连服（衣、裤、帽、袜和手套连在一起）。由于尼龙服保温不好，在温度较低的气候条件下，运动员可穿贴身的棉毛内衣；天气极其寒冷时，可在膝和胸等部位垫上防风纸或其他物品。

2．冰刀和冰鞋

冰刀刀刃多由优质高碳钢制成，其他部分由轻合金制成。冰鞋由优质厚牛皮缝成，为半高腰瘦长形。鞋跟部坚硬，以包围和固定脚跟。鞋底为硬皮，以螺钉或铆钉将冰刀固定在鞋底。刀尖比鞋尖要长 8～9cm，刀跟比鞋跟长 5～6cm。一般右脚冰刀尖装于右脚大脚趾正下面，冰刀后跟位于鞋跟正中间；左脚冰刀尖装于左脚大脚趾与二脚趾中间，冰刀跟位于鞋跟正中间。

（三）竞赛通则

（1）比赛中，运动员必须按逆时针方向滑跑。

（2）内、外道起跑的运动员，滑行到换道区时要互换跑道继续滑行。

（3）在换道区争道时，内道运动员要主动让道。

（4）运动员在弯道滑跑中，冰刀不准切入雪线。

（5）2 名以上运动员在同一条跑道滑跑时，后面运动员与前面运动员相距至少 5m。在不影响前面运动员正常滑跑情况下，后面运动员可以超越前面运动员。

（6）运动员的冰刀触及终点线，才算到达终点。

（7）比赛中每组运动员只允许抢跑犯规一次，两次抢跑将被取消比赛资格。

第十九章　空竹运动

空竹，中国传统民间游戏。以竹木为材料制成，中空，因而得名；清代曾与空钟混称，俗称响葫芦；江南又称之为扯铃，也有称之谓“天皇皇”，包括另一种类似空竹，但是在地上倒置着转的叫“地皇皇”。拽拉抖动空竹时，各哨同时发音，高亢雄浑，声入云表。

根据一些民间传说和历史资料推断，空竹极有可能起源于距今1300年前的唐朝。在唐朝鼎盛时期，面对当时社会竞技体育和娱乐的双重要求，最有可能是空竹起源与发展的一个重要阶段。社会在发展，空竹运动也在发展。抖空竹已成为群众性全民健身运动项目中的一种时尚，引领体育爱好者健身新潮流。

第一节　空竹运动的准备工作

一、选择场地

选择活动场地要因地制宜，抖空竹作为一项有氧运动，理想的活动场地，应该环境优美，空气清新、四周空旷。

随着空竹抗摔性能的提高，无论草坪、沙土地面、水泥地面，只要平整、无杂物、无积水，不打滑，远离人口密集区，每人平均活动空间能达到三平米以上，就可以用作习练习场地。广场、操场、公园、林荫下，是最佳的场地选择。空竹运动如图19-1所示。

图19-1　空竹运动

二、热身方法

热身既要讲科学，也要掌握正确的方法，循序渐进，不急不躁，才能把空竹动作学好，提高空竹运动强身健体的功效。热身主要包括以下几方面：

（1）热身活动先从上肢开始。对腕关节、肘关节、肩关节等部位，做一些原地绕环练习。

（2）头颈部准备活动。抖空竹要求眼到、手到、空竹到。眼睛始终要跟上空竹的运动轨迹，要仰视、仰脖，对颈部要求很高，所以必须活动头部和颈部。

（3）下肢活动。空竹随人转，人随空竹转。步法是抖练空竹常用技法之一，有些动作腿部活动量较大，因此，做好腿部准备活动也很必要，可以先压腿、踢腿、摆腿等简单动作，使踝关节、膝关节、髋关节活动开；还可以做扩胸和腰部环绕，使机体尽快进入运动状态。

三．锻炼时间及频率

（一）科学选择练习强度

1．保证一定的运动强度

有效地空竹活动，必须达到一定的运动量和运动强度。科学合理的运动强度，要求在保证空竹活动参与者身心健康的前提下，将练习强度控制在达到或者略超过本人最佳身体承受能力的范围内。在此范围内活动，才能对机体产生良性刺激，改善机体的生理功能和运动机能，提高技艺，强健体魄。

2．戒骄戒躁，循序渐进

克服急躁情绪，以平常心对待空竹运动。学习中不盲目攀比，不斤斤计较，要用宽容的心态对待一切。练习要有计划、有目标、有行动，要持之以恒、循序渐进。

3．劳逸结合，避免过度疲劳

运动医学研究表明，每人每天体能的付出与恢复，应该保持大致平衡。练习空竹也要掌握适当的“度”，特别是初学者，刚学兴趣浓，想急于求成，要把握好自己的度，以每天做完后，通过休息和饮食，体能及时得到调整、补充和恢复为标准。做到既坚持锻炼，又不透支体力，保持身体的动态平衡。

（二）练习时间和频率

空竹活动以每天练习 1~2 次，时间 1~2h，具体时间要根据个人的身体状况和对技术的掌握程度，可适当延长或缩短。也可以将练习时间分段，每练习半小时后，穿插交流和休息等形式，达到预期的教学效果。

（三）空竹运动的注意事项

（1）锻炼要持之以恒，日积月累，坚持不懈，才能收到良好的锻炼效果。

（2）学会后练习要根据个人的时间安排，灵活自由。一般来讲，白天适合练习空竹。

（3）锻炼频率和强度适中。既要保持练习的连续性，又考虑身体的承受能力。训练强度过大、时间过长、次数过多，都会影响身体的正常机能，甚至危及健康。

第二节　空竹运动的形式及方法

一、抖空竹的基本方法

（一）握竿

1．握竿的方法

用右手的拇指和食指将抖竿紧紧相抵，其余三指弯曲依次握住抖竿。左手握竿方法与右手基本相同，只是力量用的更小或不发力。在实际运用时，应根据具体动作需要做出相应变化。比如做云竹时，仅用拇指、食指和中指控制抖竿，无名指和小指起固定作用，从竹柄下方轻轻贴近即可。

2．握竿的技巧

握竿除方法正确外，右手握竿力度也不宜过大。力度过大，则不便于灵活掌控抖竹的方向，易造成腕部肌肉僵硬，使抖动范围缩小，距离变小，动作幅度随之减小。只要做到右手握竿时，既留有充分空间，又不至于滑落，并能灵活控制即可。

所以握竿要根据动作要求，灵活掌握，要做到手腕放松、手指灵活、手心留有空隙，右手发力、左手配合，顺畅自然，随着空竹动作的变化而变化。

（二）抖绳与扣

1．抖绳的作用

抖绳用来抖动空竹，使空竹做出各种花样和动作。抖绳与空竹相依相存，空竹需要用抖绳加速和变化，借助外力提供源源不断的动力；抖绳只有与空竹配合，才能发挥更大的作用。

从本质上讲，抖绳的作用有两种：一是用来控制空竹，二是用来取消对空竹的控制。前者就是平常所说的扣，后者则为平常所说的开扣（又叫解扣）。在带扣状态下，空竹完成动作，在开扣状态下，空竹脱离抖绳。

除此之外，抖绳还可以为空竹加速，或者配合身体的旋转，调整空竹的转速及姿态。

2．扣与解扣

扣与解扣，是空竹运动的灵魂。正确掌握形成扣和解开扣的方法和技巧，是把空竹动作做到位的基础和关键。抖空竹过程，其实是一个系扣、解扣的过程。空竹的扣，是抖绳在空竹轴上的表现形式。平常所说的扣，指抖绳处于缠绕空竹轴的状态。一般，扣分为正扣、反扣和多扣。左右抖绳交叉称为扣。每交叉一次，由于左右手竿所处位置不同形成正扣或者反扣。如果交叉多次，则形成多扣。

所谓正扣，是右竿抖绳在内侧，靠近空竹小头、自己身体一侧，左竿抖绳在外侧，靠近空竹大头；所谓反扣，恰恰相反，右手绳在外，左手绳内。以缠绕圈数的不同，又分为单扣和多扣。交叉一次称单扣，交叉多次为多扣。

解扣主要有立盘扣和平盘扣两种方法。

立盘扣的解扣方法是，当空竹上扣，右竿抖绳在空竹小头，左竿抖绳处于空竹大头时，解扣的方法如下：

（1）转体解扣。形成正扣，身体右转，扣可打开；形成反扣，身体左转，扣可打开。

（2）拉动解扣。正扣时，只要从右向左拉动空竹，正扣即可变为反扣；反扣时，同样一个拉动动作，反扣就会变成正扣。

平盘单扣或多扣的解扣方法，与立盘单扣或多扣的解扣方法相似。

二、空竹运动的步型与步法

抖空竹运动过程，除双手握竿操控空竹做出各种动作外，身体的配合也十分重要。

（一）空竹运动的步型与步法

空竹练习过程中，常用的步型和步法有：

（1）马步。两脚跟与肩同宽，脚尖外撇，成八字形，挺胸收腹，松腰，提臀，半蹲。马步可用于沿丝等动作中，也可用于热身，还可将其稍加变化，转换成在地面上绕圈行进的太极步，用于空竹的“拉八卦”等动作。

（2）弓步。一腿向任何方向迈出一大步，同时膝关节弯曲成九十度左右；另一腿伸直，脚掌着地，身体上半部与地面垂直。也可分为侧弓步、前弓步、后弓步等。抖空竹做“猛虎扑鹿”动作时，左腿向前跨出一大步，等等。

（3）掂步。掂步与弹跳步相似，方法是一脚离地弹起的同时，另一只脚迅速地形成反弹，达到瞬间起跳目的。

（4）八卦步。空竹练习中“拉八卦”所使用的八卦步是从武术的动作中移植而来。其具体做法是：将空竹立盘致中速，身体重心下移，左脚向左前方迈一步，同时反盘做背飞；背飞后改正盘，当空竹将至左手竿时，左转身的同时，右脚向右后方退一步，右手用力拉回空竹；重复以上动作，左右脚一进一退，加上右转身，逆时针方向圆周运行。每走八步为一圈，可走一圈或数圈，就成为空竹运动中的“拉八卦”。“拉八卦”动作，具有动作幅度大，锻炼强度大体能消耗大，观赏性强等特点。

（5）卧云。卧云源于太极，指左右脚前后交叉，半蹲。空竹运动常用造型，姿势优美、大方。

（6）请安步。请安步源于旧时宫廷女子请安，指两腿微微下蹲，两手握半拳放在身体右侧。此动作用于女性动作结束时使用。

（7）交叉步。交叉步为乒乓球运动步伐。是将离球远的脚朝来球方向跨出一大步，并从前面超过另一只脚形成交叉状，另一只脚再向来球方向移出一步。多在乒乓球来球远离身体的情况下采用。现在也可用于空竹动作，如“八步赶蝉”。方法是空竹呈抛物线状右前脱后，在空竹远离身体的情况下，迅速采用交叉步，及时将下落的空竹接住。移动的距离越远，越能显示高超的技术和娴熟的技巧。此步型的特点是，移动范围大，行进速度快。

（8）鹞子翻身。这源于戏曲程式动作，分正、反两种。正鹞子翻身，右腿在前，左腿上步，上身下腰向后仰，由右向左翻身。反鹞子翻身，则左腿在前，右腿上步，由左向右翻身。做鹞子翻身时，需要四肢、腰和髋等部位协调配合。空竹动作中，常用于鹞子翻身、背翻等动作中。

（9）旋子。旋子源于戏曲艺术，指艺人在台上一脚腾空，另一脚迅速离地，旋转 360° 。将旋子合理运用到空竹动作中，不仅能提升动作效果，还可增强观赏性。

（10）旋转。也称旋转步，以旋转地方向，分为顺时针旋转和逆时针旋转；以旋转的幅度上，分为原地旋转和圆周旋转；以旋转的速度分为缓慢旋转和疾速旋转，空竹练习过程，无时无刻不在运用旋转。

因为，空竹运行过程中，人体要想与其保持适宜的角度，必须顺势随空竹的旋转同步转体。在人为外力及技巧作用下，情况就会发生改变，出现原地不动如“原地盘”或逆转如“逆向盘”的情形。

（二）空竹运动动作要领

抖空竹过程中，欲使动作规范、标准，须掌握以下要领：

（1）横平。在做横向动作，如各种盘得动作时，为了保证抖绳不脱槽，抖绳和空竹大头始终要保持平行，即抖绳尽量与空竹的轴垂直。

（2）竖直。所谓竖直，是指无论做平盘动作或纵向抖的动作过程中，两抖竿与空竹要在大致相同轨迹内运行。这样，才能保证空竹运行始终处于垂直状态。

这里需要注意的是，强调横平竖直，并不是苛求毫厘不差。实际运用当中，左右竿可以适当错开。

（3）成角。无论做抖、拉、盘等动作，还是空竹纵向或横向旋转，空竹与两根抖绳，始终应构成一个三角形。才能使抖绳形成一个“兜”，并且这个“兜”的角度越小，空竹越不容易脱绳。

（4）顺势或逆阻。顺势就是顺着空竹运动轨迹，借力带动空竹运行；逆阻是指带轴承空竹出现后，在做动作过程中，抖竿发力方向和空竹运行轨迹发生相反作用的一种手法。

空竹运行过程中是否流畅，实际是一个人和谐的过程。欲达到这一点，须借力发挥，借助空竹的旋转速度、方向、角度等，人为的在瞬间施加一定的外力。

三、空竹的平衡（用抖绳调整空竹的平衡）

无论空竹转速高低，都需要找到一个保持平衡运行的平衡点。空竹是否平衡，主要取决于以下两点：

（1）空竹轴与抖绳之间的成角。当轴与抖绳之间的夹角约 90° ，成垂直状态时，空竹处于平衡状态。一旦大于或小于 90° ，空竹就容易失去平衡，变得难以控制和抖动。

（2）空竹的自传。自传也是维持空竹平衡的重要原因。当自转速度加快后，空竹的大头与小头的不对称重量关系，在速度和力量的共同作用下，以轴为中心，使作用力发生变化，两端产生平衡。

对初学者练习单轮空竹时，由于左右手配合不协调，身体转动的快慢与空竹的公转不一致，常常导致空竹一头高一头低，就不能平衡运行。此刻可以通过抖绳来调整空竹的平衡，将右竿抖绳作为调整平衡的导向绳，如果出现空竹发音轮较低的倾向时，右手抖绳靠近绳槽，摩擦小头方向的边，通过调整方向和施加力量，就会逐渐使空竹小头向下降，大面向上升，最终空竹重新处于平衡状态。如果发音论向上倾斜，则应该在抖绳打开的状态下，用右手绳去压发音轮的内侧边，强迫发音轮端向下运行，使得空竹趋于平衡。

四、空竹运动的安全问题及对策

在空竹运动中要注意安全问题，同时要有一定的防范对策。

（1）抖空竹之前，应先检查抖绳、抖竿及空竹的质量是否存在安全隐患。

（2）要提前热身，活动身体。

（3）要求场地选择平整、无积水、不打滑、空气温度和湿度适宜。

（4）学习空竹运动，遵循先易后难原则，先做一些简单的、基础的、幅度小的动作，等到身体完全开以后，再做其他动作。

（5）练习新动作或者使用转速高的空竹时，应该人与人之间拉开距离，并避开围观人群。

（6）自我练习时，做到全神贯注，注意力要高度集中。

（7）保持适度的运动量。

第三节　空竹运动的起势与收势

一、起势

（一）缠绕（地面拎）起势

其方法步骤如下：

（1）将空竹大面向下，小头朝上平放于场地。

（2）两手持竿，左手高，右手低，右手抖绳按顺时针方向在空竹轴槽缠绕两周，右手竿将空竹徐徐拎起，空竹下落同时旋转。

（3）当空竹小头旋转一周半，呈左手低、右手高姿势时，两手一上一下匀速抖动，此时空竹小头朝向身体。

（4）右手竿交于左手上提抖绳，右手握住空竹柄，动作结束。

其要领如下：

（1）保持空竹小头始终朝向身体，身体顺势随着空竹的转动，同步逆时针转动。

（2）如果身体原地不动，要保持空竹小头始终朝向身体，可做穿针引线动作，即空竹将要转动到小头向外时，左手竿不动，或左手竿内扣，右手拇指和食指夹住抖竿手柄前部，其余三只伸开，使手柄尾部从左手抖绳左侧穿过，其余三指握住手柄，拇指食指松开右手竿穿过左手绳后在握住，这时右手绳已从外侧倒到内侧，小头朝向身体转为正常抖动。

（二）手捻起势

其方法步骤如下：

（1）左手持双竿，右手将空竹抖槽置于抖绳中间，大头朝里，由外向里逆时针绕一圈或两圈。

（2）右手顺时针捻动空竹后，接竿，两手一上一下匀速抖动即可。

（3）右手竿交至左手，右手收住空竹。

其要领如下：

（1）始终保持空竹处于平衡状态。

（2）空竹小头始终朝向身体，要领同缠绕（地面拎）起势。

二、收势

（一）前抛掌上明珠（收势）

其方法步骤是：正盘起势；②正盘改反盘；③右手竿上挑回拉将空竹抛起；④右手竿交左手，掌心接住空竹。

其要领是：当正盘改反盘将空竹抛起时，抖绳要呈开扣状，空竹才能顺利脱出到右侧。

（二）背脱掌上明珠（收势）

其方法步骤是：①反盘起势；②右竿在上，左竿在下，呈交叉状；③从左侧背后向右侧上方脱出空竹；④右手竿交左手，平伸右手接住空竹。

其要领是：手掌接住空竹后，右臂随之稍向右，以保持空竹的平衡。

参考文献

[1] 梁源．大学体育与健康[M] ．北京：清华大学出版社，2014.10

[2] 熊志强．体育与健康[M] ．北京：人民邮电出版社，2014.9

[3] 王炳清，钱生恒．大学生健康与体育[M] ．北京：北京师范大学出版社，2014.9

[4] 何鹏飞，辛金花．体育与健康[M] ．北京：电子工业出版社，2014.9

[5] 代永胜，王湛卿．大学生体育与健康[M] ．北京：机械工业出版社，2014.9

[6] 陈莉．大学体育与健康[M] ．湖北：武汉大学出版社，2014.8

[7] 贡建伟．大学体育与健康教程[M] ．北京：科学出版社，2014.8

[8] 王坤．体育与健康[M] ．北京：电子工业出版社，2014.8

[9] 刘晓辉．体育与健康[M] ．北京：北京理工大学出版社，2014.7

[10] 毕荣华．安国彦，大学体育与健康[M] ．北京：水利水电出版社，2014.6